Restorative Justice

修復的司法とは何か

応報から関係修復へ

ハワード・ゼア
監訳＝西村春夫・細井洋子・高橋則夫

新泉社

CHANGING LENSES
by Howard Zehr

Japanese translation rights arranged with Herald Press,
Division of the Mennonite Publishing House
through Japan UNI Agency, Inc., Tokyo.

日本語版への序文

現代の修復的司法は、一九七〇年代に涌き出たほんのひとすじの流れ、すなわち従来とは異なる司法のあり方を夢見たひと握りの人々の努力として始まった。それは抽象論としてではなく実践や実験として始まり、理論や概念はあとからついてきたものであった。しかし、現代の修復的司法の「流れ」の源は最近のものではあるが、概念と実践はともに人類の歴史と同じくらい深く、そして世界のどの地でも、伝統に依拠している。

このような修復的司法の流れを理解するのに最も良い方法は、他の二つの司法の流れと比較することだろう。悪事に直面したとき、社会はこれら三つの司法アプローチのいずれかを選択しなければならない。

社会が適切な対応を行わないとき、個々人は司法を自分自身の手で実現する。復讐司法である。私たちがルワンダや旧ユーゴスラヴィアで目のあたりにしたように、復讐は、さらなる復讐を呼ぶという悪循環を招き、秩序の確立した社会とは相いれない。したがって、今日では残りの二つのアプローチが世界中で受け入れられている。

そのひとつが近代の法システムである。その長所は、たとえば人権尊重や法の支配のように実質的に重要なものである。しかし、大きな弱点も抱えている。法的な「刑事」司法は、いきおい懲罰的で抗争的になりがちである。その結果、加害者は責任を否定することになったり、また逆に加害者側への同情を引き起こしたりもする。そして、被害者とコミュニティを置き去りにし、これらのニーズを無視する。悪事を抑止する代わりに、かえって犯罪を助長することもよくある。傷を癒すどころかむしろ傷口を広げるのである。実際に、「応報的」司法アプローチは、司法と癒しとが別の問題であって、おそらくお互いに相いれないものであるとさえみなしている。

もうひとつのアプローチは、それに比べてより長くて普遍的な歴史がある。それは明らかにより修復的であり、発生した損害、ニーズ、そして義務を強調する。被害者のニーズと権利は中心的存在であって、副次的なものではない。加害者は、自らが引き起こした損害を真に理解し、責任を引き受けることが奨励される。参加と対話が奨励されるとともに、コミュニティが重要な役割を演じる。修復的司法は、個人レベルでも社会レベルでも司法が癒しを促すことが可能であり、促すべきであると考える。それは応報に焦点を合わせるよりも、むしろニーズに焦点を合わせる。この修復的司法の流れが本書の主題である。

私は本書の中で排他的な二分法により二つの司法モデル、すなわち「応報的」司法または法律的司法と、修復的司法とを提示した。この方法は両者の相違を説明するためには役立ったが、今振り返ると、あまりにも単純で非現実的、いや不公正でさえあったようにも思う。今日では、私はむしろ、司法を法律的司法の短所だけでなく、長所をも認識するひとつの連続体として語ろうとしている。

法哲学者のコンラッド・ブランク（Conrad Brunk）は、応報と修復は、私たちがしばしば想定するような対極に位置するものではないことを理論的に指摘した[1]。彼は、実際には両者は多くの共通点をもっており、これらのつながりを無視すれば問題が生じる、と主張した。この二つの概念は、どちらも相互作用を通じた確証に最も焦点を合わせており、違うのは、バランスを効果的に回復する方法なのである。

応報的司法の理論も修復的司法の理論も、悪事によってバランスが崩れたという基本的な道徳的直観を認めている。したがって、被害者は何かを受けるに値し、加害者は何かを負う。両理論とも、行為と対応との間には比例的な関係がなければならないと主張する。両者が食い違うのは、バランスを回復しあるいは相互性を認める方法についてである。応報理論は、苦痛によって相互作用の感覚が取り戻せると主張するけれども、恥、トラウマ、そして罰という一連の事象は、この理論が被害者あるいは加害者の望むものを往々にして達成できない理由を説明するのに役立ってしまう。罰としての応報は、確証と相互作用を求めようとするが、かえって逆の効果を招くことが多いのである。他方、修復的司法理論では、真に確証するものは、被害者の損害とニーズを認めることであり、しかもそれと同時に、加害者が責任を引き受け、悪を健全化し、行為を引き起こした原因に向きあうように促す努力も積極的に行われなければならないと主張する。このような確証のニーズに積極的に取り組むことによって、修復的司法は、被害者と加害者の双方を肯定する可能性をもっており、彼らの人生ストーリーを変容させる手助けをするのである。

したがってこれらの二つのアプローチは、相対立する二つのものではなく、むしろひとつの連続体の両端に位置する「理念型」として考えるのがベストであろう。一方の端に「純粋な」応報的司法が位置し、他方の端に「純粋な」修復的司法が位置しているのである。実際には、司法の針が天秤の両端の一方の端に振れることはめったにない。司法が純粋な応報であることはまれであり、また純粋に修復的な結論を達成することもあまり例がないのである。私たちの目標は、(事案ごとに、それぞれのコミュニティごとに)刑事司法手続の長所に依拠しながらも、できる限り修復的な方向に導くことでなければならない。同時に、この連続体の両端はともに悪行によるバランスの崩壊に基づいていることを見失ってはならない。

私は、法律的司法の中核に位置する法の支配と人権の保護とを強く支持する。同時に、参加する人々が可能な限り修復的な司法を感じ取ってもらえればと願っている。実際に、公式の司法制度の基盤を修復的な手続の上に築くことは、決して夢ではない。ニュージーランドの実例は、こうした夢がかなう希望を与えてくれる。一九八九年に同国の少年司法制度が改正され、(家族集団カンファレンスと呼ばれる)修復的な制度が法律上規定されるとともに、これをバックアップする裁判所の制度が整えられた。たとえば加害者が自らの責任を争うケースのように、裁判所の活動が必要とされる場合でさえ、裁判所は修復的な方向で活動する道を探る。

修復的司法の姿は多種多様なプログラムと実践に現れている。それぞれのコミュニティ、それぞれの文化は、そのニーズと伝統に適合した形式と利用法を見いださなければならない。修復的司法は実践を写した写真ではない。むしろ世界を写すレンズであり、司法を探求するための出発点である。このレンズは、すべての文化ではないが、たいていの文化に存在している次のようなテーマを確認している。すなわち、犯罪は人々とコミュニティに害を与えることであり、司法は私たちが平和的にかつ健全に共生できる方法を探求することである、と。

修復的司法は、近代の法律制度によって、しばらくの間、地下に追いやられていた。しかしながらこの四半世紀、この流れは再び地表に姿を現し、大河に成長しつつある。今日、修復的司法は犯罪に関心を抱く政府やコミュニティによって世界的に認知されるに至っている。世界中の何千もの人々が自らの知識や技術をこの大河に投入している。この河が存在するのは、すべての河と同じように、世界中から数多くの支流が注ぎ込んでくるおかげである。

いくつかの支流は、世界中の多くの国々で実施されている実践的なプログラムである。この河には、多様な地域固有の伝統とその伝統に支えられた現代の実践例も注ぎ込んでいる。たとえばニュージーランドとオーストラリアの家族集団カンファレンス、カナダ北部の先住民社会の量刑サークルである。和解と紛争解決の実践は、多くの文化に歴史的淵源をもっており、多様な宗教的伝統と同様に、この河に注ぎ込んでいる。

家族集団カンファレンスと量刑サークルは、ともにその地域固有の価値と実践から生まれてきたもので、正義の探求に参加する者の輪を拡大する重要性を私たちに教えてくれた。被害者と加害者は司法における唯一の利害関係者ではない。家族やコミュニティも同様に重要な役割を演じる。事実、公式の法律制度においてコミュニティを司法から排除していることが、世界中の大部分の国でコミュニティが蝕まれている主たる原因かもしれない。ユーコン地区のバリー・スチュアート（Barry Stuart）判事が好んで指摘するように、修復的な司法手続へのコミュニティの参加はコミュニティが活性化する鍵になるかもしれない。

多くの国々と文化に由来するこれらの実験や実践は教訓となるからといって、どれひとつとしてそれをコピーしたり別の社会に単純に「あてはめる」ことはできないし、すべきでもない。むしろ、それぞれの社会が司法を悪行に対するひとつの対応策と考えるための独自の適切な方法を見いだすのに、「レンズの交換」がどのように役立っているかを示す具体例である。それらは、出発に際してもつべき理念を多少なりとも私たちに授けてくれるだろう。それらは、私たちそれぞれが固有の伝統やアプローチを近代の法律制度の文脈の中に適合させる方法を見いだすことができることを実証している。とりわけ修復的司法は、司法のあるべき姿を探求するきっかけを与えてくれるのである。

私が一九八〇年代初頭に修復的司法について論じ始めたとき、いや八〇年代末期に本書を執筆していたときでさえ、自分がこのような突拍子もない考えを主張することで笑い者になるのではないかと思ったものだった。二〇余年の歳月を経た今日、修復的司法は国際的な認知を獲得しただけでなく、いくつかの地域では慣行にまでなっている。このように普及したことで、修復的司法の実務と理論の両面に対して興味をかきたてる新しい段階を生み出した一方、私が補遺2で注意を喚起している理想の変形や歪曲の動きも引き起こしている。

私は、オリジナルな論述のままでもまったく問題はないと考えており、序文から本文に至るまで加筆は一切行っていない。しかし、仮に今、本書を執筆するならば、さらに展開させたいと思うテーマがいくつかある。

(1) コミュニティを利害関係者として司法の中に位置づけること。本書では被害者と加害者の位置づけを明らかにするよう留意した。最近の思想と実践では、その土地柄のあるいは共同体の伝統によって部分的に後押しされながら、コミュニティにも正当に中心的な位置づけが与えられている。

(2) 地域固有の伝統の司法への寄与とその伝統から得た教訓。これらの伝統は修復的司法の「流れ」に実質的に寄与したにもかかわらず、本書で適切に述べられていない。実際に、私は多くの国々を旅して回り、そこの出身者たちと活動をともにしたことから、修復的司法が寄与する最も重要な事柄のひとつが、法制度によってしばしば抑圧されてきた古き伝統を正統化することだと確信している。

(3) 私は修復的司法と法制度の対比を除外したいわけではないが、前述のように、あまり強く対立的にとらえたくないと思っている。

(4) 本書の刊行以後に生まれてきた多様な実践例を加えれば、重大犯罪のためのプログラムを含めて、相当多くの修復的司法プログラムに焦点を合わせて論じることができたかもしれない。しかしながら、今日、「修復的司法」という用語が安易に用いられているとするならば、十分に修復的なプログラム、部分的に修復的なプログラム、修復的な芽をもつプログラム、修復的な可能性をもたないプログラム、を区別したいとも思っている。

本書で提示した論証はじつに単純である。現行の司法制度を支配している以下のような問いに焦点を合わせることにこだわるならば、司法はうまく機能しないだろうということだ。すなわち、どの法律に違反したのか、誰がそれを「行った」のか、加害者はどのような報いを受けるべきなのか、という問いである。そうではなく、真の司法が要求する問いは、次のようなものである。誰が傷ついたのか、彼らは何を必要としているのか、誰の義務であり責任であるのか、この状況の利害関係者は誰なのか、解決策を見つけるために利害関係者が関わることのできる手続とはどのようなものなのか。このように、修復的司法が私たちに求めているのは、レンズを変えることだけではなく、質問を変えることでもある。

私は本書が日本で出版されることを心から光栄に思う。ただし、本書は、アメリカにおいて、アメリカ人によって、しかもそもそもは北アメリカの状況を論じる目的で書かれたことをご承知おき願いたい。それゆえ、特定の視点に由来する偏りや関心を反映している。それらの限界をふまえながらも、読者の皆さん自身、その経験、その伝統に語りかける要素がここにあり、読者それぞれのお考えをこの河に注ぎ入れる方法を見いだしていただければ幸いである。

本書は、つまるところ、互いに支えあい学びあうために、ひとつの対話への参加をお誘いするものである。

最後になったが、本書の翻訳の労をとってくださった、監訳者である西村春夫、細井洋子、高橋則夫の各先生と翻訳者の皆さん、さらに、翻訳文全体の推敲などを行ってくださった浅川エリ子先生、ワーキング・グループの黒澤睦、小林宏樹、南部さおり、緑川徹、宮崎英生、矢野恵美さんたちに、この場を借りて感謝の意を表したい。

また、本書の出版を快諾してくださった新泉社にも御礼申し上げる次第である。

ハワード・ゼア

〔原註〕

（1） “Restorative Justice and the Philosophical Theories of Punishment,” in *The Spiritual Roots of Restorative Justice*, Michael L. Hadley, editor (Albany, New York: State University of New York Press, 2001).

詩編一〇三章

主は憐れみ深く、恵みにとみ
忍耐強く、慈しみは大きい。
永久に責めることはなく
とこしえに怒り続けられることはない。
主はわたしたちを
罪に応じてあしらわれることなく
わたしたちの悪に従って報いられることもない。
（エルサレム聖書、八～九節）

〔訳註〕

日本語訳については、『聖書　新共同訳』（日本聖書教会、一九八七年）を参考にした。

装幀　藤原邦久

はじめに

本書の内容は、創造物として書かれたものというよりも、長い歳月の間に積み重ねられた経験や研究と討議による、総合的な成果から生み出されたものである。したがって、多くの人々の着想や経験に負うところが大きく、その中でも特に次の方々には衷心より感謝の意を表したい。

友人であるカナダ人、デイヴ・ワース（Dave Worth）は本書の完成に向けて私を勇気づけ、多くの発想や示唆をもたらしてくれた。

草稿に目を通してくれたマーティン・ライト（Martin Wright）、ミラード・リンド（Millard Lind）、アラン・クライダー（Alan Kreider）、W・H・オルチン（W.H. Allchin）からは、励ましと有益な教示を多数いただいた。

また、本書の中で名前をあげて取り上げた方々はもとより、多くの方の仕事に負うところは大きい。とりわけ、ニルス・クリスティ（Nils Christie）、ヘルマン・ビアンキ（Herman Bianchi）の著作や討議は私の方向性を明確にする上で大いに役立った。

過去数年間にわたる合衆国、カナダ、英国での会議やセミナーでは、これらの着想に参加者は大いに関心を示し、その妥当性を検討してくれた。

合衆国、カナダ、英国、その他の国々においては、数百人の人々がＶＯＲＰ運動（被害者―加害者和解運動）に関わる決断をし、そこで得られた実例は私を勇気づけ、現実的な根拠を与えてくれた。

合衆国・メノナイト中央委員会（ＭＣＣ）は私の着想を発展させ、それを論述する場を与えてくれた。前プログラム委員長のＨ・Ａ・ペナー（H.A. Penner）からは、彼の職を引き継ぐにあたり絶大なる支援を得た。

私をイギリスのハンプシャー保護観察所に招喚してくれたジョン・ハーディング（John Harding）は、その間の執筆活動のために住居を用意してくれた。

ドリス・ルーペ（Doris Rupe）は、私が事務所を離れて静かに執筆できる場所を世話してくれた。

多くの方の援助を賜り本書は日の目を見た。しかし、内容についての責任はあくまでも筆者にあり、メノナイト中央委員会や前述した方々の見解を必ずしも反映したものとは限らないことをおことわりしておく。

一九九〇年の本書刊行以来、修復的司法に関する対話の場は広がりを見せ、実行面とともに、イデオロギー的にも、文化的にも相当多彩になってきている。とりわけ刺激的なのは、ヨーロッパ的伝統の外部で試みられているアプローチである。それらは本書の論旨を揺るがすものではなく、それを確認し、より発展させるものである。再版にあたっては、本文は必要最小限の訂正のみにとどめたが、補遺4でこの間の経緯に触れている。

第1部 犯罪体験

PART I
The Experience of Crime

第1章　ある事件

　本書は、原理原則と理想に関する本である。たぶん押しつけがましく思われるだろうが、本書は犯罪、司法、そして、社会の共生のあり方について、いくつかの基本的な前提を明確にし、評価することを目的としている。これらの前提を立てるに至ったいきさつを要約し、いくつかの選択肢を示そうとするものである。

　このような努力は抽象化の作業を伴うが、それに限られるものではない。まず犯罪と司法の実際について、できるだけ深く立ち入ることから始めなければならない。そうした現実にしっかり立脚することによってはじめて、私たち人間の行為とその理由、そしてまた別の行為をする可能性などを、理解できるようになるのである。

　犯罪体験を理解することは容易ではなく、また、ほとんどの人はそのようなアプローチを厭わしく思うものだ。自らが加害者や被害者になるということの意味に向きあおうとするならば、私たちは激しい感情に襲われる。その感情は、しばしば恐怖感に満ちたものであり、むしろ、そっとしておいてほしいと思うものである。犯罪を実際に体験しなければ、感情移入を十分にすることは難しいだろう。しかしながら、その試みが不十分なものであり、同時に苦痛をもたらすものだということを認識しつつも、私たちはなお、それを試みなければならない。

　そこで本書は、犯罪の実体験を理解する試みから始めることにする。

事件のストーリー

数年前、私はある一七歳の被告人といっしょに、アメリカの小さな町の法廷に座っていた。私と同僚は、保護観察官として裁判所へ提出する量刑に関する提案の準備を依頼され、そのときまさに、法廷で判事から刑を言い渡されるのを待っていた。

この事件は、次のような不幸な物語である。この青年（犯行当時一六歳）は、暗い廊下で、若い女性をナイフで脅したのである。そして、その後つかみ合いになり女性は片目を失った。その結果、彼は裁判にかけられているのだった。

詳細は不明な部分もあるが、およそ次のようなことが明らかになった。不遇な家庭（おそらく虐待のあるような家庭）に育ったこの青年は、女友達と家出を決心したが、それに必要なお金がなかった。彼には暴力犯罪の前科はなかったが、誰かを脅したなら、相手は所持金を彼に渡し、それで万事はうまくいくだろうと、テレビの影響によって思い込んでしまったらしい。

実行に移すにあたり、彼は街でときどき見かけていた一人の若い女性に目をつけた。彼はそれまで何度か彼女に声を掛けようとしたことがあったが、相手にされていなかった。彼女の家庭が裕福であると思われたので、彼女を選んだのは理にかなっているように見えた。

そこで彼はナイフを手に持ち、顔にマスクをして、彼女のアパートの廊下で待ち伏せていた（彼はあえて小さめのナイフを選んだと主張している）。彼女が入ってきたとき、彼はその背後からつかみかかった。しかし、期待したように黙ってお金を渡すということはなく、この若い女性は、多くの場合に見られるのと同様に、パニックに陥り、金切り声をあげ、激しく抵抗した。のちに彼の母親が述べたところによると、彼は自分に向かって発せられた声に耐えきれず、事件が起こったとき、理性をなくしてしまっていた。おそらく、彼の行動は母親の説明通りなのであろう。彼女が悪戦苦闘しているとき、彼もまたひどく気が動転し、何度も彼女を刺し、ついには目まで刺してしまったのだ。

それから二人は彼女の部屋に入った。ここで彼が彼女を拘禁状態にしたのか、あるいは彼女を助けようとしたのかによって、二人の話は食い違ってくる。彼は、彼女を助けようとし、彼女もそれに応じたと述べた。逮捕の際、彼は次のように述べたと記録されている。「こんなことをするつもりはなかった。こんなことをするつもりはなかった。僕は誰も傷つけるつもりはなかった。彼女にすまないと伝えてほしい」。いずれにしても、二人が部屋を出たところで、彼は逮捕された。その結果、彼は有罪の宣告を受け、そして今、刑の言い渡しを待っている。

この小さな町の小さな法廷で、彼は弁護士とともに判事に向きあって座った。その後ろには彼の家族が座り、後列には被害者の家族と親戚が座っていた。人影もまばらな部屋には、数人の傍聴人と刑事司法関係者がいるだけだった。

彼が刑の言い渡しを受ける前に、私は次のような量刑に関する提案を行った。内容は、有期の拘禁刑と指導監督を受けること、被害者および地域社会への償いと回復を行うこと、カウンセリングと教育を受けること、規則正しい生活をすること、仕事をすることである。

何か述べることはないかと尋ねられた彼は、自分が行ったことへの後悔の念を告げ、そして、自分の行為がこの若い女性にとってもつ意味を理解しようと努めたことを話した。「私は多大の苦痛を与えたと気づきました。Aさんはかけがえのないものを失いました。もしできることならば、私は喜んで自分の目を彼女に差しあげたいと思います。私がしたことを本当に申し訳なく思っています。どうかお許しください。刑期がどれほど長くなろうとも、以後、決して彼女の家族にどのような危害も加えるつもりはありません」。

判決のときを迎えたが、刑を言い渡す前に、判事は、通例にならって刑罰の目的を列挙した。すなわち、応報の必要性、加害者を社会から隔離する必要性、更生の必要性、再犯防止の必要性である。また、加害者が自分の行為に責任をとるべきことも付け加えた。

判事はさらに、この男の犯行の意図について述べた。彼は凶器使用強盗および殺人未遂の罪で訴えられていた。判事は、強盗を犯そうとしたとき殺意はなかった、という青年の陳述は認めた。しかし判事の推論では、彼はつかみ合いをするうちに殺意を形成したものであり、嫌疑は明白であり重罪であるとした。

そして、判決を下した。この若者を二〇年から八五年の拘禁刑に処し、最短期間（二〇年）を経過するまで、仮釈放または善時制[*1]の対象から除外するというものだ。どれほど早くても、釈放されるときには彼は三七歳になっている。判事は刑を言い渡すとき、「この暴力犯罪をもたらした君の身に染みついている行動パターンを、拘禁中に君が捨てることを信じている」と、若者に諭した。

この事件が悲劇であることは否定しがたい。しかし、すぐに抽象化され、違う種類のドラマとなってしまう悲劇なのだ。法手続と報道が、それを二人の人間が直面した悲劇ではなく、加害者と（二次的に思い出されるだけの）被害者との間で起こった犯罪という形に変えてしまう。二つの抽象化されたものの間のドラマになってしまう。現実の事件は神秘化され神話化されて、ついには実際の体験も動機づけも失われてしまうのである。

だから、私たちはあまりにも典型的すぎるこの悲劇を、神話化したり神秘化したりするのをやめることから始めよう。体験を解きほぐし、それを現実の人々（すなわち、多様な生き方をしている私たちによく似た人々）に関わる人間の悲劇としてとらえようではないか。

〔訳註〕

＊1　**仮釈放と善時制**　「仮釈放」とは、矯正施設に収容されている者を、その収容期間の満了前に一定の条件のもとに釈放して、更生の機会を与え、円滑な社会復帰を図ろうとする制度である。施設内での行状に対する恩典として、施設内の秩序維持に貢献するとともに、個々の被収容者の改善状況に応じて収容期間を調整することで、その社会復帰を促進し、釈放後は条件を遵守できない場合には取消によって再収容することで、心理強制的に再犯を防止する機能などをもつ。「善時制」も、施設内で善行を保持したことの褒賞として、自動的に収容期間を短縮し、釈放時期を早める制度であるが、これは絶対的釈放であって、その取消がない点で、仮釈放とは異なる。アメリカでは、百年を超える非常に長い刑期が言い渡されることもあるが、この仮釈放や善時制のおかげで、収容期間の満了前に釈放されることも可能となる。

第2章　被害者

私は被害者の若い女性には会っていない。法手続の対抗・敵対的な性質、その事件に関わりあっている自分の状況、それに手続を進めていくにあたって私自身に不安があったことから、それを思いとどまったのだ。振り返ってみると、やはり思い切って彼女に会う努力をすべきであったと思う。しかし、ここでは他の被害者の経験をもとにして、彼女が一体どのような経験をしたのか想像してみることにしよう(1)。

経験

彼女が廊下に入り、マスクをかぶりナイフを持った男に襲われたとき、彼女は仰天した。最初の反応は、驚きと「こんなことが私に起こるはずがない」という信じられない思いだった。最初に体が硬直してしまい、行動不能に陥ると報告する被害者もいる。だが、彼女は金切り声をあげて闘った。自分は間違いなく死んでしまうだろうと思ったと、のちに報告している。

被害者の共通した反応は、心理学者が「凍りつく恐怖の服従」と呼ぶものである。こうした抵抗できない恐ろしい事態に直面すると、暴力犯罪の被害者は（ハイジャックの被害者のように）しばしば加害者に協力するようだ。レイプのような犯罪の場合、この当然の心理的反応は、法廷においては自発的な協力と誤解されるかもしれない。しかし現実には、このような服従は恐怖に基づいているのである。

最初の攻撃がいったんやむと、実際に彼女はこうした反応を示した。加害者の言い分によると、自分の行為の意味を認識したとたん、彼女を助けようと試みたということである。彼の見解では、彼女も協力的だったという。だが実際は、彼を恐れ、逆らうことは不可能だと感じたので、彼女はあらゆる手だてによって、彼を鎮めようと試みたのである。

最初の「衝撃」段階では、彼女の反応は大多数の被害者と共通していた。混乱、無力感、恐怖、傷つきやすさといった感情に打ちのめされた。徐々に薄らいでいったとはいえ、それから数週間というものは、こうした感情につきまとわれた。だがやがて、激しい感情が新たに湧きあがった。怒り、自責の念、疑惑、憂鬱、目的喪失、自信喪失、後悔などである。

この「反作用」段階の間に、彼女は適応しようともがき苦しみ、気持ちは大きく揺れ動いた。何日間かは元のように元気になり楽観的になったかのように見えたが、その後ひどい憂鬱と、あるいは激怒に襲われるばかりだった。他人、特に見知らぬ人に対して懐疑的になり、ささいなことで驚きやすくもなった。

彼女は、生々しく恐ろしい夢を見たり妄想を抱いたりするようになった。それは、彼女らしくないし、彼女自身の価値観にも反することだった。たとえば、加害者に対してひどい復讐をする場面を想像するのは、まさに自らの価値観とは逆のことだったので、不安と自責の念を覚えた。目覚めているとき、どのようなことが起こり、自分がどう反応したのかをたびたび再現してみた。そして、なぜそのように反応したのか、またほかにとるべき行動があったのではないかと思い悩んだ。

犯罪被害者の多くがそうであるように、彼女は恥ずかしさと自責の念に苦しめられた。なぜ事件が起きたのか、なぜあんな反応をしたのか、もっと違った行動がとれたのでは……、と自問自答を繰り返した。そして、自分自身にどこか落ち度があったのだと結論づけようとした。彼が話しかけようとしてきたとき、拒んでさえいなければ……。あの晩、外出さえしていなければ……。まるで自分のしたことで罰を受けているようだった。

傷つきやすさや無力感とともに、彼女は恐れの感情とも格闘し続けることになろう。他人にコントロールされ、無力で傷つきやすい心理状態のままでいたら、自己の安全とコントロールへの自信を再び取り戻すのは難しくなるだろう。この闘いに加えて、他人や世の中に対する信頼を取り戻すよう試みなければならない。誰かが彼女および彼女の世界を踏みにじったとなると、人々や自分の家庭、隣人、そして彼女の世界との連帯感を取り戻すのはたやすいことではなかろう。

多くの被害者は激しい怒りの感情を体験する。怒りの鉾先は、犯罪を起こした人間、それを防いでくれなかった人たち、そしてそれを許し、あるいはそれを引き起こしさえした神に対して向けられる。この激しい怒りは、ともすると告白する価値を否認し、罪の意識をつのらせることもある。信心深い人にとって、このような経験はしばしば信仰の危機を招く。この事件はなぜ起きたのか。自分はこんな報いを受けなければならない何をしたというのか。慈悲深く公正な神がどうしてこのようなことを引き起こすのか。納得のいく答えが得られなければ、深刻な信仰の危機が生じかねないのである。

被害に遭ってからの数週間、彼女は自分が置かれた新たな状況に順応しようと努めた。片方の目を失ったこと、無邪気さをなくしたことについて、彼女は深く悲しんだ。また、怒りや自責の念や傷つきやすさといった新たな激しい感情をコントロールする方法を模索した。さらに、世の中や自分自身に対する見方を改める必要もあった。今や彼女は、世の中は自分を裏切る潜在的な危険をはらんだ場所として考えるようになった。もはや以前のように、快適で予測可能な環境だとは思えないのだ。自分は世間知らずだったから、他人を疑うことのない「人のいい」女であることをやめなければならない。こうした新しい感情を抱くようになると、自己イメージを変えることにもなる。かつては、思いやりがあり、優しく、人づきあいのいい人間だと思っていたのに、今やこの自己概念は打ち砕かれてしまったのだ。

こうした一部始終に、彼女の友人たちはどう反応したのだろうか。

もし幸運な人であったなら、友人や教会のメンバー、同僚や隣人たちは彼女に積極的に向きあってくれていたことだろう。彼女に必要だったのは、理解の有無にかかわらず、無条件で彼女の感情を受け入れ、親身になって話を聞いてくれる人たちであった。事件の状況や彼女の対応の仕方について責めることなく、でしゃばらずに支えとなってくれる友人たちが必要だったのである。(2)

だが不幸なことに、友人たちはその話題を避けるようになる。被害者は事件を心の片隅に追いやり前進すべきだという思いから、彼女の話にはうんざりしがちになる。彼らは腹を立てないようにと彼女に諭し、彼女自身も事件に荷担したところが皆無だとはいえないのだから、多少責められても仕方ないなどと、暗に言ったりする。また、事件はある意味で神の意志であったことをほのめかす。おそらく彼女は罰を与えられる必要があった。おそらく神は何か善なる目的のためにこのようなことを引き起こし、彼女に教訓を与えようとしているのだ。これらの暗示から、彼女はますます自分自身を責め、自らの信念に疑問を抱くようになるのである。

友人や知人らのこうした反応は、心理学者が「二次被害」と呼んでいる例である。ある犯罪を耳にしたり、被害者自身の口から話を聞いたりすると、私たちもまた被害者感情をいくらか体験するものだが、それは、敬遠したくなるような痛ましい感情である。そのため、私たちはその話題を避け、とがめようとする。結局のところ、彼女の行為や彼女自身のどこかに落ち度を見つけられれば、彼女の立場から距離を置くことができるし、私たちの身には起こりそうもないことだと信じることができる。そう思うことで私たちはより安心感を抱くのである。

そのため、彼女は悲しむ権利のために闘わなければならなかった。ことによるとボーイフレンドを含め、彼女の親友たちがともに苦しんでくれたために、新たな苦労さえ生まれた。それぞれみな悲しみ方が違うし、表面にはっきり出さない場合だってある。たとえば、子どもが殺された両親の間では離婚率が高いが、そのひとつの原因は、双方の悲しみ方や対応の仕方が違うからである。もし認められず、理解もされなければ、悲しみ方のずれによって離婚に追い込まれることさえあるのだ。

犯罪被害者になるという経験は強烈で、生活全般にまで広がる。この女性の場合、その影響は睡眠や食欲や健康面に及んだ。それに対処するために、彼女は薬とアルコールに頼った。医療費の負担は相当な重荷となり、仕事の遂行能力は低下した。さまざまな体験や特別な出来事が相変わらずつらく思い出される。もし結婚していたのなら、その結婚は破綻していたことだろう。性的な関心や行動も影響を受けたかもしれない。犯罪被害者にとって、その後遺症はしばしばトラウマ（心の傷）となり、広範囲に及ぶものである。

この事件のような暴力犯罪の経験は、さまざまな面に及び、激しさを伴うものだということを認めるのはさほど難しくはない。しかしそうはいっても、被害者でない者がその危機のあらゆる面を推し量ることは難しい。とかく見落とされがちなのは、私たちがあまり深刻だとは考えない犯罪の被害者の場合も同じような反応を経験することだ。窃盗の被害者に体験を記述してもらうと、レイプの被害者とかなり似ているように思える場合が多い。器物損壊や自動車窃盗の被害者は、激しい形ではないにしても、暴力犯罪被害者と同じような反応を多く示している。

なぜそれほどトラウマになるのか

なぜそのような反応をするのか。なぜ犯罪はそれほど破壊的で、回復しにくいものなのか。その理由は、犯罪は本質的に侵害である。すなわち、自我の侵害、アイデンティティ、信念、そして私的空間への冒瀆を意味する。犯罪は、私たちの生命の拠って立つ本質的な二つの前提を覆すものだから、破壊的なのである。つまり、世界は秩序正しく意義ある場所であるという信念と、個人の自律という信念、この二つの前提は人間の完全性（wholeness）にとって必要不可欠なものである。

ほとんどの人は、世界（あるいは、少なくとも私たちが住む世界）は秩序正しく予測可能で理解しうる場所である、と考えている。すべてが望み通りに起こるとは限らないが、少なくとも大方の出来事には答えを用意することはできるし、一般に予期すべきことは分かっている。そうでなければ、どうして安心感をもって暮らしていけようか。

犯罪は、癌のように、このような秩序の感覚と価値観を覆してしまう。したがって犯罪被害者も、癌患者と同様に答えを欲しがっている。なぜ自分の身に起こったのか。それを防ぐために何ができたのだろうか。これらは、被害者を悩ます疑問のごくわずかにすぎない。こうした問いに答えることで、秩序と価値が回復されるという重要性がある。何が、なぜ、といった疑問に答えを出せたなら、再び世界に意味を見いだせるのだ。答えが見つからなければ、被害者は自分自身も他人も、そして神をも責めるようになる。事実、非難でさえ、完全なる存在の価値やなんらかの具体的な形を回復させるために、答えをもたらすひとつの重要な手段となる。

しかし完全であるためには、個人の自律心と自分の生命をコントロールする感覚をもたなければならない。そのような個人の力をむりやり奪われ、はからずも誰かにコントロールされることになれば、著しく面目を傷つけられ、人間性は損なわれる。犯罪はこの自律心を破壊し、誰かが自分たちの生命財産や空間を支配するということである。そのために被害者は、傷つきやすく無防備となり、さらに制御不能で人間性を失った感覚に陥ってしまう。またしてもここで、自己非難を繰り返すことになろう。自らの行為に犯罪の原因が少しでも見つかれば、その行動を避けようと心に決め、それによってコントロールの感覚を取り戻そうとする。

つまり、冒頭の話の女性は、単に身体的攻撃の被害者というだけではない。予測できる世界に生きる自律した個人として、まさにその自信や自己概念を攻撃された被害者であったし、今もなお被害者である。心理的影響は、身体的な傷よりもいっそう深刻なのかもしれない。

回復の過程

回復するためには、被害者は「反応」の段階から「再編成」段階へ移行する必要がある。重大犯罪のケースでは、被害者であることからサヴァイヴァー（被害から立ち直りつつある人）へと歩み出さなければならない。被害者は、加害行為と加害者にこれ以上支配されない段階へと進まなければならない。しかし、この道は困難であり時間も要し、多くの人にとっては、そう易々と到達できるものではないようだ。

被害者は回復するために何が必要か。この問いに対する答えは、どれにも多少の危険性がつきまとう。被害者だけが正しい答えができるものだし、その要求は人によって異なるが、一般に犯罪被害者の要求には、次のようなことが含まれる（ただし、これのみにはとどまらない）。

おそらく何よりも明白なのは、被害者が損害に対する賠償を必要とすることである。金銭的、物質的損害によって実際の金銭的負担が生ずる。さらに、損害をこうむった精神的意味は、実際の物質的損害と同じくらいかあるいはより重要であろう。いずれの場合も、それを返すことによって回復を助けることができる。物質的、心理的損害を完全に償うことは無理かもしれない。しかし、喪失感と、結果として生じた物質的な意味で修復してほしいというニーズとは重大なものであるといえるだろう。

前述の女性に、失った目を返してやることは誰にもできない。しかし、かかった費用を返すことで負担は軽くなり、同時に、精神的なレベルでも修復の感覚を与えることになる。

物質的損害と同じく重要なことだが、犯罪被害者調査によると、通常、金銭的なもの以外にもっと必要としているものがあることが分かる。そのひとつとして、さまざまな疑問への答えや情報に対するニーズがある。なぜ、私がこのような目に遭ったのか。この人は私に対して何か個人的な感情を抱いていたのか。この人は社会に戻ってくるのだろうか（報復するのだろうか）。私の財産はどういうことになったのか。どうすれば被害者にならずにすんだのか。情報の提供により、そのような疑問に答えなくてはならないのである。

被害者は、癒しを見いだすために、次にあげる六つの根本的な問いに答えを見つけなければならないと考えられる。(3)

一、何が起こったのか。
二、なぜ私に起こったのか。
三、あのとき、私はなぜあのように行動したのか。
四、あのとき以来、私はなぜこのような行動をとっているのか。
五、また起こったならばどうだろうか。
六、これは私自身や私の前途（信念や世界観や未来）にとってどのような意味があるのか。

これらの中には、被害者本人しか答えられない問いもある。たとえば、事件のときの行動と事件以後の行動は、自ら説明し答えを見つけなければならない。また今後同じような状況になった場合、どう反応すべきかも決めなくてはいけない。しかし、最初の二つの疑問は加害行為の事実を扱うことになる。何が実際に起こったのか。それはなぜ私に起こったのか。情報は被害者にとって非常に重要となり、こうした答えが回復への扉を開いてくれるだろう。このような答えなくしては、回復は困難かもしれない。

回復と疑問への答えに加えて、被害者は自己の感情を表現し、その感情の正当性を認めてもらう機会が必要になる。怒りや恐れや痛みの感情である。こうした感情を聞くのはつらいことであり、私たちが被害者に望む感情とはたとえ一致しないにしても、これらの感情は、犯罪という侵害に対して抱く当然の人間的な反応なのである。実際のところ、怒りは苦しみと同じ段階であり、簡単には避けて通れないものだということを認識する必要がある。苦しみや痛みは犯罪の一部分であり、それを表現し、人に聞いてもらうことも重要だ。被害者は自分の胸の内や苦しみを表し、また自分の身に起こった物語を語る機会や場所が必要となる。「真実」を他人に聞かせ、自分の正しさを認めてもらわなければならないのである。

被害者はまた、人としての力を付与される必要がある。人として自律しているという感覚が加害者に奪い取られてしまったので、この自信を再び取り戻さなければいけない。この中には自分で自分の環境をコントロールする感覚も含まれる。したがって、新しい鍵をつけたり防犯装置を設置したりすることが彼らには重要となるだろうし、あるいは危険を減らす手段として、ライフスタイルを変えることも考えられる。同様に、自分がコントロールしているとの感覚とともに、自分自身が事件の解決に関わろうとする感覚も必要である。自分で選択肢を考え、それらの選択が現実に即したものであると感じなければならない。

被害者は安全性がどれほど重要なものであるのかを痛感するものだ。自分自身や他の人々に、こうした事態が二度と起こらないという保証を欲し、この目標に向けて対策が講じられていることを知りたいと思っている。

よく目にする一般的な論理では、正義（justice）の体験がいかに必要であるかということを述べている。被害者によっては、復讐の要求という形をとるかもしれない。しかし、懲罰を要求するのは、被害者が正義についてあまり肯定的な関わりをしていなかったことから生まれるようだ。なるほど、正義の体験はきわめて根本的なことなので、それを経験しなければ、癒しは不可能であるといえる。

被害者にとっては、正義の体験には多くの段階があり、そのいくつかはすでに提示した。彼らに起きた事件は悪いものであり、不公平で、不当なものである、という確信が必要である。そして苦しみも含めて、その事件をありのままに語る機会が必要である。彼らは話を聞いてもらい、肯定される必要がある。家庭内暴力の被害を受けた女性たちのために活動している人々によれば、「真実を語ること」、「沈黙を破ること」、「公にすること」、「軽く見ないこと」などという言葉で、こうした必要なものを要約している。

正義の体験の一部として、被害者は悪行を正し、事件の再発防止策が講じられつつあることを知る必要がある。前に述べたように、彼らが回復を望むのは、単に物質的な返還のみではなく、その行為が不当であると認められることや事態を健全化させようとする試みに暗示される道徳的な言葉なのである。

正義は物事の状況を指すのかもしれないが、また、ひとつの経験でもある。現実として正義を経験しなければならない。被害者は、気を配ってもらえるにしても、必ずしも満足してはいない。彼らは通知を受け、少なくとも一定の問題で相談されたり関わったりしたいと望んでいるのである。

犯罪は、人間が基本的に必要とする価値観を台なしにしてしまう。したがって、回復への道は価値の探求ということになる。なるほど前に挙げた六つの問いは、被害者が回復するために答えを出すべきものであるが、価値の探求とも関連がある。犯罪被害者にとって、正義の要求は何よりも基本的なことである。というのは、哲学者で歴史家でもあるマイケル・イグナティエフ（Michael Ignatieff）が述べているように、体験を意味づける価値の枠組みは、正義によって与えられるからである。(4) 以上のことから、私はいくつかの所見を導き出した。

第一に、被害者になることは心に深い傷を負う体験である。それは、まさに基本的なものの侵害だからである。

つまり意義のある世界において、自律的な個人としての考え方が侵害されることである。また、自分と他人との信頼関係の侵害でもあるのだ。

第二に、これは、世間の大半が重大だと考える殺人やレイプのような暴力的犯罪だけではなく、社会が軽微であると扱いがちな犯罪行為、すなわち配偶者の虐待、侵入窃盗、器物損壊、あるいは自動車窃盗についてもあてはまる。

第三に、性格や状況や加害行為の違いを考慮に入れても、被害者の反応には共通したパターンが現れる。たとえば、恐れや怒りといった感情はおおよそ普遍的であるし、多くの被害者は順応段階へと進んでいくように見える。

最後に、他人から被害を受けると一連のニーズが発生し、そのニーズが満たされたなら、回復過程に入ることができる。しかし、放っておかれた被害者にとって、癒しを得ることは非常に難しく不十分なものとなるだろう。

私たちの対応

以上のようであれば、被害者が司法手続の中心であり、彼らの要求がその重要な焦点となることは、筋が通っているようにみえる。そして訴追がなされたとき、被害者は発言の機会をもち、被害者とその要望が事件の最終的処分に考慮されると思う者もいるだろう。少なくとも加害者が判明すれば知らせを受け、裁判中の経緯も絶えず通知を受けられるものと期待する。だが多くの場合、こうしたことはほとんど無きに等しい。被害者は、犯人が訴追されるか否か、また訴追の態様について、ほとんど発言権がない。被害者が考慮されるのは、証人として必要とされる場合のみであり、犯人が逮捕されたとしても、まれにしか通知されない。法による要請がある場合にのみ、裁判所は、法廷を通じて事件の手続を被害者に知らせたり、あるいは被害者から得た情報を最終的な処分に取り込むために通常の努力を行っているのである。

このことは、かつて私が進行を手伝ったセミナーでの一人の女性の例によってはっきりと示される。私が、犯罪被害者の状態（被害者の苦しみやニーズ、「司法」過程からの欠落）を説明していたとき、後方にいた女性が立ち上がり次のように述べたのである。「あなたのおっしゃる通りです。あるときわが家に盗みが入りました。また別のとき、暗い道で何者かに襲われました。どちらも事件の裁判が終わるまで、または終わりに近づくまで、私には情報の提供も聞き取りもありませんでした。どういうことかおわかりですか。私は検察官なのにですよ。私のスタッフさえ私に伝えてはくれませんでした」。ましてや、普通の人たちに何が期待できるのか、ご想像願いたい。

このことは、被害者が加害行為を受けたことを通報してまもなく気づくものである。被害者の願いとは関係なく訴追が遂行されたり、あるいは見送られたりし、また事件についての概要をほとんど知らされないことを知って驚くことが多いのである。

このような被害者無視は、彼らのニーズを満たさないばかりか、被害をより大きくする。刑事司法関係者とその手続による「二次被害」のことは、多くの人が語るところだ。人としての力が問題になるのはここの部分である。犯罪被害の非人間的側面は、被害者から力を奪ってしまう点であり、司法手続に被害者を参加させて力を取り戻してやるどころか、法制度がさらに人としての力を否定してしまうことで被害をいっそう大きくする。助けるどころか、傷つけているのである。

合衆国では、すでに多くの州で始まっている被害者支援と補償プログラムを支持するための連邦法が通過した。補償プログラムでは、いくつもの厳しい基準を満たしている重大な人身犯罪被害者の場合、かかった費用に対する弁償を求めることができる。被害者支援プログラムでは、地元のコミュニティが被害者にカウンセリングやその他の支援を提供する。地域における被害者支援プログラムの発展では、イギリスが先駆けとなり、ボランティアを使って被害者のサポートと支援を行い、司法手続による回復を模索している(5)。

こうしたプログラムはみな非常に役に立ち、被害者に対する新たな重要な関心を示すものである。だが残念ながら、努力はまだ緒についたばかりで、その必要性に比べると、文字通りバケツの中にしずくが数滴たまったに等しい状態にすぎない。司法手続にとって、被害者は相変わらず瑣末な存在であり、司法手続の中では犯罪の端役を演じている。

被害者を真剣に受けとめないがために、恐れ、疑い、怒り、自責の念といった厄介な感情を芽生えさせる。それはしつこく続き、おそらく復讐の要求へとふくらんでいくであろう。さらにステレオタイプの考え方を促すようになる（結局のところ、会ってもいない加害者をどうして理解できるはずがあろうか）。そして、このステレオタイプがますます不信感を増大させ、人種差別や身分差別を助長するのである。

おそらく被害者の観点からみて最も深刻なのは、被害に終わりがないということである。被害者は放置され、彼らのニーズが満たされないとき、その体験を背後に追いやることは難しいと悟る。実際には何年も前の事件でも、彼らはつい昨日の出来事のように鮮明に語る。実はその体験は何ひとつ克服されていないのだ。それよりも、被害体験と加害者が未だに彼らの人生を支配し、被害者の人としての力は相変わらず認められていない。しかも、被害は被害者個人にとどまらず、悲劇を聞いた友人や他の人々にも共有されている。被害があからさまになった結果、疑い、恐れ、怒り、そして傷つきやすさの感情は、コミュニティ中につのっていく。そのような感情がコミュニティ意識を損なうのは確かである。

だが、被害者のニーズに注意を向けないといっても、法手続や報道の中で被害者についてまったく触れないということではない。それどころか、被害者の望むところとは裏腹に、加害者との対応ではことごとく被害者の名前が持ち出されることになる。レトリックにせよ、実態は、被害者のために直接何もしていないのも同然なのである。被害者の苦しみや願いには耳を貸そうとしない。失ったものを多少なりとも取り戻してやる努力もしないし、状況の解決方法を決めさせる手助けもしない。回復に手を差し伸べることもなく、加害行為以後明らかになった事柄を知らせることすらしないのである。

言ってみれば、これは究極の皮肉であり、究極の悲劇でもある。直接的に一番苦しんだ人々が犯罪の解決に一役買うことはないのだ。このことから分かるように、事実、私たちの問題理解にあたって被害者は関与することさえないのである。

〔原註〕

（1） 被害者の体験に関し、注目に値する情報が得られるようになってきた。私は特に Morton Bard and Dawn Sangrey, *The Crime Victim's Book* (New York: Brunner-Mazel, 1986), 2d ed. を評価する。また、Shelley Neiderbach, *Invisible Wounds: Crime Victims Speak* (New York: The Hayworth Press, 1986) および Doug Magee, *What Murder Leaves Behind: The Victim's Family* (New York: Dodd, Mead and Co., 1983) も参照。子供を殺された親の会（Parents of Murdered Children, Inc.）の共同設立者であるシャーロット・ヒューリンガー（Charlotte Hullinger）は、重要な手助けをしてくれた。

（2） 子供を殺された親の会の共同設立者であり、自分自身も被害者であるシャーロット・ヒューリンガーは、被害者に対する友人たちの四つの反応傾向を認定している。

救援者　彼らは恐怖のため早期解決をしようとする。被害者の声に耳を傾けることよりも、自分に従うよう促す提案を行う。被害者の意見表明を不快に思い、苦しみ、どうすることもできないと思っている人々を見ることは苦痛であるので、問題解決に心掛ける。

敵意ある援助者　彼らは恐怖のため怒りを感じ、被害者を非難しようとする。非難がましく話して被害者と距離を保とうとする。恐れの感情から、自分たちには起こるはずがないものであったと主張する。

無力な援助者　彼らは恐怖のあまり困惑する。被害者と同じかそれ以上に事件の卑劣さを感ずるが、本心から被害者の声を聞いてはやれない。彼らは、被害者が悔しく思うくらい、被害者を落胆させることだろう。

前向きな援助者　恐怖に気づき、それを認める人々である。傷つきやすさと向きあい、非難せず耳を傾け、タイミングを心得ている。このような援助者たちは、「あなたはとても気が動転していることでしょう」、「時間がかかるものだよ」、「あなたはうまく処理できるよ」、「さぞ恐ろしかったことでしょう」、などと言うだろう。言い換えると、具体的な解決策ではなく、何でも話してよいという許可を被害者に与えるのである。

(3) Charles Finley, "Catastrophes: An Overview of family reactions," Chapter 1 of Charles Finley and Hamilton I. McCubbin, *Stress and the Family*, Vol. II: Coping with catastrophe (New York: Brunner/Mazel, 1983) より。

(4) Michael Ignatieff, "Imprisonment and the Need for Justice". 一九八七年のトロントにおけるカナダ刑事司法学会 (Canadian Criminal Justice Congress) での講演。活字化されたものは *Liaison*, January 1988 に所収。

(5) National Association of Victim Support Schemes, Cranmer House, 39 Brixton Rd., London SW9 6DZ, United Kingdom. アメリカ合衆国では、全米被害者支援機構（NOVA, 1757 Park Rd. N.W., Washington, DC 20010）が広報機関を務めている。

第3章　加害者

私は、先に挙げた事例で、傷ついた被害者は「正義」を体験してこなかっただろうと述べた。その一方で、被害者を襲った加害者には何が起こっているのだろうか。

加害者は、自らの代理人たる弁護士と国の代理人たる検察官という専門家同士が、長期にわたり闘い続ける過程の真っ只中にいた。この過程は、「適正手続（due process）」と呼ばれる迷路のように複雑な規則によって導かれる。この規則は、加害者当人と社会の権利を保障するように作られている（ただし、社会の権利とは、必ずしも被害者の権利を指すものではない）。この過程を通して、一連の専門家である検察官、裁判官、保護観察官および精神科医が、法律に照らして犯罪の有罪性を決定してきた。犯罪行為の認定だけではなく、犯意の有無も検討され、裁判官が加害者への量刑を決定するのである。

この過程の中で、加害者はほとんど傍観者である。加害者の主な関心事は、自分の境遇と将来についてであり、おそらく必然的に彼自身が直面しなければならないさまざまな障害や決定事項、場面で頭がいっぱいになってしまう。しかし、加害者に関わる事柄の多くは他者によって決定されてしまうのである。

刑務所での体験

今、彼は刑務所の中にいる。合衆国で科される平均的な刑期はカナダや西欧の状況に比べると尋常ではないように思えるが、拘禁刑の決定だけをみると、ごく一般的である。事実、拘禁は現代の西欧社会では標準的な措置であり、そのような考え方に基づいて刑事司法制度は運営されている。拘禁刑は、裁判官が正当化し合理化しなければならないような最後の手段としての判決ではない。むしろごく一般的であり、拘禁刑以外の判決の場合こそ、その合理性を説明する必要があるのである。

こうした視点から刑務所について考えれば、合衆国の拘禁刑が高率である理由も説明できる。アメリカ人は、「自分たちは犯罪に甘い」と思い込んでいることが多い。実際のところ、個々の事例や裁判管轄地域によっては、罪を犯しても「軽い罰ですむ」ように思われることもあるが、国全体としての実態はまったく違う。国際的水準からすると、たいへん厳しいものだ。一九九〇年代の初頭までは、人口当たりの拘禁率は世界最高だったし、その後、一九九四年に施行された「ストライク三つで、君はアウトだ」という趣旨の法律[*1]により、拘禁率はさらに高まったのである。

刑務所行きは、最後の手段ではなく最初に下される判決であり、それは、単に暴力事犯に限ったことではない。多くの外国人が驚くのは、ほとんどではないにしろ、多くの受刑者が財産犯として服役していることだ。アメリカでは拘禁刑は標準と考えられているため、高い拘禁率となる。

先の事件で加害者に判決を言い渡すとき、裁判官は、拘禁中に非暴力的な行動パターンを身につけるよう、希望を出した。だが現実には、刑務所でどのようなことを身につけるのだろうか。

この若者は、刑務所の中ですでに暴力の餌食となっているかもしれない。彼は刑務所の中でいったい何を学習しているのだろうか。もめごとは日常茶飯事で、暴力は問題解決の大きな武器であり、生き残るためには暴力を行使しなければならない、欲求不満をも暴力で解決する、といったことを生きる術として学ぶだろう。ともかく刑務所という歪んだ社会では、これが当たり前のことなのだ。

彼は若くて体も小柄なので、単なる暴力にとどまらず、性的暴力の被害者になる可能性がある。刑務所では、若い受刑者に対する同性間のレイプが頻発し、より年長の累犯者は、刑務所経験の浅い若者と交渉をもつことがままある。このレイプは、刑務所生活での長い性的略奪や欲求不満のありさまを反映するものだが、それ以上に、力や価値を合法的な形で認めてもらえない人々が、他人に力を誇示しようとする歪んだ手段なのだ。また、侮辱を表し、他人を蔑む手段ともなる。さらに、男性、女性という性的意識の混乱（もっとも、ありがちなことだが）をもたらす。彼にその不安が及んだならば、自尊心や人間性はこの経験によってひどく傷つき歪められるだろう。

そうなると、暴力的傾向を改めてほしいという裁判官の願いは、これでおしまいである。しかしながら裁判官は、暴力を教え育むような環境の中で、少なくとも二〇年間の拘禁生活を送ることを彼に命じた。若者にとっては、暴力が問題を処理し解決する道具となり、人とのコミュニケーションをとる手段にさえなりかねないというのに。

彼は、ひとつには、自尊心と人格的自律心の欠如から、トラブルに巻き込まれた。しかも、刑務所での経験はますます自尊心と自律心を奪い取り、合法的方法で自尊心と自律心を手に入れられない状態に置かれてしまうのである。

多くの犯罪と暴力は、個人のアイデンティティと力を主張する方法であると、私は確信している。私の友人ボビーの場合、一連の凶器使用強盗により一七年間刑務所で過ごし、最終的には、辛抱強い教会の人々の援助を受け社会に復帰したが、まさしくそうであった。彼は黒人で、貧しい環境で育った。ビルの管理人でアルコール中毒だった父親は、まるで逃れる希望のない刑務所のような世の中に閉じ込められていると感じていた。ボビーにとっては、犯罪はこの人間味のかけらもない刑務所から逃れる手段であった。「僕は、少なくともショットガンを手にすると、別人になったんだ」とボビーは語る。自尊心の乏しい彼が、どうして他人を尊重することができようか。

心理学者ロバート・ジョンソン（Robert Johnson）による、死刑を待つ殺人犯についての著述は、暴力の意味と根源をよくとらえている。

暴力は、わけもなく彼らを悩ます亡霊でも病気でもなく、単に醜い情熱のための便利なはけ口でもない。というよりは、悲しく、しばしば過酷な人生に順応しようとする手段である。……たいていの暴力的男性の［暴力］は、結局のところ他人の敵意や攻撃から生じ、自信を喪失し打ち砕かれた自己評価に甘んじなければならなくなる。逆説的だが、暴力は自己防衛のねじれた構図であり、そもそもの原因である自らの弱さと傷つきやすさの意識を再確認しているだけにすぎない。暴力によって罪のない被害者を攻撃するのは、度胸の勝利ではなく、自己統制力をなくしている合図なのである。(1)

多くの加害者は自尊心と自律心が乏しく、刑務所内のつまらない言い争いや喧嘩がたちまち暴動にまで発展する。一ドルをめぐる争いが容易に人の死に至ってしまうのである。

先にみた加害者の場合も自尊心や自信を欠き、事件に至ったといえる。彼の加害行為は、自分が大した人間で、自らの人生も、おそらく他人の人生もコントロールできると主張しようとしたねじ曲がった試みだったのだろう。しかし刑務所という場所は、自信や自尊心をますます奪い取ってしまう環境なのである。

刑務所全体の環境は、非人間的な構造になっている。受刑者にはIDナンバーを与え、囚人服を着用させ、個人的なスペースはないも同然である。彼らの自己決定や人としての力を発揮する可能性がほとんどすべて否定される。実際、環境全体が、服従し、命令に従うことを覚えさせることに、すべての焦点が合わせられている。そういう状況では、選択の余地はほとんどなく、彼らは服従することと従順であることを学ばされるだろう。これは、刑務所制度が奨励する対応であるが、自由な社会へうまく移行させるような対応とは言い難い。冒頭の加害者は自己制御能力がなく、合法的な方法では人生の責任をとれなかったがために、事件を起こした。その結果、刑務所に送られたのだが、刑務所は彼の能力をさらに奪っていく。したがって、刑務所の規則に最も順応した人間が、出所後の地域社会での生活によりうまく適応できる人間だとは限らない。そうだとしても、それは驚くにはあたらないはずである。

刑務所生活で順応を迫られて、プレッシャーに直面したときの二つ目の対応は、反抗することである。そのような行動をとる者は概して多い。ある意味で反抗は、自己のアイデンティティを維持しようとする試みだからである。類型的に見ると、反抗する者は順応する者に比べ、自由な社会によりうまく適応できるようである（反抗する者は仮釈放となる見込みはなさそうだが）。だが、例外もある。もし暴力性や常習性がひどくなってくれば、反抗的、暴力的傾向が行動を支配するようになり、社会適応を妨げることにもなる。

受刑者ジャック・アボット（Jack Abbott）は、刑務所生活への順応にあらがう戦いに人生の大半を費やした。彼の書いた『獣の腹の中（In the Belly of the Beast）』は、刑務所の世界を鮮やかに描き出した、洞察に富む著作である。(2) 彼は数年間服役し、釈放された後も刑務所で侮辱されたと思い、それが原因でまた殺人を繰り返す始末だった。

三つ目の選択肢は、ごまかしの手法で一見順応しているように見せかけ、個人的な自由を保つことができる領域を見つけ出そうとする方法である。これは、刑務所で覚えるひとつの要領で、刑務所の中ではごまかしは普通のことであるということも学ぶ。やはり、刑務所内では何とかうまくやっていかなくてはならないし、その一方で、刑務所当局も受刑者をいかに管理するかが問題になる。何しろ、限られた財源で、少人数の担当官がいったいどうやって大勢の受刑者を管理できるというのだろうか。要するに、受刑者はだますことを覚えてしまうのである。

先の加害者は適切な選択ができなかったがために、事件を起こした。彼の選択能力は、刑務所体験でさらに蝕まれることであろう。二〇年またはそれ以上の受刑期間に、自ら選択し責任をとる能力を身につけさせられないばかりか、その機会さえほとんど得られない。実際、彼が学ぶことができるのは、他人に依存することである。その期間中、家賃を支払わず、金銭の管理も必要なく、そもそも家族への責任も果たしていない。自分の世話をしてくれる国家に依存しており、いざ、社会に復帰することになっても、世の中に対処していく技能などほとんど持ちあわせていない。このようなことでは、定職を持ち、金を蓄え、家計を維持し、勘定を払えるわけがないのである。

刑務所の中で、彼は、対人関係のゆがんだ理念を身につける。結婚相手であろうと、友人や仕事上の知り合いであろうと、他人を支配することが目標となる。他人に配慮し、面倒をみることは弱さであるとみなされ、弱い者は他人の餌食になることを意味する。

この加害者は、自分は価値ある人間で、適切な選択をする力も責任もあるということを学ぶ必要がある。また、他人や他人の財産を尊重し、欲求不満や紛争に穏やかに対処することも学ばなければならない。問題を解決するための技術も必要となる。しかし現実には、その手段や方法として、自己確認のために暴力に訴えようという気になってしまう。自尊心も自律心もかき消され、土台はぐらつくことになる。

こうした事情から検討すると、裁判官の述べた希望は非常に認識が甘く、間違った考えだということは明らかである。

刑務所は、非暴力的な行動パターンを彼に教えてやれるのだろうか。とても無理だろうし、ますます暴力的にしてしまうであろう。刑務所はそういう人間から社会を守ってくれるのか。おそらく拘禁中しばらくの間はいいとしても、いずれは出所して、身も心もますます荒んでいるかもしれない。そして社会にいる間、地域住民にとって危険人物になることもあるだろう。

では、犯罪を抑止することはできるだろうか。彼に拘禁刑を科すことによって、他の類似の犯罪を抑止できるかどうかは、まだ議論の余地もあるが、彼の行動を阻止するのは難しそうである。すでに指摘したように、問題に対処する技能の欠如と刑務所内で身につける行動パターンのために、犯罪を犯す確率はかなり高くなるだろう。さらに、刑務所内で生き残るすべも知っているので、刑務所に送られることはもはや脅威とはならない。実際、二〇年もいれば、刑務所は家庭のようなものになってしまい、むしろ塀の外の方が不安に感ずるだろう。

長年刑務所生活を送った受刑者の中には、お馴染みの場所である刑務所へ戻れるように、釈放と同時にまた犯罪を犯す者もいる。不確実で危険が多い外の生活に立ち向かうよりは、対処法を心得た場所にいる方がいいに違いない。最近、私は、前歴者を対象としたイギリスのデイ・ケア・センターの会合に招かれた。刑務所生活の経験がたびたびある、ある若い参加者の一人は「僕は刑務所を出たいと思ったが、実を言うと、刑務所暮らしは幸せだった」と語った。刑務所に送るという脅しも、こうした人間を抑止する力にはほとんどならないのである。

貧しく、社会の底辺に生き、人生は刑務所のようなものだと信じている人間にとっても、刑務所の脅威は犯罪の抑止にはならないだろう。こうした状況の者にとって、拘禁刑の判決は、監禁の形態をAからBへただ交換するだけにすぎない。にもかかわらず、拘禁刑の判決を主として貧しく無力な人々に対して適用しているのである。

どのようになる必要があるのか

この若者に判決を言い渡すとき、裁判官は加害者に責任をとらせる必要性について説いた。そのこと自体にはたいてい同意できるだろう。加害者は、実際のところ、自分の行為の責任をとらなければならない。しかし、その責任とは何を意味するのか。この裁判官にとっても大多数の人にとっても、加害者の責任とは、抑止のためであれ、罰のためであれ、刑罰（しばしば拘禁刑である）を引き受けることである。「人々に責任をとらせる」とは、「人々に薬を飲ませる（自業自得の罰を与える）」ことを強いるという意味であり、刑務所と同じようにダメージを与えるという、ちょっとした比喩である。

これは、責任についてのきわめて限定的な抽象的理解である。行為と結果の本質的な結びつきがなければ、真の責任などほとんど不可能なのだ。そして結果が加害者のために決定されている限り、責任（accountability）には応答的責任（responsibility）を伴わない。

犯罪を行い、好きなように振る舞って生きるためには、加害者は自分の行動についてあれこれ手の込んだ合理化を考えるものである。刑務所はそうするための多くの時間と力を与えるのだ。加害者は、自分のしたことは大したことではない、被害を受けるのは「当然だ」、誰だってやっていることだ、保険会社が損害の世話をしてくれるだろう、などと信じ込むようになる。彼らは、非難の矛先を自分自身から他人や周囲の状況へ転嫁する方法を見つけようとする。また、被害者や被害を受けそうな人について紋切り型の見方をする。無意識にあるいは意識的にさえ、被害者と隔てられていようとする。被害者のことを考えなくてすむように、押し入った家で写真を裏返して壁の方へ向けてしまったと語る侵入盗犯さえもいる。

刑事司法手続には、こうした「誤った帰属（misattributions＝責任転嫁）」に対抗できるものは何もない。逆に、刑事司法手続は彼らの合理化を助長し、固定観念を強めてしまう。この手続の対抗的・敵対的な性質から、被害者や社会についての固定観念を強化しやすい。この手続の複雑で苦痛を伴う被害者非参加方式は、被害者に加えられた害悪から目をそむけ、加害者側から見た誤った視点で事件をとらえようとする傾向を助長することになるのだ。ほとんどではないが、多くの加害者は、自分がひどい扱いを受けたと感じるようになる（おそらくそのように扱われたのだろう）。それゆえ、被害者の苦境よりも、自分自身の苦境を中心としてものを考えるようになる。少なくとも、刑事手続は非常に複雑で加害者中心に構成されており、彼らの置かれた法的状況にがんじがらめになってしまうのである。

その結果、加害者は自分の行為によって実際に人々へ与えた損失のことを考えるように促されることはほとんどないばかりか、あるいは考える場すらも与えられない。侵入盗犯に押し入られたり、車を盗まれたり、誰が、なぜ犯罪を行ったのかという恐怖や疑問を抱いたりする状況とは、実際どのようなものなのか。もう死にそうだ、目がつぶれそうだという心境は、どういうものなのか。被害者はどういう人間か。加害者の司法との関わりの中では、そうした問題は一切扱われないし、合理化や固定観念と正面から向きあわされるものも何もない。先の事件では、加害者は自分の行為を少しは理解しようと努めたが、彼の理解の仕方は十分でなく、司法や刑罰といった自分が置かれた法的状況によってすぐに消し去られてしまうのだ。

そうすると、真の責任には、その行為が人に与えた結果を理解し、誰に対して何を行ったかということときちんと向きあう機会を盛り込まなければならない。いや、本当の責任にはそれ以上のことが含まれる。それには、自分の行為の結果に対する応答的責任も含まれるのである。加害者は、事態を健全な姿に戻す方法を決められるような機会と励ましを与えられなければならない。そして、与えた損失の修復への一歩を踏み出すのである。

デニス・チャリーン（Dennis Chaleen）判事の指摘によれば、ほとんどの判決で問題なのは、加害者に（刑罰を引き受けさせる意味で）責任をとらせるけれども、応答的責任はとらせていない、ということである。だが、応答的責任の欠如こそが、彼らがトラブルを起こす最たる要因なのである。チャリーン判事はこう主張している。責任感のある者に刑罰が科されると、責任ある反応を示すが、責任感に欠けた者の場合は、より無責任になる傾向がみられる、と。

被害者に対する損害賠償を、判決の中に導入しはじめた裁判所もある。これは正しい方向性を示す第一歩である。しかし、損害賠償に対する理論的根拠はあいまいで間違っていることも多い。これは、被害者に対して事態を健全化する方策ではなく、加害者を罰する方策だとみなされがちである。また通常は、司法が科した制裁であるから、加害者の主体性を促すものではない。通常、加害者は損害賠償命令の決定には関与しないし、被害者の損失については、まったくというほど理解していない。彼らは、損害賠償とは悪事を正し、他人への責務を果たすための必然的な試みではなく、もうひとつの刑罰的制裁のようにとらえているらしい。罰として加害者に科される損害賠償の刑は、彼らを責任感のある人間にさせるようなものではなさそうである。このことが、損害賠償プログラムの履行率が低い主な理由になっている。

先の加害者は、できうる限りの方法で自らの行為の責任を引き受けなければならない。つまり、自分の行ったことをできるだけ十分に理解する（すなわち、その行動が相手にとってどのような意味をもつのか、そして、その間の自分の役割を認識する）ように促す必要がある。また可能な限り、事態を健全化する機会と励ましを与えられなければならない。そして自らも参加し、実行できる方法を見つけるべきである。これが真の責任である。

そのような責任をとることで、被害者のニーズをいくぶんでも満たし、被害者に解決をもたらすことができるだろう。それはまた、加害者にとっても解決をもたらすことになる。加害者がどのような害悪を引き起こしたかを理解することは、将来同じような害悪が生じることを防止するのに役立つはずである。事態を健全なものに戻し、生産的な市民になったならば、自信も増し、ひいては合法的な振る舞いができるようになるだろう。

実際にはどうなるのか

今後二〇年間、この加害者にはこうしたことは何ひとつとして起こりそうもない。その結果どのようなことになるのだろうか。

結局、彼を犯罪に走らせた固定観念や合理化ときちんと向きあう機会はないだろう。実際、服役している間に、それはさらに高じて手の込んだものとなる。外の社会でうまく生きていくのに必要な、対人関係や問題解決のための技術を身につける機会は得られない。よからぬ付き合い方を覚え、それまでに習得していた対処技術もなくしてしまうだろう。自分の行為ときちんと向きあう方法もなく、事態を健全化する手だてもない。

彼には、そのような加害行為がもたらした罪に対処する方法はないだろう。彼が赦され、事態を健全なものに戻したと実感できる場所も、司法手続にはない。自己イメージへ及ぼす影響を想像してもらいたい。選択肢はごくわずかしかないのだ。この問題を避け、自分の行動を合理化する。もしくは、怒りを自らに向け、自殺を企てる。または、他人に対して怒りを向ける。いずれにせよ、刑罰を引き受けて「借りを返して」からも、相変わらず加害者というレッテルを貼られることになる。刑務所の中で育った憎しみや暴力が、悲しみや嘆きといった感情に取って代わるようになるかもしれない。

被害者と同じく、彼もまた事件を背後に押しやり、終結させる機会は訪れない。傷は生傷のまま癒されることなくずっと残るのだ。

この加害者は、自分の行為によって他人を侵害した。また、コミュニティの中の信頼関係をも侵害した。だが、この侵害の両面を彼に理解させる司法手続の場は、まったくないのである。

今回の加害行為は、被害の経験者によるものである。そうした理由をもとに犯罪が赦されるものではないが、彼の行動は虐待された経歴から生じている。幼い頃は肉体的虐待を受け、成人してからは心理的、精神的な虐待を受けた。それによって自己意識や世間との関係が傷つけられたのである。司法手続は、そのような背景を少しも考慮に入れようとしないし、人間として健全に生きる道へ導こうとする策もまるでなさそうである。

〔原註〕

（1）Robert Johnson, "A life for a life?" *Justice Quarterly*, 1, No.4 (December 1984), 571.
（2）Jack Henry Abbott, *In the Belly of the Beast: Letters from Prison* (New York: Random House, 1981).
（3）Dennis A. Challeen, *Making It Right: A Common Sense Approach to Criminal Justice* (Aberdeen, South Dakota: Melius and Paterson Publishing, 1986).

〔訳註〕

＊1　**三振法**　俗に「三振法」と呼ばれているのは、米国クリントン政権による一九九四年の「暴力犯罪規制及び法執行法（Violent Crime Control and Law Enforcement Act of 1994）」で導入された、殺人や強盗などの重罪で過去に二回以上有罪とされた者が、また新たに重罪を犯した場合に、自動的に終身刑などの重罰を科すものである。

第4章　被害者と加害者に共通のテーマ

これまで被害者と加害者とを別々に見てきたが、両者に共通したいくつかのテーマが浮かび上がってくる。

懺悔と赦し

被害者と加害者のそれぞれの体験とニーズを、経験主義的用語と心理学的用語とで主に分析してきたが、ここで、両者の持つジレンマを、キリスト教の用語で簡単に見ておくことにしよう。

先に挙げた事件の若者は、二人とも癒されることが必要である。真の癒しを得るためには、少なくとも二つの前提条件が満たされる必要がある。それは懺悔と赦しである。

被害者が相手を赦すということにより、癒しが生まれる。

神学的な見方をすれば、それはかなり簡単なことのように思える。すなわち、神は私たちに赦しを与えているのであるから、私たちも自分に害悪を与える敵を赦しなさいと命じられている。憎しみに支配されている限り、私たちは自由になれない。私たちは神が示された模範に従わなければならないのである。

実践的、経験的な観点からすれば、それは非常に困難であり、おそらく不可能のように思われる。子どもを殺された母親や父親が、殺人者をどうして赦すことができようか。どうして怒りや復讐の感情を乗り越えることができようか。そのような経験のない者が、いったいどうしてそうしたことに口を出せるものだろうか。心の安定が得られずして、赦す気持ちなど生ずるものなのだろうか。そうした勇気づけというものは、果たして可能だろうか。

赦すこと、赦されることは容易ではなく、口先だけで提案できるものではない。また、赦す気になれない人々が、そのことにより、罪悪感というさらなる重圧に苦しむようなことがあってはならない。本当の赦しとは、他人の要望や強制によって生まれるものではなく、自分のペースで生み出されなければならないものである(1)。赦しは神の贈り物である。重荷となるべきものではない(2)。

赦しについての理解を明らかにすることは重要である。赦すことは、事件を忘れ、それを帳消しにし、苦しみのもとを簡単に解き放ってしまうことだと考えがちである。だが、赦しとは事件の忘却を意味するのではない。彼女先の若い女性は、自分のトラウマや失ったものを完全には忘れないだろうし、決して忘れるべきではない。彼女にそのようなことを期待してはならない。また赦しの意味は、加害行為を加害行為ではないと言い直すことでもない。「そんなにひどくなかった、大したことじゃない」どころか、まさにひどいこと、重大なことであり、そのことを否定すれば、被害者の体験も責任能力のある加害者の人間性もみくびることになるのである。

赦しとは、加害行為や加害者が人に及ぼす影響力から解放させることである。これ以上、加害行為や加害者に支配させないという意味である。こうした赦しを経験しなければ、つまり終結がなければ、傷は悪化し、侵害そして加害者が、私たちの意識や人生を支配しコントロールし続けることになる。したがって真の赦しとは、力を与えられ、癒されることである。それによって、被害者はサヴァイヴァー（生還者）となりうるのである。

別の方法で、サヴァイヴァーとなることもできる。「よい生き方をすること」により、これを試みる被害者もいる。悲劇に見舞われた後も、首尾よく人生を送ることが最大の復讐であると感じるからだ。「見せつけてやる」というのがこのアプローチであり、これには心理的な意味合いがなくもない。しかしこの対処法では、加害行為や加害者が依然として意識の中心にある。一方、赦しの場合は、この体験を重大なものとして人生経験や自伝のひとこまに収めることができるが、延々とそれに支配されるようなことはない。

状況によっては、赦しが生まれやすくなる。加害者の側が責任や後悔、懺悔を表すと、力強い後押しとなる。しかし、誰にとっても不可欠なのは、他者からの支援であり、正義の経験である。祈りは、こうした「記憶を癒す」重要な一部分となる。牧師の職にある人やグループは、告白に耳を傾け、罪の赦しを与えることができる。私たちすべての者、とりわけ信徒たちは、こうしたことが実現できる環境を整える責任がある。

前に示したように、正義の経験には数多くの側面がある。これらの側面のひとつは、聖書の嘆きの概念でとらえられており、いくつかの賛美歌の中に表現されている。教会について、神学者のウォールター・ブルッグマン(Walter Brueggemann)は次のように巧みに表現している。

満足のいく心境になるには、あらゆる好ましくないことを何もかも口から吐き出してしまうことです。傍らに立つ牧師がこう言っている姿が見えます。「もうすべてを打ち明けましたか、ほかにはないですか」と。そして、しっかりと受けとめられる方法でそれを吐き出してしまえば、本当に新たな気持ちで自由に歩き出していけることに気がつきます。ところが、私たちが嘆きもせず、神の御座に話を打ち明けなければ、残りの人生の中でずっとそのまま引きずって生きていかなければなりません。私たちは神聖なる神の御耳に話しかける機会を待っている人々の世界に生きています。もし正直に神に告白すれば、神は怯えて立ち去ることも、責めることも、また顔を背けることもなく、おそばに引き寄せてくださる。これはまさに神秘的です。

……抑圧された文化のもとにいる多くの人々は、自分たちの怒りや恨み、痛みや恐れを絶えず口に出すことを許されなければなりません。ここに来る前に、自らの損失や痛みや悲しみをすべて出し切っていなければ、おそらくみんなと同じように自由と力と気力を持って賛美歌を歌うことはできないでしょう。牧師の仕事は、人々がそのようなつらい話をすることを認めることであり、それによって人々は困難を乗り切ることになるでしょう。……

教会の仕事は、善なることを語ることではなく、真実を語ることです。ときとして、唯一の真実は痛むということです。詩編八八章は、このようなときのための詩です。この詩が今夜呼び起こすことのできる唯一の真実は、痛みを感じることであり、その傷を表にさらした方がよいということです。翌日には薬を塗ってもいいときが訪れるかもしれませんが、それは傷をさらしてからのことです。詩編八八章は、人生には言葉では言い表せない場面があるという辛い真実を前にしてたじろいではいないのです。(3)

この過程で、教会には批判されるべき責任がある。残念ながら、教会は苦痛を避け、嘆きを与えないようにしすぎている。しかし同時に、被害者が赦しに至るよう、高圧的に求めてもいる。被害者が、加害者や社会、そして神に対して抱く怒りや敵対心といった自然な感情をあまり許容しようとしないのである。

被害者にとって赦しの経験が必要だとすれば、加害者もまた然りである。彼の罪を解決する道を、ほかに見いだせるというのだろうか。新たな生活を踏み出し、健全なアイデンティティの意識や自尊心を身につけ、そして、自らが救われるために、ほかにどうすればいいのだろうか。

一般的な考えとは逆に、加害者はしばしば自分の犯した行為に罪悪感を覚える。だが、罪悪感から、自尊心や自己のアイデンティティが著しく脅かされる。ある研究の結果では、加害者のもつ特徴は途方もない恐怖感であり、その最大の恐怖とは「ゼロの状態」、つまり自尊心の崩壊の恐怖であるといわれる。(4) その結果、彼らはさまざまな防衛テクニックを使って、罪の意識を回避し自尊心を維持しようとするのだ。

そのひとつの方法は、マイケル・イグナティエフ（Michael Ignatieff）が「弁解戦術」と名づけたもので、それを身につけることで、罪の意識をそらせ、あるいは否定するのである。(5) たとえば、彼らは「皆がやっていることだから」、「やられて当然だ」、「盗られたって平気だろう」、「頭にきたからやった」などと言い訳するだろう。また社会的、心理学的決定論の言葉を使い、「貧しさゆえに転落したのだ」と主張するかもしれない。同様に、日頃の経験から、不当な扱いを受けているという思いに取りつかれる加害者の傾向も、そもそも罪の重圧から逃れようとするひとつの手だてと考えられる。

自分自身とうまく折り合いをつけていくために、自分の身の上や行った行為を、手の込んだ作り話にでっち上げる加害者さえいる。また、罪を犯した自分と本来の自分との間に線引きをして、ほとんど二つの人格になる者もいる。

加害者の表す怒りの裏側には罪の意識があると、私は確信する。罪の意識を認めると、自らに怒りを感じるようになり、罪の意識を受け入れないと、他人に怒りを感ずることになるのだ。いずれにしても、怒りの感情ははなはだ有害であるといえる。

罪の意識は、刑罰によって取り除かれるべきだと主張する人もいる。刑罰を受け入れることによって、借りが返され、罪は終結するというのである。しかし、理論的にそれが真実であろうとなかろうと、現実には、そのように物事がすんなり解決するとは限らない。刑罰によって罪の意識から解放されれば、正当で当然のことであると感じられるべきである。だが、そのようなケースは実際にはめったにみられない。その上、加害行為は社会に対して向けられたもので、社会に対して借りを作るという考え方を、加害者はほとんど理解していない。この考えはあまりに抽象的なものだし、そもそも彼ら自身と社会との一体感はあまりに狭く限られたものである。借りが返され、罪が晴らされたことを認める儀式はない。イグナティエフが指摘するように、赦しは刑罰と同じくらい、あるいはそれ以上に借りを返してくれるだろう。だが、処罰されてはじめて赦しが可能になると人々は思い込んでいる。実際問題として、ダメージを与え、不当と感じるような方法で刑を執行し、赦しの機会を否定してしまっているのだ。

新たな生活に必要なことは、赦しと告白である。加害者が真に完全なものとなるためには、責任を認め、与えた害悪を認識し、悪行を告白しなければならない。そうすることによってのみ、懺悔し、人生の軌道修正をして、新たな方向へ歩み出すことができる。懺悔に続く告白は加害者を癒す鍵となるが、同時に、彼らの懺悔や告白は、被害者にとっても癒しをもたらすことができる。

懺悔、告白、神あるいは被害者による赦し、これらのどれも、加害者の行動から生まれた結果を消し去ることはできない。神や被害者による赦しという恩寵[*1]は、簡単に手に入るものではなく（grace is not cheap）、被害者に対する責任は残る。それでも、救いと自由は可能なのである。

多くの教誨師や篤志面接委員[*2]によれば、罪は自己愛に根ざしていると考えられるから、そのような救いへの道は、自分がまったく罪深く、無価値であることを認めることであるという[(6)]。

加害者は、自分の要求しか頭になく、ある種の道徳的観念や他人と共感する能力に欠けていることが多い。しかし、私のみる限り、彼らが自分のことで手いっぱいなのは、実は、希薄な自己イメージ、おそらく自己嫌悪が根底にあるからである。もしそうだとすれば、癒しの前提条件になるのは、彼らの無価値を再確認させることではなく、自分たちが愛され、価値あるものだということを認識させることかもしれない。

要するに、被害者も加害者も癒されなければならず、そのためには、赦し、告白、懺悔、そして和解のための機会が必要になる。このいくつかは、信奉する神や教会、コミュニティと個人との間で行われなければならない。しかし、被害者と加害者との関係、つまり犯罪後に発生した関係とも関わってくる。

だが不幸なことに、現行の刑事法制度では、こうしたことをまったく奨励していないのである。事実、現行法制度は和解手続を勧めておらず、法手続自体には、懺悔のための場はなく、もちろん赦しのための場もない。さらにその性質上、加害者が罪を否認し、自らの立場を中心に据えるように仕向ける。被害者と加害者をわざわざ引き離しておいて、双方が敵対関係であるように仕向け、加害行為とその解決法についての共通した理解を得られなくしてしまうのだ。

後者の問題点に関して、若い元加害者の例がある。彼とは数年前に出会った。彼は服役中にクリスチャンになったのだが、仮釈放審査委員会により釈放されるとき、こう警告されたと報告した。「君がクリスチャンになったのは承知している。つまり君は社会に戻って、被害者に埋め合わせをしたいということだね。しかし、君が被害者に少しでも近づこうものなら、たちまちここへ引き返すことになるだろう」。無理もない対応であるが、悲劇であるともいえる。

力の問題

人としての力と自律の問題は、被害者と加害者の双方が関わっていることなので、犯罪および司法にとっての中心的な問題となる。

被害者の自律が加害者によって否定されると、被害者は極度のトラウマ状態に陥ってしまう。健全な状態であるためには、私たちは自分の人生や運命をコントロールしているという感覚が必要である。突然、脅されるようにして、その感覚が取り上げられると、人間性は著しく奪われる。加害者は、被害者を対象物、いわば「物」に変え、人生を自らコントロールする力を奪い取ってしまうのだ。その結果、ひどく貶められることになる。

人々は自律心のように根本的なものを剝奪されると、再びそれを主張しようと模索しはじめる。被害者はこの感覚を取り戻すことが必要となり、さまざまな方法を試みる。ある者にとっては、ただ乗り越えること、うまく生きていくこと、そしてサヴァイヴァーとなることであり、またある者にとっては、安全手段を講ずること、人生を生き直す道を見つけることである。復讐や刑罰を要求することで、それを満たそうとする者もいれば、キリスト教の赦しの行為によって、力を与えられる者もいる。ともかく、人としての力の問題（奪われたり、取り戻したりすること）は、被害者経験にとって欠かせないことである。

この問題は、同様に、加害者の経験にとっても重大な意味を持つ。多くの者は人としての力も価値もないと感じている。この社会では、若い男性が人としての力を奪われると、男らしさを攻撃されたととらえてしまう。男らしさと人としての力は同じであると考えられやすいからだ。こうした自律の欲求を満たし、社会による「犠牲者」だという意識に対処するひとつの方法は、自らが支配する被害者を別に見つけることである。刑務所で起こる同性間のレイプは、まさにそのような現象である。だが多くの犯罪は、歪んだ形での自分の力や価値の主張であり、不器用な自己顕示や自己表現なのである。

社会の人々は、本当に、私が言うほど人としての力が乏しいものなのだろうか。たしかにこの主張は、個人の能力に応じた報酬というアメリカの神話とは逆行している。汗水流して進んで働く有能な人々は皆、自らめざすものを成し遂げることができる。もし成功しなければ、それは、彼ら自身の落ち度とみなされる。さらに、成功したかどうかは物質的な面から計られ、力と富が成功の基本的な尺度、つまりは価値の尺度となる。だが、この個人の選択と報酬の神話が正しいかどうかは別として、これは多くの人にとって事実かどうかは疑わしいし、貧しい人でそう信じている人はほとんどいない。

社会において、下層階級と中・上流階級を本当の意味で線引きしているものは、教育や富とはあまり関係がなく、むしろ選択や自信に関係していると私は考える。中・上流階級の家庭で育った人のほとんどは、自分の運命を司る主人は基本的に自分であると信じて育つ。障害もあろうし、運や神の摂理が働くとはいえ、実際には、私たちは運命を決定づけるような真の選択権や能力を何かしら持っていると信じている。

だが、貧しい人の多くはこのことを信じていない。彼らの考え方では、自分に起こることは、自らの行為が原因ではなく、むしろ偶然によるものである。成功したとしても、それは努力などではなく、幸運に恵まれたおかげだと考える。罪を犯して逮捕されても、彼らの行為よりも、運と関連づけるのだ。彼らに選択する能力が本当にあろうとなかろうと、たいていは自分に能力があるとは信じていない。これは、重要なことである。そうなると、ある人たちにとっては、他の点では欠けていると感じているコントロールの感覚を主張するひとつの手段として、犯罪は考えられるのである。

人々は、将来のことを自らコントロールしようとするのではなく、物事が勝手に自分の身に起こるというふうに、とかく信じがちである。この信念は、犯罪抑止の考え方に重要な関係がある。抑止が機能するためには、人々は選択に基づいて行動し、その選択によって次に起こる出来事が影響されると考えなければならない。しかし、パーカー・ロスマン（Parker Rossman）が、ニューヨークで法に抵触した若者に対して行ったインタビューでは、とらえ方が違っていたという(7)。

彼らは、無実の人が逮捕され、罪を犯した人が放免になる状況を毎日目の当たりにしていた。彼らの頭の中では、加害行為も刑罰もほとんど関係がなかった。いや、刑罰は雨のようなもので、降る日もあれば、降らない日もある。正しい人にも正しくない人にも、同じように降り注ぐ。彼らのほとんどは、生きているうちに逮捕や処罰を経験すると予想していた。それはただ、これからの人生のように、ほとんど抵抗しがたい力に支配されて起こるようなものだと考えていたのである。

人としての力に欠ける多くの人が、力を発揮しようとするひとつの方法が、犯罪だといえる。こうした脈絡からすると、自己の力を発揮するがために、他人の力を奪おうとする人たちに対して処遇を行うというのは、おかしな話だ。彼らの自律心をさらに奪ってしまうからである。司法制度全体がもくろむやり方は、加害者に国家の力と彼らの無力さとを印象づけることである。その過程で、人質のように扱われ、刑務所に送られる。そして、刑務所の偏ったサブカルチャー[*3]から何らかの能力や自尊心を得ることがない限り、それらの感覚をさらに奪われることになる。そこで、被害化に抵抗する被害者と同じ理屈で、彼らは「矯正」に抵抗する。やはり、自律心を否定されているからである。とすれば、他人を支配することに頼らない価値観を身につけて社会に出ていくことなど、どうして期待できるのだろうか[8]。

被害者もまた、刑事司法手続の中で力を否定されている。彼らの要求は無視され、その過程から締め出されているので、被害者意識は深まるばかりなのである。

被害者も加害者も刑事司法手続の中で力が否定され、有害な結果がもたらされる。だが、手続においては、力の一極集中はまた別の意味もある。力の集中は個人を酔わせ、まるで超法規的存在かのように彼らを行動させる。教育的、社会的地位の違いと相まって、こうした力の集中は、中心的役割を果たす人々が、被害者であれ、加害者であれ、無力な人々の身になって物事を考えるのを阻んでしまうことが多い。彼らは、ともすると他人の見方には耳を傾けようとしない。このように、検察官や裁判官への力の集中は、問題を深刻化しかねないのである。

要するに、犯罪とは、犯罪者が力を主張することにより、自尊心を手に入れるひとつの方法ともいえるだろう。だがその犯罪を通して、被害者の人としての力の意識を奪うことになるのだ。被害者が健全さを回復するためには、こうした自律心を取り戻さなければならない。加害者が健全になるためには、相手を征服することに頼らない自律心を身につけなければならない。だが刑事司法手続は、危険なことに、少数者の手に権力を集中させながら、被害者からも加害者からも本来持つべき力の意識を奪うことで、問題を余計に悪化させているのである。

では、多少違った表現で、被害者と加害者の体験からみた類似性を探ってみよう。

チャリーン判事によれば、自分が接する多くの加害者の特徴は、社会の標準に照らせば、敗北者だということだ。(9)自分を敗北者と考えている人たちは、他の人々よりも、犯罪によってアイデンティティを主張する傾向がある。彼らは結果を恐れて思いとどまるようにもみえない。抑止が、最も必要な者に対して最も機能していないと、チャリーンは結論づけている。つまり、敗北を繰り返す者、失うもののない者、身柄拘束や刑罰の効果についてまるで関心がなさそうな者などがこれに該当する。

被害者に目を向けてみると、ノルウェーの犯罪学者ニルス・クリスティ（Nils Christie）は、被害に遭うこと自体が「問題」なのではないと指摘した。(10)むしろ、被害に遭遇した者がどのように状況を解釈するかに関わってくる。同じ経験をしたとしても、自分は被害者だという者もいれば、自分は敗者だという者もいるようだ。さらに、勝者だととらえる者もいるだろう。「被害者」が状況をいかに解釈するかということは、さまざまな要因による。自分が不当に扱われてきたことを確認し、誰に、どのようにして、不当な行為がなされたのかを確認することができれば、自分を被害者とみなすかもしれない。一方、敗北や、被害者になることに慣れている者もいる。彼らは、誰に、どのように不当な扱いをされたかを明らかにすることができなければ、また負けてしまったと思うだろうし、敗者である証拠がまた増えたと考えてしまうのだ。

クリスティおよび、社会学者リチャード・セネット（Richard Sennett）とジョナサン・コッブ（Jonathan Cobb）が示唆するように、この社会では、底辺の人々に、被害者というよりも敗者であると自らを考えさせようとする傾向がある[11]。労働者階級の子どもが陥りやすいのは、自分たちの敗北は、課された社会的拘束の証拠ではなく、個人的な失敗だと考えることである。そのため、とりわけ貧しい人たちは、自分で自分を敗者だと決め込んでしまいがちなのである。

自らを敗者とみなす人々は、自己を主張し、力を得る方法として、罪を犯すのかもしれない。しかし、彼らは将来を決定する能力がなく、身辺に起こることは「ただの偶然」だといつも思っているために、刑罰の脅威によって思いとどまりそうにはみえない。その結果はどうなるだろうか。犯罪を犯すことによって、もうひとつの被害者の階級、つまり犯罪被害者を生み出すことになる。

自分は犯罪被害者であると認める被害者もいるし、認めない被害者もいる。不運に慣れ、日常的に犯罪を体験している人たちは、自分は敗者だと思い、人生をコントロールできないものとみなし、犯罪被害をもうひとつの不運だと考えるようである。被害者になることは、単に自分の置かれた苦境を確認するだけであり、このグループからまた加害者が生まれ、サイクルは繰り返されるのである。

犯罪の神秘化

冒頭で述べた、強盗を犯し若い女性に怪我を負わせた若者の事件は、コミュニティ内でかなりの注目を浴びた。だが、多くの類似の事件と同じく、事件もそれに巻き込まれた人々も、法手続やメディア報道によって形を大きく変えられてしまった。

虐待を受けて傷ついた若者は、傷害を犯して犯罪者となり、そのためステレオタイプにひとつの抽象概念として扱われた。傷を負った若い女性は被害者となったのに、彼女のニーズには、おそらくあまり注意が払われなかった。この出来事は犯罪となり、しかもその犯罪は、実際に巻き込まれた人々とは関係ないシンボリックな法律用語で描かれ、処理された。その過程全体が神秘化され、神話化され、結局はメディアや政治過程の都合のいい道具となったのである。

メディア報道の中で、「犯罪」は群を抜いている。調査によると、ひとつには売れ行きがいいからだという。人々はとかくセンセーショナルなものに惹かれるものだし、また犯罪がメディアにとって「手頃なニュース」であることもその理由である。他の多くのニュースと違って、犯罪に関するニュースは入手しやすく、報道記者は、その場でただ警察官や検察官と連絡を取りあえばいいのである。ところが、この「ニュース」は、無批判に入手されることが応々にしてあり、疑問を持たれず、独自の検証もされずに当局の情報源から受け取られることが多い。そのようなニュース・ソースに常にアクセスするためには、記者たちは警察官や検察官と絶えず良好な関係を保つ必要があり、このことが客観性を失わせることにもつながる。その結果として、犯罪ニュースは、法手続および専門家筋の目によって考察される。そのようなニュースは、一方に偏るだけでなく、犯罪の抽象化や神話化を助長させやすいのである。

犯罪は、政治家にとっても重要な道具である。犯罪は、相手を打ち負かすための重要な武器になりうる。犯罪に関する立場を決めることが、社会における自分自身の「立場を定める」重大な方法になる。あなたは、強硬な現実主義者ですか。それとも、穏健な理想主義者ですか。一九八八年のアメリカ大統領選挙でみられたように、犯罪に関する立場を述べることが、立場を決定する方法となるのである。*4

だが、またしても、いわゆる犯罪の背後にある害や事件が見失われてしまう。そのプロセスは神秘化され、神話化され、ついには実物以上に大きくなり、そして隔たりが生ずる。その過程をみると、恐ろしさは募る一方である。

こうした諸々のことが、私たちのコミュニティ意識に影響を与える。犯罪に直面した場合、いくつかの選択肢がある。皆が一丸となって、「敵」から身を守ることができる。コミュニティ意識は強化されるかもしれないが、そのコミュニティは、あくまで防衛的、排他的であって、脅かされている。あるいは、他人に懐疑的になり、守りを固めて家庭に引きこもることもありうる。だが、薄れたコミュニティ意識は、ますます衰退してしまうことになる。

とすれば、悪行にいかに立ち向かうかという問題は、私たちの将来にとって重要な意味を持つのである。

〔原註〕

（1）　赦しに関して、マリー・マーシャル・フォーチュン（Marie Marshall Fortune）の著書が、有益であると思われる。たとえば、*Sexual Violence: The Unmentionable Sin* (New York: Pilgrim Press, 1983) および "Justice-Making in the Aftermath of Woman-Battering," in *Domestic Violence on Trial*, ed. Daniel Sonkin (New York: Springer Publishers, 1987), pp. 237-248 を参照。なお、Jeffrie G. Murphy and Jean Hampton, *Forgiveness and Mercy* (Cambridge, England: Cambridge University Press, 1988) と Thomas R. Yoder Neufeld, "Forgiveness and the Dangerous Few: The Biblical Basis" とが、the Christian Council for Reconciliation, Montreal, Quebec, November 18, 1983 で提出されている。

モートン・マックカラム・パターソン（Morton MacCallum-Paterson）は、赦しとは復讐しようという意図を快く断念する気持ちを必要とするかもしれないと示唆していた。おそらく、赦しのためは、問題を快く神に譲る意思を必要とするであろう。新約聖書における赦し（forgive）という単語の語源的意味は、譲り渡すこと、あるいは脇に置くことであると、彼は指摘している（*Toward a Justice That Heals* (Toronto: The United Church Publishing House, 1988), p. 56 を参照）。

（2）　この有益な示唆を与えてくれた、デイヴ・ワース（Dave Worth）に感謝する。

（3）　オンタリオ州トロントで開催された、一九八〇年詩編に関するワークショップから。カナダのオタワで行われた一九八七年五月のワークショップのために、the National Associations Active in Criminal Justice のワーキング・グループが用意した未出版のディスカッション・ペーパである"A Reflective Analysis on Reconciliation as It Relates to Criminal Justice"に引用されている。

(4) David Kelley, "Stalking the Criminal Mind: Psychopaths, 'Moral Imbeciles' and Free Will," *Harper's*, August 1985 を参照。

(5) Ignatieff, "Imprisonment and the Need for Justice."

(6) Gerald Austin McHugh, *Christian Faith and Criminal Justice: Toward a Christian Response to Crime and Punishment* (New York: Paulist Press, 1978), pp. 172ff. を参照。

(7) Parker Rossman, *After Punishment What?* (Cleveland, Ohio: Collins, 1980).

(8) 力の問題については、Richard Korn. "Crime, Criminal Justice, and Corrections," *University of San Francisco Law Review*, October 1971 が、とりわけ有益である。

(9) Dennis A. Challeen, *Making It Right* (Aberdeen, South Dakota: Milieus and Peterson Publishing, 1986), pp. 21ff. and 43ff.

(10) Nils Christie, "The Ideal Victim." これは、公刊されていないが、ブリティッシュ・コロンビア州バンクーバーで開催された第三回 International Course in Criminology で行われた講演である。

(11) Jonathan Cobb and Richard Sennett, *Hidden Injury of Class* (New York: Cambridge University Press, 1977).

〔訳註〕

＊1 ドイツ・ルター派の神学者ボンヘッファー（D. Bonhoeffer 1906-1945）はその著書『共に生きる（Life Together）』の中で、赦しと恩寵について触れている。キリスト教生活にとって重要な赦しの習慣は、日頃の聖なる奉仕と、神との交わり、人間同士の交わりを通して神聖になる試みによって習得され、強化されると確信した。彼は私的で月並みな赦しに反論を唱え、とりわけ安易で安あがりな恩寵（cheap grace）を槍玉にあげた。すなわち、懺悔を求めない赦し、戒律のない洗礼、告白のない聖餐式、個人的告白のない赦罪などを説教することである。こうした安あがりな恩寵は、罪人に代わり罪を正当化するがゆえに、罪からの解放のための真のニーズをも否定する。生活を変えず、キリストの死や復活を理解せずに慰めを与え、具体的に何ひとつ要求しない。生きた神のことばを否定し、それを具現化することを否定するのに

等しいと結論づけた。ナチス時代、あまりに低いコストで万人に恩寵を利用させる政策が、教会組織の崩壊を招く結果となり、ルター派教会はヒトラーに抵抗すらできなかった。人々は安あがりな恩寵に麻痺し、信徒の生活を通して赦しを具体化できず、死の認識さえできなくなっていた。その対応策として、彼はコストのかかる恩寵を主張し、キリスト教共同体のテーマと実践は、裁き、懺悔、告白、そして敵への愛であると訴えた。これらは赦しの業をいかに実践し、実現すべきかを知るうえで必要なのである。ヒトラー打倒計画に加わった彼は、のちに逮捕され処刑された。

＊２　**教誨師と篤志面接委員**　「教誨師」とは、矯正施設内の信仰を有する者や宗教を求める者の宗教的要求を充足し、その「信教の自由」を保障するために実施されている「宗教教誨」において、被収容者の宗教活動の便宜を図り、その特性の涵養および心情の安定に寄与する民間の篤志宗教家のことである。「篤志面接委員」とは、個々の被収容者の抱えている精神的悩みや家庭・職業・将来の生活設計などの問題について、その解決を図るために、専門的知識や経験に基づいた助言・指導を行う者として委嘱された学識経験者や宗教家などの民間の篤志家である。

＊３　**刑務所の偏ったサブカルチャー（刑務所の副次文化）**　一般社会に普通に見られる主流文化と対照して、ある時代、ある場所、ある特定集団の持つ文化の違いを強調して副次文化という。それは、流行と区別して、ある程度、継承されていく必要がある。刑務所の副次文化とは受刑者や職員だけにみられる独特なものの見方、慣習、行動様式のこと。これらの見方や様式は刑務所運営に有益なものもあるが、一般世間の人からみると奇異、無意味なものも多い。刑務所に長年にわたり二四時間起居し、この副次文化を完全に習得・同化した受刑者の精神傾向は、一般世間の平均から大きく逸脱するから受刑者の社会復帰の障害となる。この独特な副次文化は施設の極端な閉鎖的性格、隔離的性格からきているが、近年は刑務所の社会化、開放化と称して、この文化の持つマイナス面を取り除こうという主張がある。

＊４　**一九八八年のアメリカ大統領選挙**　一九八八年の大統領選挙において、民主党のデュカキス候補は死刑廃止を、共和党のブッシュ候補は死刑存置を訴えた。デュカキス候補は選挙戦を有利に進めていたが、死刑廃止問題を巡るディベートで、司会者の「あなたの妻がレイプされて殺されたとしても、犯人が死刑になることを望みませんか」との質問に、理性的に答えたことがかえって有権者の反感を買い、敗北につながったとされている。

第2部　司法のパラダイム

PART II
The Justice Paradigm

第5章　応報的司法

刑事司法手続のあらゆる場面で、被害者と加害者双方の傷はなおざりにされる。そして、その傷はさらに悪化するかもしれない。

この手続によって、犯罪という現象は実物よりいっそう大きくなる。犯罪は神秘化され、神話化され、政治家や報道機関に操作されやすいシンボルを作り出す。

過去数世紀にわたり、刑事司法手続を改良する試みが、多くの国々で導入された。こうした改良の努力について、「何も機能していない」とか、何もいい成果はあがっていない、という一部の論者の結論は不正確である。とはいうものの、大多数ではないにしても、試みの多くが当初の思惑からはずれている。あらゆる面で思わぬ結果を生み、その改良のための努力が、当初描いたものとはかなり違う目的のために使用されてきた。刑務所自体はもとはといえば、身体刑や死刑に対する人道的な代替刑として推進された。拘禁刑は、加害者の矯正を進める一方、刑罰と社会防衛を求める社会の要請に応えるものだった。刑務所が導入されて数年もしないで、そこは恐怖の場と化してしまい、刑務所改良運動が生まれた。

刑務所の不備と濫用が認識されると、すぐに刑務所に代わる「代替手段」を求める動きが起こった。[1] 多数の代替手段が導入されたが、その歴史はあまり芳しくなかった。刑務所の代替ではなくて、別の「代替手段」の代替として使われることもたびたびであった。それまで正式な措置がとられなかった場面に、代替手段を用いることも多々あった。「代替手段」が拡大する一方で、刑務所人口は増加の一途をたどり、国家の統制および指導監視のもとに入る者の総数は増加した。統制と介入の「網」は広範囲にまで及んでいったが、犯罪への目に見える効果もなく、被害者や加害者に不可欠であるニーズも満たされていない。

なぜ、このような状態を許しているのだろうか。被害者であれ加害者であれ、犯罪に関わる者たちの実際的なニーズは、正義（justice）という名の司法手続の中で、なぜこうもないがしろにされるのだろうか。改良をめざした変革は、なぜ、いつもうまくいかないのだろうか。その答えは、「犯罪と正義とは何か」という問いに対する私たちの理解の中にある。こうした根本的な定義と前提に目を向けなければ、本当の変革はできそうもない。

そもそも、犯罪と正義について、広く共有しあえる理解が存在するのだろうか。表向きには、刑事司法の専門家の間でもかなりの相違がみられる。たとえば、どのような結果が、どのような理由で適切であるかについても、裁判官によって判断が非常に異なっている。これこそ、判決がきわめて統一性を欠く大きな理由なのである。ある研究で、複数の裁判官に同一の事案を示し、自分がどのような判決を下すか尋ねてみたところ、彼らの理念や見解の相違が目立っていたという。裁判官、検察官、および保護観察官が、それぞれ自らが適切だと考える解釈に従って業務を遂行するために、大きな違いが現れるわけである。

このように、犯罪への対応についての理解はさまざまである。アメリカ合衆国では、このような多様性を理解する方法として、リベラルと保守という言葉がよく使われる。保守派は、迅速、確実かつ厳しい刑罰を求め、加害者の権利を保護する規則を非難し、そして、加害者が罪を犯す選択をしたことに重点を置き、彼らの環境は重要視しないと思われる。リベラル派は、加害者の権利やその環境により関心を寄せると考えられている。このように、リベラル派と保守派では、犯罪と正義に対するアプローチがまったく異なるようだ。

だが、この二つの「対抗勢力」は、実は互いに大して違っていない。細かく分析すると、リベラルと保守のどちらも、同じような前提と理解を共有していることが分かる。刑事法に現れている前提もあるし、現れていないものもあるが、それらを理解することは重要である。

あることを犯罪として認める際には、多くの基本的前提が私たちのとる対応に影響する。私たちが前提にするのは次のようなものである。

一、罪が確定されなければならない。
二、罪を犯した者は、「公正なる応報」を受けなければならない。
三、公正なる応報のためには痛みを課すことを要する。
四、手続が正義を決める。
五、法の違反が加害行為を定義する。

これらの前提をさらに詳しく検討してみよう。

罪責の確定

罪の問題は、刑事司法手続全体の要である。罪の確定がその中心的活動であり、すべてはそれに向けて進み、そこから出発する。

罪の確定は非常に重要であり、結果は重大であるために、詳細な規則が適用される。罪が確定されると、手続上の保護や権利に対する関心は減少する。

罪を中心に据えるということは、事件の実際の結末（量刑・処遇）にはほとんど関心を払わないということだ。法律教育は罪に関連する規則と手続を中心にして行われ、法科の学生は、量刑についての審理と取り決めに関する訓練はほとんど受けていない。その結果、刑事事件の適切な結末について、十分訓練を受けている裁判官はほとんどおらず、弁護士ではさらに少ない。

罪の立証が最大の関心事だとすると、過去に目を向けざるをえなくなる。何が起きたのか。誰が行ったのか。これらの疑問は、その加害行為が生み出した（あるいは加害行為を起こさせた）問題の解決よりも優先される。法律の専門家は、問題の再発を防ぐ手だてを考えることには、ほとんど時間を割かないのである。

司法手続の指針となる罪の概念は、狭く、高度に技術的な概念であり、本質的におおむね「客観的」、つまり記述的である。被告人は法律に書かれたような行為を行ったか。故意であったのか。法に反する行為であるか。法律上の罪は、訴追された者が実際そのような行為を行ったかどうか、そして、もし行っていたのなら、当人が法の下で責任があるかどうかを問うだけなのである。

法律制度では、加害行為および罪の問題は、被害者と加害者の実体験とはかなり違った枠組みで扱われている。法律上の訴追が実際の加害行為とほとんど関係を持たないように見えたり、有罪、無罪という言葉が、実際起きたこととあまり関連がないように思えたりもする。近年、一部の法律制度の擁護者が白状しているように、「……事実上の罪ではなく法律上の罪が、刑事司法手続の土台である[3]」。

このことは、直ちに被告人側に及んでくる。実際の行為とはまったく違うような事柄によって訴追されるかもしれない。それは、弁護士と検察官の交渉による結果かもしれない。ある加害行為を行っても法的に有罪とならない場合もあるし、「無罪」を主張するように言われることもある。そして、実際に無罪を信ずるようにもなるのだ。たとえ法的に有罪であっても、弁護士が「無罪」を主張するように促す場面もあるだろう。法律用語の「無罪」とは、「公判を希望する」または「もっと時間が欲しい」といった意味合いである。このように、実際の体験や道徳面から見た有罪と無罪の実体はあいまいになりやすい。

法律的に有罪かどうかは、二者択一の問題である。加害行為の重さの程度はいろいろあるが、結局は、有罪という段階しかないのである。人は有罪か無罪かのどちらかであり、誰かが勝者となり、誰かが敗者にならなくてはいけない。ニルス・クリスティ(Nils Christie)は、このことの意味を明らかにしている。裁判所は社会規範を教え、維持する場所であると考えられているが、実際に彼らが教えるのは、人々は単純な二分法によって評価されるという隠されたメッセージである。(4)

法律家のいう罪の概念は技術的で記述的なものである。だが、神学者トム・ヨーダー・ニューフェルド(Tom Yoder Neufeld)の言う「規範的」視点を持つ専門家と接触する加害者もいる。この視点から見た概念では、犯罪が起こった理由を説明することに関心を向け、原因や予測の可能性に重点を置く。社会的、心理学的な用語を使うのが普通である。(5)

たとえば、心理学者は、法律や道徳的な言葉を用いずに罪の概念にアプローチすることもあり、その概念そのものも無視するかもしれない。そうではなく、事件を起こした心理学的な要因を検討し、その行動は病気あるいは重大な機能不全の証拠であると考える。一方、社会学者は、家族やコミュニティ、さらにより大きな社会における社会的力の見地から、そのパターンや原因に注目するだろう。法律家は、多少なりとも意識的な選択を行う自律的な個人として加害者を扱うが、社会学者や行動科学者は、加害者が部分的にはさまざまな大きな力のなすがままになっていると考える。この視点では、加害者は個人的にどこまで責任があるか、さらに、加害者は被害者ではなく加害者だとどこまでいえるのか、という疑問も生じてくるのである。

法律家や社会学者といった専門家は自分流に罪の問題を考えるが、また別な見方が、多くの刑事司法関係者を含め、大半の人々の考え方に影響を与える。この概念はより道徳的、あるいは「属性的」である。一般的な考え方では、罪とは、単に振る舞いのみではなく、道徳的資質をもいうのである。罪とは、行った人間の属性に関わるものであり、「貼りついて」消えない性質を持つ。罪は多かれ少なかれ永久についてまわり、これを取り去る特効薬などはほとんどない。往々にして罪は、人を表す第一の決定的特徴となる。窃盗罪で有罪になれば泥棒となり、加害者となる。刑務所で服役すれば元受刑者、前歴者、前科者となる。これがその人間のアイデンティティの一部となり、取り除くのは困難である。

冒頭の事件の若い加害者が、どれほど素晴らしい資質を持ち、あるいはそれを伸ばしていったとしても、犯した行為の影響は将来にわたって続き、罪の烙印を押されることになる。犯罪を行ったことが、職業選択や昇進の可能性や残りの人生をも決めかねない。他の資質ではなく、彼の罪がすべての決め手となってしまうのだ。刑事司法手続では、それを克服させるような手だては何もないし、たとえ服役によって「社会に対する負債」を返したといっても、烙印は押されたままなのである。

このように、法律的な罪の概念はきわめて技術的なもので、実生活の経験とは隔たりがある。だが、多くの概念がひとつの事件に対して用いられることで、加害者はひどく混乱する。弁護士は罪について専門用語で語り、その過程で、法的に有罪でなければ、あるいは他に選択肢がなければ、罪を否定するように促すであろう。その間、加害者は心理鑑定家や心理療法家と会い、自分の行動を心理学的に理解する手助けをされ、それによって個人的責任感を免れることもある。さらに、刑務所の教誨師と面会し、道徳的罪、慈悲、恩寵、そして赦しなどの説教を聞かされる。君の罪は単なる技術的なものではなく、実際に存在するものである、しかし、解決はできると教誨師は諭すだろう。他に、罪についてありきたりの考え方を持つ看守にいたっては、お前の罪は現実なのだから逃れられないと決め付けるだろう。いずれにせよ、彼らにとって、加害者は「悪人」なのである。

罪とは、本当は何を意味するのだろうか。加害行為を行った者は、どのようにしてそれを理解するのだろうか。その者は、一体加害者なのか被害者なのか。本当に有罪なのか。何について有罪なのか。罪を過去のものとして、やり直すことは可能なのか。ニューフェルドが指摘したように、加害者は絶えず専門用語と相対することになるが、その用語の意味を理解するための説明は与えられない。さらに、それを解決するための仕組みも存在しないのだ。

犯罪への対応を取りしきっている法的概念と一般概念は、混乱し、矛盾さえしているが、どちらも、非常に個人主義的であるという点が共通している。西洋の法と価値観は、個人が自由な道徳的主体であるという信念に基づいていることが多い。誰かが犯罪を行った場合、それは自分の意思によって行われる。自由意思で選択されたのだから、罰を与えるのは相応である。個人は一身的、かつ個人的に責任がある。罪は個人的なものなのである。人間の自由と個人責任という基本的前提は重要である。単純な決定論は明らかに不適当であるが、西欧文化における自由と責任に関する前提にも問題がないわけではない。

多くの証拠が示すように、加害者は自由気ままに行動しているわけではなく、あるいは少なくとも、自分は自由に行動できるとは感じていない。前章で述べたように、社会の多くの人は、自らの人生をコントロールしている自由な主体としては自分を見ていない。それよりも、社会経済面でも、神の意志の面でも、ほぼ抵抗しがたい力によって決定されると考えている。人間の自由の観念と責任は、このような背景から必然的に違った色合いを帯びることになる。

罪と責任が個人のみに属するという原子論的理解もまた、行動に至る背景を考慮していない。各人は自分が選択したことに責任があるとはいえ、実際の、またはありうる選択が、社会的、心理学的事情の影響を受けるのは確かである。行動の社会的、経済的、政治的、および心理学的事情はたしかに重要であるが、個人主義的な罪の概念はそれを無視しているのである。

悪の行為を引き起こす動機は、個人主義的アプローチが認識しているよりも、はるかに複雑である。使徒パウロは、悪行の責任が複雑であることを認めていた。彼は人が選択を行い、その行動には責任があると考えていたが、人は完全に自由な主体であるという単純な考え方では、悪の蔓延や力に対して正当な対応ができないことを知っていた。「ローマの信徒への手紙七章」で、使徒パウロは悪の力に生涯苦しみ、してはならない行為をしてしまう自分の性向を語っている。そして、実際的な自由と潜在的な自由には違いがあり、自由は個人にもともと備わったものではなく、神から与えられたものであると考えていた。悪行はさまざまな力によって形成されるひとつのパターンであって、選択の結果であるものとそうでないものがある。このパターンを打ち破ることは難しい。

罪と自由についての個人主義的な概念によれば、個人は自由な選択をすることができ、その選択の結果を予想していると思われる。また、人はこのことを考慮に入れて、自分の行動を修正するものだと考えられる。しかし、この前提は、個人にはこうした自由があると信じているかどうかという問題が無視されているし、また、個人には長期的な結果を予期する能力があると決めてかかっている。さらに、行動と結果を関連づけることを期待している。その上、悪行は本来複雑なパターンのものであることも無視し、ついには、行動の引き金となる社会的、経済的、心理的事情までも見逃している。その結果、社会的正義とは関係なく、また現状に脅威を与えることもなく、加害者に司法が施されることになる。社会的背景が公正であるかどうかにかかわらず、刑罰が公正な応報になりうるのである。

個人主義的な競争社会では、物質的、社会的成功によって価値を決め、まったく個人的観点から成功や失敗を決めるので、罪と責任をこのように考えるのもやむをえない。個人は富と権力をどれだけ手に入れるかによって判断される。あるレベルに到達できなければ、本人に責任があるとされ、単に失敗したというだけでなく、敗者として扱われてしまう。同様のことは罪についてもいえる。罪は個人的な失敗であるとされ、どのような事情があるのかは無視される。加害者は多様な選択肢があったにもかかわらず、間違った選択をしたために、有罪というレッテルを貼られるのである。

つまり、要約すると、司法の理解の中心をなすものは、罪責の確定である。司法の運営は一種の劇場である。舞台では有罪、無罪をめぐる問題が幅を利かせ、公判や有罪答弁がドラマの中心となり、判決は大団円である。結果として、司法は過去ばかりにとらわれ、未来は切り捨てられてしまう。

司法手続を主導する罪の法的概念は、きわめて技術的であり体験からは目をそらしている。このため、加害者は行動に対する個人的責任をなおさら認めようとしなくなる。また被害者は、事件の法的記述と自分の体験とを思うように一致させられずに、落ち込むはめになる。さらに被害者も加害者も、自分の言葉ではなく「システム」の言葉を用いて自分の体験した現実を明らかにするように強いられるのである。

罪の定義は狭く、個人の行動を中心にしているので、犯罪の社会的、経済的な原因や事情を無視することができる。このように、多くの関連する要素を排除することによって、司法を形づくろうとする。そして、罪は二者択一的な表現で見られるために、単純な世界観を生み出し、善と悪、彼らと私たち、というように物事を理解しやすくなる。司法は、罪のドラマ、つまり私たちに世界を単純化して考えさせる道徳劇なのだ。

しかし、罪の法的概念はいくつかの他の概念と一緒に機能する。このこと自体が、関与する者を混乱させ、加害行為の責任の回避を助長するかもしれない。罪には「拭い去れない」性質がある、というような一部の前提は、加害者にとって長期にわたる重大な結果をもたらすことになる。

加害者は、自分の行為に責任を持つ必要がある。その責任のひとつは、悪を理解し、それが自分の行為であると認めることだ。しかし、今日の罪の概念では、よくても責任をとらせるように促せないどころか、悪くすると問題をもっと難しくしてしまう。罪を解決するプロセスがないために、罪の重荷から身を守る方法として、合理化やステレオタイプといった「弁解戦術」を用いざるをえなくなり、あげくの果てには、加害者というレッテル通りにさせられてしまう。

司法手続は、被告人の罪や責任の問題に注目するのに、その結論に対する責任を分散させ、共同責任という問題を否定する傾向にある。主要な意思決定者（弁護士、検察官、裁判官、保護観察官）は、自分は法を運用し、義務を果たしているだけで、事案の結論に対する責任は、「システム」に属すると考えている。つまり、司法を「行う」人々は、結論についての個人的責任を否定できるということである。また彼らは、人として持っている加害者との共通点を認めたがらない。

レナート・モーア（Renate Mohr）は、カナダ刑事法に関する論文の中で、このことを巧みに述べている。

> 刑罰はどのように行われるのだろうか。それは、他人の自由を剥奪することに対して、誰一人責任をとらないやり方である。刑事司法制度……は、一連の慎重で独立した区割りとして巧みに設計された。訴追し、司法取引を行い、判決を言い渡し、その判決を執行するのはすべて違った人々で、彼ら同士、あるいは被告人とはほとんど接触しないか、まったく接触しないのである。判事の区割りを確固たるものにするための特別の言葉があり、刑罰を科す仕事を終えると、彼らは「任務完了」となる。これは、自ら科した刑罰の苦痛に、これ以上関与する必要がない、いや、関与してはならないという意味である。このように司法手続は、誰一人として責任をとる必要もなく、日常的に暴力が他人に対して行われることを保証しているのだ(6)。

公正なる応報と苦痛

罪が確定されると、二番目の前提条件が動きはじめる。加害者は「公正なる応報」を受け、その結果を甘受しなければならない。司法は報復、つまり「しっぺ返し」を考えなければならない。犯罪によって、返すべき道徳的負債が生まれ、司法はその帳尻を合わせるための手続である。あたかも世界には形而上の天秤があるかのように、壊れたバランスは回復されなければならない。

このような司法概念は、なされた害悪よりも抽象的なものに重点を置きがちである。それぞれの事件で報復のために必要となるものは、知ることができ、そして達成できると考えられる。帳尻を合わせる、つまり負債を返すために必要となるのが刑罰ということになる。刑事司法関係者は、自分たちの仕事を適切なレベルの刑罰を割り当てることだと考え、加害者は刑罰を受けることで、社会に借りを返すものと信じ込まされているのである。だが、詳しく検証してみると、加害者は、この方法で実際に「借りを返している」とは実感しにくいのだ。「返済」は非常に抽象的であり、借りを返しても、公的な解決にはならない。返済はコミュニティにはほとんど役立たず、むしろ、実際にはコミュニティに出費を強いている。加害者に対し、要するに「あなたは誰かに害悪を与えたから、あなたにも害悪を与えることで五分五分にする」と言ってみたところで、世の中にある害悪の総量を単に増やしているにすぎないのである。

罪と刑罰は、司法制度の二つの柱である。人々は自分が起こした苦痛の分だけ苦しまなければならない。苦痛を課すことでしか、つじつまを合わせられないだろう。

私たちは言葉の使い方には正直でなければならない。刑罰について語るとき、まさに苦痛を意図して、苦痛を課すことを語っているのだ。ニルス・クリスティの示唆によると、刑罰法は苦痛という「犯罪とつり合った」薬を与える精巧な仕組みなので、実際には「苦痛法」であると考えるべきだという[7]。

私たちはこの現実を隠そうとする場合が多い。苦痛を課すという現実を見て見ぬふりをしようとするのが、私たちの文化なのである。意識の中から死を追い払おうとして、死を専門家に委ねたり、また「死ぬ」ではなく、「他界する」という遠回しな言い方をしたりするものである[8]。

苦痛を与えることに伴う嫌悪感は、タブー視される復讐という動機によってさらに複雑なものになり、このため、私たちがしようとしていることの本質や動機をますます否定しなければならなくなる。

誰しも苦痛や復讐を好まないし、むろん、それを課していると思われたくないので、隠し、あいまいにするのである。だが、それこそが、正義という名の司法の現実の姿であり、犯罪への対応として苦痛を課しているのである。

そこで、刑罰は目の届かない場所で行われるよう、専門家の手に委ねられる。さまざまな理論的説明や用語によって、現実を覆い隠そうとし、監獄ではなく「矯正施設」、看守ではなく「矯正職員」というような言葉を使うのである。

苦痛を与えるためには、さまざまな理論的根拠が考え出される。社会復帰の手段として、治療という名目で痛みが与えられる。また犯罪予防のためにも行われ、当の加害者を抑止する「個別抑止」と、同様な結果を引き起こさないように他の加害者を抑止する「一般抑止」という考え方がある。こうした抑止に実際的効果があるのか、疑問が多いにもかかわらず、抑止という名目で苦痛を課している。また別の人間をおそらく抑止するだろうという目的から、ある人間に苦痛を課す道徳性についても問われるところである。被害者の願いや加害行為に関わる問題とほとんど関連性がなくても、課しているのである。アイルランドのジョン・ランペン（John Lampen）の見解によれば、このように苦痛を課す理由は、屈辱や苦痛こそが司法であり、悪を防ぐには、愛や理解ではなく過酷さによらなければならないということを、これまでの教育によって信じ込まされてきたからであるという。[9]

皮肉なことに、この苦痛の問題に焦点を合わせると、最初に挙げた罪責の確定と矛盾してくる。刑罰を恐れるがために、加害者は真実を認めたがらなくなる。懲罰的結果が重大なために、加害者の権利を守るきめ細かな仕組みが必要になり、このため真実の発見が難しくなる。予想される刑罰が非常に厳しいような場合は、裁判官や陪審員も有罪判決を下しにくくなることもある。

公正なる応報と苦痛の付与という前提により、加害者は報復の世界に捕らえられることになる。すると、多くの加害者の前途や人生経験が決定されることになりかねない。悪は悪によってあがなわねばならず、罪を犯した者は復讐を受けるに値する、と考えられるからだ。犯罪の多くは、人々が家族や隣人、知人までも仕返しのために「罰する」ことから生じるのである。

死刑に関する研究では、死刑の犯罪抑止効果を示す証拠はまだ見つかっていない。死刑を例にして実際に殺人が引き起こされたという証拠すらあるほどである。[10] どうやら、一部の潜在的加害者が受け取るメッセージは、「人を殺すことは悪である」ではなくて、「悪をなす者は死に値する」ということらしい。「加害者は報いを受けなければならない」、「その報いとは刑罰である」というメッセージは、私たちの意図するものとはまったく違うことを教えているようだ。

服従しない者には苦痛を与えるという威嚇は、長い間、近代法の基礎として認められてきた。国家の本質は暴力の「正統な」独占であると、政治学者もしばしば認めるところである。政治哲学者、J・W・モーア（J. W. Mohr）が指摘するように、法という制度と方法論は暴力循環の一部分であって、暴力の解決策ではないのである。[11]

司法手続

司法手続の主要な目的は罪を確定し、確定の後に苦痛を課すことである。しかし、古代ローマ法が定めた方向性に従えば、正義であるかどうかは、結論ではなく手続によって決められる[12]。訴訟手続は中身より重要であって、正しい規則と手続に従っていれば、司法は行われたとみなされるのである。

合衆国の上訴手続は、このことをよく示している。審理の結論に対して上訴が認められるのは、結論または事実を理由とする場合には、特別な事情があるときに限られる。むしろ通常は、上訴にあたっては、正しい訴訟手続に従っているかどうかということがポイントとなる。上訴を受けた裁判所は、本来は改めて証拠調べを行うことはない。

この手続の特徴をいくつか挙げる必要がある。

この手続は当事者対抗的である。つまり、当事者間の利益の衝突を前提とし、それを促す。対立する利益を規則に従って衝突させることで、結果的に真実が明らかになり、双方の利益が保護される。利益が調整不可能であることを前提にしつつ、結局、それを確実なものにする。当事者対抗的な司法は、予言の自己成就になりやすいのである。

ジェロルド・アウアーバック（Jerold Auerbach）は、合衆国における紛争解決の歴史を描いた彼の著述で、当事者対抗的な司法は、最高に個人主義的な競争モデルでもある、と雄弁に指摘している。これは細分化された競争社会から生まれ、さらに、それを助長させるものだという[13]。

このモデルには長所もあるが、本質的には規則にのっとった二者間の決闘であり、闘争モデルといえる。したがって、政治家や法執行官が「犯罪に対する戦い」という言葉を始終使うのもあながち偶然ではない。

合衆国におけるリベラル派と保守派は、重点の置き場所に違いこそあれ、両者とも司法は規則にのっとった争いであると考えている。保守派は、いわゆる「犯罪統制」を志向し、被疑者・被告人の権利よりも犯罪との闘い（言い回しに注目されたい）を優先させる。一方、リベラル派は、個人の権利を中心に据えている（「適正手続」モデル）。だが、両者が前提とするのは、司法は規則にのっとり、敵対する当事者間の闘争を伴うということである。

このように規則と手続を強調すれば、扱いの公正さが、正義かどうかを決める最優先課題になる。その意図するところは、被告人が平等に扱われることである。公正さを重視する場合、二つの特徴に注目すべきである。第一は、実際の結論よりも意図の方が重視される。実際問題として、結論のおおよその公正さすらほとんど実現されていない状況であり、それは、一般受刑者と死刑確定者における人種構成の格差が示す通りである。しかし、被告人を不公平に扱う意図があったという証拠を示すことができない以上、このような結論に異議を申し立てるのは難しい。

司法は、目隠しされた女神が天秤を持つようなものと考えられる。重要なのは手続の公正さであって、当事者を取り巻く状況に応じた公正さではない。刑事司法手続では社会的、経済的、政治的差異を無視することが求められ、加害者は、あたかも法の前ではみな平等であるかのように扱おうとする。手続が不平等なものを平等に扱おうとするため、既存の社会的、政治的不公正は無視され、かつ温存される。逆説的ではあるが、こうして司法は、公平の名のもとに不公平を温存しているのであろう。

司法手続は、複雑な規則にがんじがらめなので、加害者と国家の代理となる専門家に頼らざるをえない。これにより、司法の手続は、対象となる個人やコミュニティから切り離されてしまう。被害者と加害者は、事件の傍観者となり、非関与者となる。固有の既得権益を持った巨大官僚機構が生まれ、問題解決を専門家に任せるという社会の図式が助長されることになる。

このように私たちは、司法を闘争やゲームのための手続と考えがちである。[14] その手続では、人々を平等に扱おうとする意図は強調されるが、当事者を取り巻く状況に応じた公正さは顧みられず、結論の公正さに対する関心は薄い。このような複雑な手続では、みな代理の専門家に頼らざるをえないのである。

法違反としての犯罪

私たちの社会では、司法は法を適用するものとされ、犯罪は法違反として定められる。実際になされた害悪や、被害者と加害者の体験だけに注目するのではなく、法違反の行為という点に注目する。単なる損害や紛争ではなく、法に違反する行為となってはじめて犯罪となり、司法手続が開始されるのである。法違反に重点を置けば、犯罪と罪は純粋に法的用語で定義づけることができる。前述の通り、道徳的、社会的問題は二の次になるばかりか、無関係のことも多い。行為が行われた事情は、法的な意味を持つ範囲でしか考慮されない。クリスティはこれについて、正確に指摘している。

> 法の訓練とは、単純化の訓練である。法的に関連する価値、すなわち、指導者がその制度内で関連価値があると決めたものだけを選び出すよう訓練され、ある状況下における価値を何もかも検討できないように訓練されているのである。[15]

社会的、道徳的、個人的な要因は、法的にみて明らかに関連する場合に限り、関連要因となる。社会正義の問題が、関連性ありとされることは、ほとんどない。「犯罪行為」は決定的な意味を持つものであり、制限的かつ技術的に定められる。

被害者は誰か

ここまで、犯罪と司法に関する五つの前提の概論を述べてきた。その前提とは次の通りである。

一、犯罪は、本質的に法違反である。
二、法違反が起こると、司法が罪責の確定に向けて動く。
三、その結果、公正なる応報が実現される。
四、それは、苦痛を課すことによって実現される。
五、それは、規則と意図が結論より重視される争いを通して実現される。

これらの前提とその意味合いから、現行刑事司法の失敗を多少なりとも説明できるが、まだ欠かせない要素がひとつある。それは、私たちが国家を被害者とみなすことである。

刑事法の定義では、犯罪は国家に対する侵害行為である。被害者は国家であり、個人ではない。つまり、国家のみが、犯罪に対応できるのである。

国家が被害者であることから、刑法では加害者を国家と争わせることになる。実務的には、加害者の代理である専門家（被告人側弁護人）が、国家の代理である専門家（検察官）と対決し、さらにもうひとりの専門家（裁判官）が審判人または裁決者として行動するわけである。

国家権力は非常に強大であり、市民的自由の意味は非常に深いため、訴訟手続には複雑な保護機構が不可欠である。国家は非人格的、抽象的なものであるので、赦しや慈悲を得ることは不可能に近い。

国家が被害者であることから、被害者本人は例外なく手続から除外され、彼らの要求や希望がほとんど留意されないのも、驚くには値しない。なぜ、彼らの要求は顧みられないのか。彼らが犯罪の方程式の構成要素ですらないからだ。刑事司法手続における単なる付け足しにすぎず、法的に必要なのは、証人として求められるときだけなのである。

近年、被害者補償や支援プログラムが盛んになっている。もちろん、それらは必要であるが、犯罪の定義を見直さなければ、大きな影響力を継続的に期待するのは難しい。犯罪定義の中に、被害者が本来の要素として加わらない限り、関与者ではなく他人に利用されるような駒として期待されても仕方がない。

被害者と加害者の関係が重要な問題とされていない司法手続では、両者の和解の道を探ろうとはしない。実際のところ、どちらも方程式の構成要素でないとすれば、どうして相手のことを真剣に思いやれるのだろうか。

したがって、ここに示した六番目の前提、つまり国家が真の被害者であるということは、おそらく最も重要なことであり、奥深い意味を持つ。

犯罪は国家に対する侵害行為である。司法は、罪責の確定および苦痛の執行からなり、規則に基づいた闘争の形をとる。この手続は国家の責任、実は、独占であると考えられている。

このような前提に疑問を抱くようにならなければ、何を提案したところで、ほとんど何も変わりはしない。今日の司法モデルは本質的に応報的司法モデルであり、これが多くの問題の根源になっているのである。

〔原註〕

（1）「代替手段」の歴史と効果については、相当な研究がこれまでになされている。たとえば、David T. Rothman, *Conscience and Convenience: The Asylum and Its Alternatives in Progressive America* (Boston: Little, Brown, and Co.,

1980) および M. Kay Harris, "Strategies, Values, and the Emerging Generation of Alternatives to Incarceration," *New York University Review of Law and Social Change*, XII, No. 1 (1983-84), pp. 141-170 を参照。

（2） リベラルと保守のアプローチについては、Elliott Currie, *Confronting Crime: An American Dilemma* (New York: Pantheon Books, 1985) の調査が役立つ。なお、Nils Christie, "Crime, Pain, and Death" in *New Perspectives on Crime and Justice*, Issue No. 1 (Akron, Pennsylvania: Mennonite Central Committee, 1984) を参照。

（3） Donald R. Ranish and David Shichor, "The Victim's Role in the Penal Process: Recent Development in California," *Federal Probation*, XLIX, No. 1 (March 1985), p. 55.

（4） Nils Christie, *Limits to Pain* (Oslo, Norway: Universitetsforlaget, 1981), p. 45. 〔なお、同書の邦訳として、ニルス・クリスティー著（立山龍彦訳）『刑罰の限界』（新有堂、一九八七年）がある。〕

（5） 罪についてのこの議論は、その多くを Tom Yoder Neufeld, *Guilt and Humanness: The Significance of Guilt for the Humanization of the Judicial-Correctional System* (Kingston, Ontario: Queen's Teological College, 1982) に依っている。なお、McHugh, *Christian Faith and Criminal Justice*, Chapter 7 および Patrick Kerans, *Punishment vs. Reconciliation: Retributive Justice and Social Justice in the Light of Social Ethics* (Kingston, Ontario: Queen's Teological College, 1982) を参照。

（6） Renate M. Mohr, "A Feminist's Analysis of the Objectives and Alternatives Re: Punishment." これは、一九八七年にカナダのオタワで開催された the Conference on Feminist Perspectives on Criminal Law Reform において発表された未出版の論文である。

（7） Christie, *Limits to Pain*.

（8） Christie, *Crime, Pain and Death*.

（9） John Lampen, *Mending Hurts* (London, England: Quaker Home Service, 1987), pp. 61, 67ff.

（10） たとえば、William J. Bowers and Glenn L. Pierce, "Deterrence or Brutalization: What Is the Efect of Executions?" *Crime and Delinquency*, 26, No. 4 (October 1980), pp. 453-484.

（11） J.W. Mohr, "Causes of Violence: A Socio-Legal Perspective." これは、一九八六年六月にカナダのオタワで開催された the John Howard Society conference, "Violence in Contemporary Canadian Society" で発表された未出版の論文で

ある。

（12）一九九三年、米国連邦最高裁判所は、収容されている死刑確定者が無罪の新たな証拠を提出しても、訴訟手続に誤りがなければ、執行は正当である、と判示した。この問題およびその他の問題については、Herman Bianchi の研究が役立っている。たとえば、未出版の原稿である"Justice as Sanctuary"を参照。

（13）Jerold S. Auerbach, *Justice Without Law?* (New York: Oxford University Press, 1983), pp. 138ff.

（14）なお、John Griffiths, "Ideology in Criminal Procedure or a Third 'Model' of the Criminal Process," *The Yale Law Journal*, 79, No. 3 (January 1970), pp. 359-415 を参照。

（15）Christie, *Limits to Pain*, p. 57.

第6章　パラダイムとしての司法

一世紀前に人類が抱いていた知への確信は、今や揺らぎを見せている。知が世界の客観的現実を正確に描いているとは確信できなくなってきているのである。

歴史的、文化横断的な見方をすれば、私たちの世界観は特殊なレンズを通してのみ形づくられているものだということが分かる。現代心理学は、私たちの行動や思考の隠された動機を明らかにし、そして意識と潜在意識の実体が複雑に重なり合った層をなしていると説明した。それゆえ、私たちが現実として知っていると考えていることでも、往々にして見かけよりもさらに複雑で問題を孕んでいることを認識しておく必要がある。

かつて、自然科学は現実の本質と構造について確実性を約束してくれたように思われた。しかし、二〇世紀末になり、科学者たちは自分たちの描写が物質界の実際を忠実に映し出しているか確信を持てなくなってきた。多くの科学者は、自分たちの方法が現実のあらゆる領域に等しく適用可能であるとは、かつてほど主張しなくなってきている。当初、科学者たちは傲慢にも確実性を主張し答えを約束していたが、今日では、科学は現実の理解に一定の限界を認める傾向にある。写真のような現実の再現ではなく、モデルあるいは「パラダイム」によって研究が行われるようになってきている。

パラダイムの重要性

一七世紀以前、西洋の世界観は天動説に支配され、地球（および人類）が万物の中心に位置していると認識されていた。惑星はガラスの球体に埋め込まれた核の周りを回っていた。こうした宇宙の概念は、天意と万物の「本性」の観点から説明するアリストテレスの物理学とぴたりと合致し、神学と物理学は互いに支えあうことができたのである。

人々はこの世界観に疑問を抱かなかった。この見解に一致しないものは何もかも無意味に思われた。このモデルは今日の私たちにとって不可思議であるが、中世やルネッサンス初期の人間にとっては常識だったのだ。

一七世紀の科学革命はまったく新しい世界観を生み出し、現在に至るまで私たちの理解はこの見解に従っている。この新しい枠組みは、コペルニクスやニュートンといった先駆者たちによって提唱され、太陽が中心にあり、地球はその惑星のひとつであるとした。そのため、神学と物理学は相いれなくなった。[*1] ニュートン物理学によって、宇宙は太陽中心に動くものと考えられるようになり、認識可能な合理的法則に従った機械論的な合理的世界が打ち出された。また、ニュートン物理学によれば、規則性が存在しており、その現象を発見したり、計量したりすることも可能であるとされる。これらの事象は因果関係の観点からも説明がつく。そうなると、過去は、現在をもたらす十分な原因や理由になるとみなされ、さらに言うならば、現在は未来を形成するが、未来は現在を形成しえないということになる。

したがって、正しい要因を発見できれば、世界は予測可能であるとみなされる。世界にはひとつの基本的な合理性が存在し、この合理性によって世界を理解することができるのである。

ニュートンの「科学的」アプローチを使えば、目に見える物質界の多くの事象をうまく説明し、予測することができる。長い歳月の間、それは、世界の構造の正確な描写を表し、物質界だけでなく精神的領域にも適用できると信じられてきた。私たちの常識も、それによって作られたのである。

しかし今日、この理解には一定の限界があることが分かってきた。この限界は、精神的領域のみならず、物質界自体にさえも存在している。

ニュートン流の描写が作用するのは、「普通」の速度で動く「普通」の大きさ、つまり「見て触れる世界」のみであり、事物が微小になり、極度に高速で動くようになると、ニュートン科学はもはや用をなさないことを、科学者たちは突き止めた。同様に遺伝学の領域でも、ニュートンの前提はしばしば行き詰まるようになった。こうした中で、確率が「法則」や予測に取って代わるようになる。未来は因果関係の点から予測することは難しい。高速の宇宙空間では、時間と空間は、より可塑的で混合的なものになるので、それらについての「常識的」概念は通用しなくなる。この世界では、ニュートン物理学に代わりアインシュタイン物理学が登場し、別の世界描写を用いなければならなくなった。

『アインシュタインの宇宙とヴァン・ゴッホの空』の中で、物理学者ローレンス・レシャン（Lawrence Leshan）と心理学者ヘンリー・マーグノー（Henry Margenau）は、伝統的な「科学的」世界観は芸術や心理学、精神性の領域でも不十分である、と指摘している。[1] ここでは他の力学が作用するので、他の認識方法を用いなければならない。たとえば、人は未来に身を投影させ、それに従って自分の行動を決めることができる。この場合、たしかに、未来は現在に影響を及ぼすことができる。因果関係の考え方は目的という概念によって緩和されなければならない。合理的で機械論的な「法則」では決められないからである。私たちは現実について別の説明をしなければならない。

「動物心理学の第一法則」の中で、心理学の領域における伝統的科学の限界が見事にとらえられている。

遺伝的な背景がはっきりと分かっている動物が、注意深く管理された実験室的環境で正確な分量の刺激を与えられて飼育されても、まったく自分の好きなように行動するだろう(2)。

レシャンとマーグノーは、科学哲学者らがかねてから唱えてきた事柄を明確にし、発展させた。特定の文化や時代における現実を定義することは、現実を構築していく行程である。実際には、モデルやパラダイムという形をとるが、それらが説明となり影響を及ぼすよう「作用」するのは、一部のケースであって、そうならない場合もある。特定のニーズや前提によって作られた現実の描写なので、不完全にならざるをえないのである。

パラダイムは物質界だけでなく、社会学的、心理学的、哲学的な世界へのアプローチにもなる。それは現象を理解するためのレンズを提供し、問題の解決法を決定する。可能なこと、不可能なことを私たちに「知ら」せ、常識を組み立てるのもパラダイムなのである。つまり、パラダイムをはみ出した事柄は不合理だとみなされる。

パラダイムは現実を構築する特殊な方法であり、現行司法の応報的な考え方はその構築物のひとつである。この応報的パラダイムは現実を組み立てるための特定の方法で、それを拠り所に、種々の問題を定義し、妥当な解決策を決めることになる。それが常識というものになる。

だがつまるところ、それがパラダイムの実体であり、すべてのパラダイムがそうであるように、一定の効果はあるが、落とし穴でもあるのだ。

クリスティは、私たちが期待を実現する際のパラダイムの重要性をうまく表現している。

戦士は甲冑をまとい、恋人は花を用意する。彼らは何かが起こるのを予想して準備をする。準備がなされれば、その予想が実現する確率も高くなる(3)。

刑法の制度についても同様である。

パラダイムの適用

とりわけ興味深いことに、応報的パラダイムが適用されるのは、きわめて限定された状況のみである。紛争や害悪は日々数多く発生しているが、ほとんどは非公式に法の枠外で処理される。常に、ほんの少数のものだけが法的手続に入る。言い換えると、法制度とは、紛争や悪事の解決法のひとつにすぎず、それはめったに用いられることはないのである。

しかし、法システムに入るものはごくわずかであるが、その大部分は、民事法の経路で送られる。民事手続の場合、個人は国家ではなく個人と闘うことになる。国家は審判人や裁決者の役割を演じるのである。その手続を用いるかどうかは、通常、当事者の判断に委ねられる。何らかの解決法が見つかれば、手続を取り下げることもできる。

自由や生命の損失よりも問題解決に重点が置かれるので、民事手続は刑事手続ほど厳しくは規定されていない。同様の理由で、罪の定義や基準もより緩やかである。実際、罪よりもむしろ責任や義務の問題に関わっており、応答的責任の度合いもいろいろ考慮される。したがって結論は、刑事事件に比べると、勝敗という二分法的な見方はなされないようである。刑事事件とは異なり、通常、民事事件は被害弁償という形で終わる。

刑事法という特殊な手続に入るのは、ごく少数の紛争のみである。だが、刑事手続に入った場合、まったく違う一連の前提と理解が幅を利かせることになる。ここでは応報的パラダイムが支配的になる。

それゆえ、紛争と害悪の中で「犯罪として扱われうる」ものの割合は非常に少なく、しかも、そのうちのごくわずかだけが事実上「犯罪となる」[4]。犯罪者と定め、さらに実際に犯罪者として扱うのかどうかは、状況次第で恣意的に変わりうる。

「犯罪」の定義は時代や場所によって変化し、かなり恣意的な方法で決められがちである。たとえば、個人による多くの害悪は犯罪として定めるが、企業による重大な害悪（しばしば大勢の人に影響を与える）は無視されたりする。

「犯罪的」な行為のうち、わずかなものだけが刑事事件となる。またしても、その選択方法はまったく恣意的だといえそうである。ちなみに、被害者と加害者の社会的地位、人種、民族性といった要素がその決め手となる役割を果たし、検察官、警察官、裁判所システムの仕事量や優先度が同じようにその役割を果たすのである。

重要なのは、いわゆる犯罪というものを害悪や紛争のピラミッドの先端として認識していることである。そうした状況や行動の一部だけを犯罪として扱うことが可能であると指摘され、そのさらに少数だけが実際に犯罪となる。つまり、悪事や紛争の大半は、さまざまな別の方法で処理されていることになる。

ある出来事や行動がいったん犯罪と決まれば、現実を、関与者の体験には対応しないようなまったく異なった形で定義するようになる。ここで応報的パラダイムの出番となる。今やその犯罪は国家に対するものとなり、国家がその対応を決定する。当事者の手による紛争解決でなく、刑罰が妥当な結論として考えられる。応答的責任は絶対的なものとなり、責務というより罪の観点から定められる。被害者や加害者の関与がほとんどないまま、結論が下される。万事は応報的パラダイムが支配し、何が可能で、何がなされるべきかという人々の理解を形づくることになる。

パラダイムの変化

可能なこと、不可能なことに関する私たちの理解は、現実の構築に基づいている。これらの構造は変化しうるものだし、事実、変化している。

トーマス・クーン（Thomas Kuhn）は、『科学革命の構造』と題する画期的な著書の中で、科学的視野の変化は一連のパラダイム転換によって起こる、と示唆している。

あるモデル、あるいはパラダイムが他のものに置き換わると、世界の見方や理解の仕方に革命を引き起こすことになる。この変化のパターンはパラダイム転換一般にありうるものだと述べている。

一七世紀まで西洋の考え方を築いてきた天動説のパラダイムは、見たままの現象と一致しているように思われた。夜、仰向けになって空を見上げ、北極星を基準にすると、星や惑星は地球を中心とした円形の天球儀の中にあるように見える。その上、どれも回転しているようにすら見える。それゆえ、宇宙は地球を中心とする「透明な球体」である、と考えてもなんら不思議はない。

地球中心の宇宙は哲学的、神学的な考え方とも同じように合致した。人類は神の創造物の頂点を表し、人類の住処が宇宙の中心にあるとしても少しも理不尽ではなかったのだ。

だが、数々の現象がこのパターンと合わなくなった。望遠鏡が発明され、天体が探索されるにつれて、その数は増加していった。たとえば、彗星はガラスの球体を通り抜けて移動しているようだったし、算定された距離も不正確に思えた。そして、惑星は軌道上のある点では逆に動いているようだったのである。

逆行運動と呼ばれるこの現象は、惑星がもしガラスの球体にはめ込まれているとすると、なぜこういうことが起こるのか理解できず、厄介な問題となった。科学者たちは、惑星が大きな軌道の内側で小さな軌道上を移動しているに違いない、と結論づけた。この現象は周転円と呼ばれた。逆行運動がますます多く観測されるにつれ、周転円の数も著しく増えていった。

一七世紀初頭には、天動説の考え方では説明がつかないことが次々と増えてきた。同時に、新しい発見や理論も次々と現れた。ケプラーはケプラーの「法則」を発表し、ガリレオは運動の法則を提唱した。彼は自ら開発した望遠鏡のレンズを使い、天体を観測しはじめた。ブラーエ（Brahe）は天体の運動を規則的に記録するようになった。その結果、ますます多くの現象がこのパラダイムの予想とすんなりとは一致しなくなったのである。

とはいえ、天動説の考え方を捨ててしまうのは難しかった。何しろ、それは、常識となって数世紀の時間が流れ、多くの哲学的、神学的知識と密接につながっていたからである。このパラダイムを見捨ててしまうことは、まさに革命的であり驚きだったのだろう。そこで、科学者たちは多くの周転円を用いてこのパラダイムを何とか修復し、革新派に対して相当な圧力をかけて主張を撤回させようとした。

しかし一七世紀初頭には、適合しない現象がますます増えると同時に、新しい科学の発見が相次いでなされた。アイザック・ニュートンはそれらをつなぎ合わせてひとつのパラダイムに仕立てたが、このパラダイムは、無視することができないくらい説得力に富み、合理的なものだった。ニュートン物理学によって、コペルニクス的宇宙観はうまく機能し、新しいパラダイムが可能になったのである。

クーンは、この科学革命によって知的革命のパターンが示唆されている、と述べている。彼によれば、現象を理解する方法は、ある特定のモデル、ある特定のパラダイムによって支配される。この支配パラダイムはほとんどの現象に適合するように思われるが、それに適合しない現象に対しては、さまざまな例外が作られることになる。

パラダイムに適合しない現象が次第に増えるにつれ、機能不全が徐々に進むようになる。しかし周転円や改善策を考案し、それをつなぎ合せることによってモデルを救おうとし続ける。だが結局は、機能不全の意識は一段と高まるので、モデルは行き詰まり、ついには他のものに入れ替わることになる。しかし、新しい「物理学」が発展しないことには、これは実現不可能なのだ。すなわち、多種多様な構築材料が適所に配置されて、ようやく新たな総合（ズィンテーゼ）が可能となり、新たな常識が生まれるのである。

数年前、興味深い論文の中でランディー・バーネット（Randy Barnett）は、司法パラダイムの歴史を考えると、パラダイムが転換する兆しが垣間見えると示唆した[6]。たとえば、一七世紀の科学革命と同様に、このパラダイムにはある種の欠点や機能不全があると長らく認識されてきた。一連の「周転円」はパラダイムを取り繕うために用いられてきたが、機能不全の意識はあまりに強くなり、救済策はとりづらくなっている。

近代以前、応報的モデルを適用していたころは、刑罰は厳しいものだった。濫用に対する保護手段もなく、加害行為の重大性と科される刑罰にはなんの関係もなかった。犯罪に比例した刑罰という思想は、まさに啓蒙時代の産物で、刑罰をより合理的で受け入れやすいものにした。刑罰が犯罪に見合ったもの、つまり恣意的でなく権力者の気まぐれに左右されないものになれば、より合理的なものになると考えたのである。

刑務所は、犯罪と均衡する刑罰を適用する方法として普及した。この刑罰の程度は刑期の長さで測ることができ、犯罪に適するよう格付けすることができる。科学的で、理にかなったものと考えられるのだ。科学と合理性がとりわけ重要になった時代には、犯罪と均衡する刑罰は刑罰パラダイムを支える格好の手段となり、刑期はこの概念を「科学的に」適用する方法となった。

他の周転円もまた構築されてきた。たとえば、社会復帰思想は二〇世紀前半の量刑体系を支配し、刑罰の新しい合理的根拠をもたらした。だが、一九六〇年代に社会復帰思想は信用を失い、その「処遇」モデルの一部である裁量的な不定期刑は断念された。この「周転円」は公正なる応報の哲学に取って代わられ、今日では裁量の余地のない定期刑に関する法律の根拠となっている。

刑務所に代わるべきものを探ろうとする動きは、パラダイムを取り繕おうとする別の新たな試みを表しているにすぎない。この代替策運動は、刑罰自体の代替策を求めるものではなく、代わりとなる刑罰を提案するものなのである。刑務所より経費のかからない魅力的な処罰の方法を新たに提案すれば、そのパラダイムを維持することはできるだろう。だが、それもひとつの周転円にすぎないから、刑罰に関する根本的な前提を問うものではない。したがって、取り組むべき問題（たとえば、刑務所の過剰拘禁）にインパクトを与えるのは無理である。たとえば、社会奉仕命令は制裁として広く用いられるようになったが、導入当初は、過剰拘禁の緩和のために、刑務所行きの犯罪者を受け入れるはずであった。だが、実際には、処罰されずにすんだ加害者を処罰するという新しい形を常に作り出してきた。今日では、刑罰と統制の新たな可能性のひとつとして、加害者の電子監視システムが主張されている。

被害者補償や被害者支援は、そうした周転円のひとつとも考えられる。合衆国では、被害者の権利の主張に基づいて、こうした努力が提案され、英国では、被害者のニーズや福祉をより重視した議論がなされているようである。両アプローチとも、現在のパラダイムが抱える問題点を救済しようとするものだが、司法において国家や被害者が果たすべき役割についての基本的な前提を問いかけるものではない。どちらもこの問題の重要性は分かっていても、問題の根幹部分は認識していないのである。

機能不全の意識や危機感が広がると同時に、人々はいわゆる犯罪という状況を理解し、対応するための新たな「物理学」を模索しつつある。パラダイム転換のための基盤も、おそらく着々と準備されているのだろう。

多くの失敗の原因は、どのようなレンズで犯罪や司法を見るかという選択にあり、そのレンズとは、現実から作られたある特定の構築物、つまりパラダイムのひとつにすぎないというのが、私の主張である。パラダイムとなりうるのは、それだけではないのだ。以下の各章では、歴史的な理解や聖書による理解を要約してみたい。そこでは、応報的パラダイムが比較的新しいものであり、他のパラダイムも考えうるということが示される。それらもまた、ひとつの代替的見方としての構築材料を提供するだろう。

〔原註〕

（1） Lawrence Leshan and Henry Margenau, *Einstein's Space and Van Gogh's Sky: Physical Reality and Beyond* (New York: Collier Books, 1982). これはパラダイム理論における意義ある前進を代表するものである。本章は彼らの著作に多くを負っている。

（2） Leshan and Margenau, *Einstein's Space*, p. 150.

（3） Christie, "Images of Man in Modern Penal Law," *Contemporary Crises: Law, Crime and Social Policy*, 10, No. 1 (1986), 95.

（4） ルーク・ハルスマン（Louk H. C. Hulsman）は多くの場面でこれを主張している（"Critical Criminology and the Concept of Crime," *Contemporary Crises: Law, Crime and Social Policy*, 10, No. 1 (1986), pp. 63-80を参照）。なお、John R. Blad, Hans van Mastrigt and Niels A. Uildriks, eds., *The Criminal Justice System as a Social Problem: An Abolitionist Perspective* (Rotterdam, Netherlands: Erasmus University, 1987)を参照。

（5） Thomas Kuhn, *The Structure of Scientific Revolutions* (Chicago: University of Chicago Press, 1970).〔なお、本書の邦訳として、トーマス・クーン著（中山茂訳）『科学革命の構造』（みすず書房、一九七一年）がある。〕

（6） Randy Barnett, "Restitution: A Paradigm of Criminal Justice" in *Perspectives on Crime Victims*, ed. Burt Galaway and Joe Hudson (St. Louis, Missouri: C. V. Mosby Co., 1981), pp. 245-261.

〔訳註〕

*1 だが、コペルニクスは「神秘主義者」、ニュートンは「最後の魔術師」として、多くの科学史家によって描かれていることは周知のことである。

第3部

ルーツと道しるべ

PART III

Roots And Signposts

第7章　コミュニティ司法──歴史に見る代替手段

国家の法を侵した加害者は、処罰されなければならず、国家は訴追しなければならない。これは至極当然で避けられないことのように思われている。たしかにこの応報的パラダイムは、長きにわたって私たちと共存してきたし、限定的にせよ、それ以前の状態よりも改善されたことを意味するはずである。それは、間違いないであろう。

司法の応報的モデルは、西欧で構築されたきた唯一の方法ではない。実際、これまでの歴史を振り返ると、ほとんどにおいて他の司法モデルが優位に立っていた。応報的パラダイムが私たちの考え方を支配するに至ったのは、ついこの数世紀のことなのである。

だがこのパラダイムの勝利は、必ずしも改善を表しているとは限らない。よくある誤った歴史観は、歴史を進歩ととらえていることだ。新たな発展は、おおむね過去に対する必然的な改善であると私たちはみなしている。しかし、現在は必ずしも過去に内在するわけではないし、必ずしも進歩を表すとは限らない。

「刑事司法」史について歴史的な解釈をする場合、二つの発達に焦点を合わせがちである。私的司法（private justice）を犠牲にして公的司法（public justice）が増大したこと、および刑罰として刑務所への依存が高まったことである。何らかの形でこの二つが発達したことは疑いないが、最近の歴史的研究では、これらの発達パターンと意義について疑問があがっている。

かつては「私的」司法が支配的であったと考えられている。私的司法の特徴は、私的復讐で、とかく統制がなく野蛮である。それとは対照的に、近代の公的司法は、統制され、より人道的かつ公平であり、懲罰的ではない。拘禁刑は、それ以前のものほど懲罰的ではなく、より啓蒙的である、と思われている。こうした見地からすると、裁判をし、刑罰を執行するにあたっては、より文明化され理性的になってきているとみられるのである。

だが、この伝統的な見方が示すよりも、実態はさらに複雑である。「私的」司法は、必ずしも私的とは限らず、また復讐を伴っていたわけでもない。「私的」解決は、国家が実施する司法に比べ、必ずしも懲罰的ではないし、節度に欠けていたということでもなく、また啓蒙的でないということでもなかった。対照的に、公的司法は、実際には明らかにより懲罰的であるかもしれないし、狭い視野で結論を出すことが可能になっているであろう。一方、復讐は、たしかに国家司法の発生以前から存在していたが、かなり多彩な選択肢のひとつにすぎなかった。いわゆる私的司法には欠点もあるが、その全体像は、通常想定されるような単純なものではない[1]。

コミュニティ司法

西洋の歴史をひもとくと、多種多様な社会構造と慣習が見て取れる。地方レベルの司法実務が、時代や場所によって変化したことも、驚くにはあたらない。といっても、前近代的世界では、犯罪と司法に関わることについての全体的理解には幅広い類似性がある。この類似性は、共通した伝統をある程度反映しており、たとえば、ギリシャ・ローマ文化およびゲルマン民族の文化が中世の世界観の一部を形成し、経験や要求が共有されたことから、理解の類似性も生まれたわけである。

近代に入るまで、犯罪は主に人と人の相互関係から考察された。多くの犯罪は本質的には、人々への不当な行為、あるいは人間同士の紛争を意味した。「民事」の紛争と同様に、大多数の犯罪で重要なことは、実際になされた害悪についてであり、法律や、抽象的な社会的秩序や道徳的秩序に違反することではなかった。こうした不当な行為は、何らかの方法で償われなければならない義務や責任を生んだ。反目も状況解決のひとつの方法ではあるが、交渉や賠償や和解といった方法もあった。親族やコミュニティに加え、被害者と加害者も、この過程でとりわけ重要な役割を果たした。

犯罪が義務を生み出したので、司法手続の典型的な結論というのは、ある種の解決策を考えることだった。賠償や補償の合意は、人体への加害行為に対しても当然のことであり、財産的ならびに人体への加害行為の適正な補償範囲は、法と慣習によって決められることが多かった。これらには、人体への侵害を物質的な補償へと転化させる方式もある。罪と刑罰という概念は、こうした変換原理の言い換え（もしかすると、こじつけ）を表しているのかもしれない。ギリシャ語の“pune”は、与えられた損害を金銭に交換することをいい、刑罰の“punishment”の語源になっているらしい。同様に罪の“guilt”は、ドイツ語の“Geld”のように、支払いを指すアングロ・サクソン語〔古代英語〕の“geldan”に由来しているようである。[2] 加害行為は責任をも生じさせ、損失を回復する対応策が求められることになった。

加害者と被害者（あるいは、殺人事件における被害者の代理人）は、大部分の紛争や悪事（いわゆる犯罪と呼ばれるものも含めて）を法廷外で解決した。これらは親族やコミュニティとの関連の中で行われた。教会やコミュニティの指導者たちは、しばしば解決に向け交渉や仲裁を行い、いったん合意が成立すれば記録に残すなど、中心的な役割を果たした。司法の運営（裁判）とは、規則を適用したり決定を課したりする過程というよりも、主に調停や交渉を行う過程である。

こうした教会の役割を知ったために、フランス改革派教会の長老は、一六八一年に教会に対して「長老法院（consistory）のメンバーが知りうる不和は何でも熱心に調停せよ」と促した。(3) このような不和には、犯罪といわれるような加害行為も含まれていた。したがって長老たちは、紛争のリストを作成することに決め、紛争の当事者たちに解決を促し、さらに合意に達しない者を聖餐式から締め出した。このフランスの「調停記録」は、このような合意を表すもので、公証人の面前で記録された。(4)

先に示したように、司法に対するこのようなアプローチは、私的司法ではなく、むしろコミュニティ司法と呼ぶ方がふさわしいだろう。ここで私的というのは、単に国家の司法ではないという意味である。なされた害悪も、その結果としての司法手続も、明らかにコミュニティを背景として位置付けられた。悪事は、しばしば集合的に考えられた。個人が害を受けた場合、その家族もコミュニティもやはり害を受けたと感じ、力を合わせて解決に携わることになる。和解に向けて圧力をかけたり、あるいは仲裁者や調停者という役目を果たすこともあろう。また、証人として呼ばれたり、合意させるために力を貸すこともある。

コミュニティ司法は、交渉による法廷外の解決に高い評価が置かれ、通常、損害賠償も含まれる。それでも、二つの代替アプローチが存在した。それらは交渉を強いる手段、あるいは交渉の失敗から抜け出す手段として選ばれ、最後の拠り所となるものであった。したがって、二つの選択肢の存在は、規範を確実に運用させる助けとはなったようであるが、一種の失敗を意味していたのである。

報復という選択肢――ひとつの代替手段

復讐はこれらの選択肢のひとつである。だが、この選択肢は、ある明白な理由から、一般に考えられているほどには受け入れられていなかった。すなわち、復讐は危険なことであり、しばしば報復的な暴力や血讐を引き起こしたからである。規模が小さく、結束の固いコミュニティを特徴とする社会では、人間関係の維持を重視する必要があるので、そこでの交渉や補償は、暴力よりもいっそう大きな意味を持った。

もちろん、復讐の可能性がないわけではなかったが、その使用は限定されており、役割や意味は、私たちの想定とは異なることが多かった。

もうひとつ、復讐を制限し、交渉による司法の重要性を認めるものとして、避難聖域の存在がある。中世の、少なくともフランス革命に至るまで、西欧には、他の法や権力の及ばない種々の安全地帯が点在していた。[5] 悪行のため告発された者は、私的復讐や、または地方の権力者からさえ逃れるため、このような場所に駆け込むことができた。多くは長期の避難所ではないが、交渉を続ける間に気持ちを冷静にさせる安全な場所であった。告発された者の滞在期間が指定されていた所もあるが、滞在中は、加害者たちの安全が守られていたのである。

オランダの犯罪学者ヘルマン・ビアンキ（Herman Bianchi）は、避難聖域のもうひとつの役割を示唆している。彼と共同研究者たちの調査から、犯罪の償いのために巡礼の旅をしている人々が、この避難聖域に立ち寄っていることを見いだしている。巡礼者たちは犯罪の償いとして旅をしていたらしい。つまりは、犯罪の償いも補償も、どちらも加害行為への対応として順当だと考えられていたようである。

つい最近、イギリスの都市ウィンチェスターで休暇を過ごしていたとき、私は「神の館」を見つけた。この建物は今は衣料品店になっているが、一〇五二年にエマ女王が教会に遺贈した邸宅の跡地である。そこは、完全な自治権を与えられ、「この場所から他のすべての役人を排除する」権限もあった。荘園についての現存する裁判記録には、一六世紀にヘンリー八世によって解体されるまで、そこが加害者たちの避難聖域として使用されていたことが示されている。

裁判記録によれば、数回にわたり人々が避難聖域に踏み込み、加害者たちを逮捕したといわれるが、このことは避難聖域の侵害にあたると考えられたことも指摘されている。ウィンチェスターの一三世紀の法令では、負担金を収めなければ、ウィンチェスターと荘園に所属できないと明記されていた。「重罪を犯した」人々は例外だったのは意義深い。そのような実例はいずれも、荘園が加害者の避難聖域として役立っていたことを物語っている。

　復讐はまた、法と慣習の混合体によっても制限された。たとえば中世ヨーロッパでは、復讐は、申し出をした交渉が拒絶された場合でなければ、正当とは考えられなかった。有名な旧約聖書の決まり文句「目には目を」は、西洋史のほぼ全体を通して、無制限な私的復讐の規制に一役買っていた定式である。

「目には目を」はもちろん、文字通りにとられると、その復讐は残忍になりうる。しかし、正式な法規や法的手続の規制を受けない社会においては、こうした定式は暴力の命令ではなく、過剰な暴力の制約になっていた。つまり「これだけはやれ。しかしこれ以上はやめろ」ということを意味する。不正に対する反応は、釣り合いのとれたものにし、紛争をエスカレートさせるべきではないということなのである。

　さらに人々は、これらの定式を賠償額を決定する方程式としてしばしば理解してきた。「目の価値には目の価値を」ということだ。金銭や財産による解決は、重大な暴力事犯の場合ですら、歴史的にみてかなり一般的だった。こうした掟が、賠償額を決定する原理となっていたわけである。

「目には目を」が文字通りにとられた場合も、賠償とみなされた。共同体組織の社会で誰かが死んだり傷ついたりすると、種族や氏族やグループにおける権力の均衡が乱れてしまい、死傷者の数合わせをすることで、均衡が修復される必要が出てくる。そこで、復讐の要求だけでなく力の均衡を図るために、定式通りの暴力が堂々と向けられたのである。

　当時も現在のように、被害者たちが道徳的に正当化される必要があった。彼らは、自分たちが悪の行為を受けたことを一般に認められ、そして加害者が自分に責任があると公に容認するよう、要求した。賠償は、この正当化を成し遂げるひとつの方法であるが、報復も同様に、一定の道徳的な補償を提供した。ときには報復の脅威も、加害者にこうした公的責任を引き受けさせることに役立った。

報復の脅威はたしかに存在したが、本来は、目的であるとともに、手段でもあった。さらに、報復の意義と機能は、しばしば賠償的な考え方を反映していた。この制度は何よりもまず、被害者への賠償と関係修復の必要性にかかっている。通常は加害者の責任と義務を認めるような解決法を協議し、交渉する必要があった。

歴史を振り返ってみると、ある種の犯罪に対するこうした賠償的な司法という理念には、例外があった。初期の神政社会においては、限られた加害行為に対して特に「並はずれた」対価を要求する宗教的特質があると考えられた。たとえば、ある種の性犯罪は神を冒瀆したがために、とりわけ悪いものとされた。それらは、社会全体に集団的な罪をもたらした。その行為を糾弾する根拠を明らかにし、それで罪のけがれが人々に及ばないようにするために、象徴的浄化が必要となった。だが、そうした加害行為はまれで、法や慣習によって綿密に禁止されており、ほとんどの「刑事的な」加害行為に対する基準を設定するものではなかった。

近代ヨーロッパの初期においては、一部の加害行為は、道徳的、政治的秩序に対する挑戦とみなされ、それゆえ、残虐な対応が求められた。それには魔術、近親姦、獣姦、そしてある類型の特に凶悪な殺人が含まれた。

裁判という選択肢——もうひとつの代替手段

復讐は、交渉による賠償的な司法の理念に対する代替手段でもあった。既定の裁判所に訴えるのももうひとつの代替手段である。しかし、この選択肢は通常、復讐と同様に、交渉が失敗した場合の最後の拠り所であり、法や慣習が求める場合の選択肢だった。また、交渉による解決を促す手段として用いられた。近代精神からみれば、当時の社会の人々は、正式な司法機関の利用を非常に嫌っていたのである。たとえば中世の西欧大陸諸国には、種々の「公式な」裁判所が存在した。その中には国立裁判所や王立裁判所がある。他に、教会や都市や封建領主などの権限によって運営されていたものもある。しかし、国の裁判所でさえ、コミュニティ司法の原理と範囲の中で機能する傾向にあった。

中世の裁判所は、本質的に「告発主義」であった。少数類型の加害行為（国王に向けられたもの）を除いて、王立裁判所でさえ、被害者や被害者の家族による要求がなければ訴追を開始することはできなかった。告発人がいなければ、事件は存在しえなかった。王自身が被害の当事者である犯罪を除いて、公の訴追者は存在せず、国家による独立した起訴のための法的基盤もほとんど存在しなかった。

いったん訴追が開始されると、裁判所の役割は、当事者の協議を見守ることだった。できる限り力関係を対等にし、一般的には論争を規制することである。したがって裁判所は、一種のレフェリーの役目を果たした。関与した当事者たちが合意に達したなら、いつでも自由に事件を終結させることができた。国家は、告発人なしに、訴追を継続する法的権限を持たず、主導権は当事者たちの手に握られていたのである。

人々が裁判所によく足を運んだのは、相手方に圧力をかけ、責任を認めさせて解決を図ろうとする場合のみであった。コミュニティ司法という裁判外の形は、近代に至るまでとても好まれていた。このように裁判の利用を躊躇したことには、いろいろな要因があり、交渉による和解を好んだのもそのひとつである。しかし、中央政府の権威に対する地域の反感も大きな要因であり、また訴追に伴う財政的出費がのしかかったことも挙げられる。さらに中世の裁判所は、リスクの相互主義を当然と考えることも多かった。また告発人がうまく自分の言い分を証明できないと、被告発人に向けられた結論に今度は自分がさらされるかもしれなかった。告発人は必然的に、訴訟手続に入る前に勝てそうな事案にしたがるだろう。結局、王立裁判所は、選択肢として罰金を課すこともしばしばであり、その金は裁判所を運営する当局の懐に入ったため、被害者の利益にはほとんどならなかったのである。

こうして裁判の構造と手続を形づくる告発モデルは、コミュニティ司法と関連して機能し、次いで賠償および関与者の主導権を尊重するようになった。告発型の裁判所は、コミュニティ司法が中心的な役割を果たすのを確固たるものにしたのである。

評価

従来、近代司法のアプローチが合理的で人道的なものとして描かれてきたのとは対照的に、前近代の司法は復讐心に燃えた情け容赦のないものとみなされ、非常に単純かつ恐怖きわまりないものとして描かれてきた。しかしその一方、失われた黄金時代としてノスタルジックになることも同様に誤りである。コミュニティ司法には、重大な欠陥があった。係争中の事件で有罪を立証するやり方は、恣意的で不正確で、権利保護に欠けていた。この裁判方式は、同等の者同士では申し分なく機能したが、加害者が隷属的身分の場合、裁判は大まかで残忍だった。

訴訟事件の遂行にあたっては、被害者たちの主導権に依存し、おそらく彼らの資金にさえ依存していたために、コミュニティ司法は、彼らにも重い負担を課すこともあった。とりわけ凶悪とみなされた加害行為に対する刑罰は残酷なものもあった。

しかし、コミュニティ司法の指導原理である交渉や賠償による解決は、犯罪と司法について、重要な別の見方を表している。司法の伝統的概念では、人々に害悪が与えられ、当事者が解決の中心となり、そして害悪に対する賠償が重要であるという認識をしていた。したがって、コミュニティ司法では、人間関係の維持と和解を高く評価した。ということは、コミュニティ裁判のパラダイムは、より「啓蒙主義的」な私たちのパラダイムよりも、犯罪の実態をよく反映していたと考えられる。

伝統的司法は、しばしば懲罰的な司法としての特徴を持つとされる。だが刑罰は、考えうる多くの結論のひとつにすぎず、理念の失敗を意味することも多かった。コミュニティ司法は、現在の応報的パラダイムに比べ、もっと幅広い結論を用意していたのだ。私たちは少なくとも、伝統的司法についての評価を修正し、報復「および」和解への可能性を十分考えなければならない。

法革命

中世のヨーロッパには、私たちが理解するような刑事法システムは存在しなかった。一定の行為を犯罪と定め、一定の刑罰を規定した成文法はなかったのである。事件は通常、法律専門家によって扱われるものではなかった。政治権力者や司法権力者には、公認された役割があるにはあったが、まったく限定されていた。多様な裁判所が存在したが、全体的には、コミュニティ司法の条件や制限の範囲内で機能し、その利用はかなり消極的だった。だが一一～一二世紀に入って一連の変革が始まり、次の数世紀に始まる犯罪と司法への思い切った新しいアプローチの基礎を築いた。この変革は成熟するまでに数世紀を要し、多くの人々の猛烈な抵抗を受けた。司法の新しいモデルは、一九世紀になってようやく勝利を得たのである。それでも、この変容は歴史家たちに見逃され、無視されることがよくあったが、法史学者ハロルド・J・バーマン（Harold J. Berman）が、法革命と名づけるに至ったのである。(6)

初期の政治権力者たちは、慣習的な理解と枠組みの中で「法」を作るよう縛られていると思っていた。中世後期になり、彼らは新たな法を作り、古い法を廃止する権利を主張するようになった。新たな原理原則を組み込んだ公式の成文法典が、慣習に取って代わることになった。一八〜一九世紀になり、犯罪と呼ばれる害悪や紛争を扱う一連の特別な法典が創り出された。

新しい議論や手続が出てきたことで、一定類型の事件において、国家が介入し、主導権を握ることができるようになった。ヨーロッパ大陸では、国家を代表する検察官が現れた。英国では、治安判事が、限定的にせよ国家を代表するようになった。裁判所は、受け身の審判の役割から、一定類型の事件を独占的に扱う権限を主張するようになった。裁判所は、手続の開始について主導権を握り、そうした事件で証拠収集を行うようになったのである。

ヨーロッパ大陸における裁判のやり方は、被害者たち主導から裁判所主導へと変化した。起訴をし、事実を収集し、そして、(しばしば秘密裏に)結論を下す責務を負った。英国において、被害者たち主導の枠組みが維持されたのは、陪審の役割や、少なくとも私人訴追制度が保持されていたからである。ここでもまた、「刑事」事件の主導者として、国家の代理人が市民の座に取って代わったことになる。

こうした事件では、事件の終結の本質が変化し、紛争解決よりも刑罰が優先されるようになった。被害者への賠償が、国家の財源となる罰金へと置き換えられた。拷問は単に刑罰として相応しいばかりでなく、真実を見つけだすための裁判上の道具となった。こうしたすべての点で、被害者当人の関与は少なくなっていった。

このような経緯は、国家が、突然、直接に、多種多様な事件を奪い取ることによって起こったわけではない。そうではなく、国家の代理人が徐々に告発手続の中に入り込むようになったのである。たとえば、国家が捜査員として関わり始め、最終的に告発人となった。一四九八年までに、フランス法は、国王および国王の代理人が、すべての訴訟に加わることを承認していた。国家は、事件に参加する権利を持つことをまず主張し、事実上、独占的に扱う権限を主張することになった。

国家を代弁する法律家は、国家の介入を正当化するために、新旧さまざまな法的手段や議論を用いた。告発の手続の中では、被害者およびその関係者によって開始される「通常の」方法を認めていた。一部の司法管轄区域では、ある場合に限り、裁判所または国家による「特別な」訴追の余地が残されていた。たとえば、一四世紀のフランスでは、裁判所が加害行為として審理する方法がいくつかあった。通常の方法は、告発人によって行われる告発である。しかし、（加害行為の最中に捕まった）「現行犯」の場合、あるいは（加害行為および加害者が世間に知られている）「公知の事実」の場合に、裁判所は、直接の告発人がいなくても介入することができた。「弾劾」によって審理を開始する規定も作られた。この場合、告発人はいるわけだが、背後にとどまり、最小限の役割を果たすだけである。よくあることだが、長い間特別のものだとされていた手続が通常のものになってしまったのだ[7]。

こうした法的手段の使用は、新たな議論と結びついた。国王は、自ら治安の番人であると主張するようになった。この観点からすると、治安が侵された場合、国家が被害者だと主張するのは時間の問題だ。こうした成り行きで被害者個人の役割や主張が失われていくとしても驚きではない。

教会法の役割

中央政府によるこの新たな法制度の発展が、全体的な権力闘争と絡んで起こったのは、偶然ではない。この覇権争いは、宗教組織と世俗組織の内部および間で起こり、実施される司法のあり方に深い影響が及んだ。教会法（カトリック教会法）の発展は、これらの争いに重要な役割を果たしたのである。

キリスト教の初期時代には、教会は分権化されていた。次第に競合する権力中枢がいくつか台頭し、それぞれが権威を主張するようになった。また、教会内に内部規律の問題も起こっていた。そのため、中世を通じて教皇の主な関心事は、教会内における教皇の権威を強化することであった。それと同時に、教皇は「世俗の」政治的権威と同等、あるいは優位であると主張する闘争に携わっていた。

しかしこの間に、中央集権化した世俗の権力が浮上しはじめ、やはり同様な要求を抱いていた。彼らもまた、教会を含む他の権力中枢を従属させる方法を見つけることで、自分の領域内で権力を固める必要があった。

それゆえ、宗教権力も世俗権力も、それぞれの権威の強化に役立つ新たな議論や手段を模索することになる。後期ローマ帝国以降の法は、まずは教会に、それから国家に、そうした方策をもたらした。

ローマ史の共和制時代には、国家の役割は限られたものにすぎなかったため、犯罪は主に私的、あるいはコミュニティの事柄としてとどまった。しかし、帝国が出現するにつれ、国家が法を作り裁判する役割を広く認めるという法の伝統が進展した。

この法は、まったく忘れられていたわけではないだろうが、六世紀以後ほとんど失われてしまった。一一世紀後期に、西欧によりユスティニアヌス法典が再発見されたのは、あるいは偶然ではなく、ローマ教皇支持者も、おそらく世俗権力の支持者も、しばらく探していたようだ。一一世紀に再発見されるや、ローマ法から教会法の基礎が作られ、教会の基本法となった。のちにその概要は、西ヨーロッパ大陸のすべての世俗権力者に採用され、同じく英国法にもある程度影響を与えた。

バーマンは、この法の流れを研究した。ローマ法は慣習的な実践とはかけ離れたものであることに注目した。採用されているのは、時代も文化も遠く離れた文明に由来する自立的な法体系だった。この法には、新たに重要な要素も導入されている。

ローマ法は、論理的な根本原理に基づいた、公式で合理的な成文法である。慣習や歴史に基づかない独立した法律だった。これは、新しい法を考案したり、古い「諸法」を無効にする可能性や方法を中央政府にもたらした。

また、ローマ法は中央政府を想定したので、中央政府による訴訟の「正統な」開始の基礎も与えられた。つまり、この法の興味深いところは、中央政府にこうした重要な役割を与えたことだといえる。

ローマ法は、特定の慣習を離れた原理に基づく成文法であり、法を検証し発展させるための方法を伴っていた（すなわちスコラ哲学である）。したがって、ローマ法を体系化し拡大することができただけでなく、専門家たちが国境を越えて研究しあうこともできたのである。こうした普遍的な特性のおかげで、その魅力が分かり、たちまち西ヨーロッパ中のほとんどの大学に広まったのである。

ローマ法を基礎にして、教会は、最初の近代的法制度である緻密な教会法体系を築いた。これは革命的発展であり、教会内部および世俗の政治権力に関わる覇権争いで、教皇に重要な武器を与えることになった。中央政府による訴追を規定することにより、教会内の異端や聖職の濫用を追及する基盤を確立した。この新たなアプローチが最も極端に表れたのは異端審問で、そこでは、教皇の代理人が異端者を探し出して拷問にかけ、証拠をつかんで清算しようとしたのである。

個人はもはや主たる被害者ではなくなった。異端審問では、被害者になるのは道徳的秩序全体であり、中央政府はその番人なのだ。悪行は、もはや補償を必要とする単なる害悪ではなく、宗教上の罪となった。

このような意味で、教会法は、正式な体系的法律を導入し、中央政府の役割を広げただけではなかった。犯罪と司法についてまったく異なった理解を含んでいた。司法は、規則を適用し、罪を立証し、刑罰を決定することである。初期のキリスト教の慣習は、悪の受容と赦しに焦点を置き、和解と救いの必要性を強調した。(8) 教会法およびそれと並行して発展した神学では、犯罪は道徳や形而上の秩序に対する集団的な悪事とみなすようになった。犯罪は、人に対するのみならず、神に対する罪でもあり、こうした罪の世界を浄化するのが教会の仕事である。

こうして見ると、社会秩序は神の意志であるとする想定と、犯罪は社会秩序に対する罪でもあるとする想定とは、さほど違いはなかった。そのため、教会（そしてのちに国家）は、その秩序を何としても推進する必要があり、当事者間での紛争解決から、既存の権力による刑罰へと焦点が移ったこともうなずける[9]。

教会法とそれに付随する神学は、自由意思と個人責任の概念を明確にし、刑罰の原理を根拠づけるのに役立った。拘禁はわがままな修道士を罰する手段となり、一八～一九世紀に始まる刑罰としての拘禁の使用を広く普及させた。

教会法は新たに重要な諸原理を導入した。それらはまた、各国の政治権力者らによっても採用され、うまく修正され、英国はじめポーランドやハンガリーにおける世俗の法制度の重要なモデルとして機能したのである。司法の、国家中心的で応報的な理解が発達したことについて、教会法からそのすべてを説明できるものではない。英国は、大陸諸国に比べ教会法の影響は少なく、糺問《きゅうもん》的な司法制度は発展しなかったが、それでも主導力としての国家によって刑事法制度を発展させた。社会の情勢と国民国家の出現というニーズがあれば、教会法を例にしなくても、司法は同じような方向へ進んだかもしれない。だが、このようなローマ法を適応させて生まれた様式は、政治権力者らが自らの地位を強化するために用いる重要な技術や概念となったのである。

こうしたすべての問題で、キリスト教神学の果たした役割は定かではない。ある歴史学者によれば、罪や道徳的責任に関する神学的概念は、国家が犯罪や司法や権力についての新しい概念を作り出すのに役立つ原動力になったのである。またある歴史学者によれば、近代司法の発展は、国民国家を出現させる政治的ニーズや、社会経済的な過程に基礎づけられ、神学は後になってから、こうした新しい形態のための正当化を行ったのである。とはいえ、神学とこれらの発展との間に関連があることは、はっきりしている。

国家司法の勝利

歴史学者ブルース・レンマン（Bruce Lenman）とジョフリー・パーカー（Geoffrey Parker）によれば、西洋の歴史は、法と司法に関する二つの基本的なモデル、つまりコミュニティモデルと国家モデルとの間の二極対立であると考えられるという[10]。

国家司法の起源は古く、その要素は、遠くバビロニアのハンムラビ法典や古代ギリシャのソロンの法改革に見ることができる。しかし、真の意味の国家司法が勝利を収め、犯罪に関する私たちの見方を支配するようになったのは、わずかこの数世紀のことである。

コミュニティ司法の極みは、交渉による賠償的司法に行き着くのであるが、その観念は、ゲルマン部族の言葉でいう"frith"で表され、合意に基づく対等関係の平和を意味した。これに対し、国家司法は「王の平和」であり、上下関係的、階層的、強要的、そして懲罰的である[11]。

コミュニティ司法と国家司法は相対立する概念のように見えるが、ひとつの連続体の両端であって、その間に多くのバリエーションが存在すると考える方がより正確である[12]。一方の端には、「純粋な」コミュニティ司法が位置し、関係当事者間で交渉による紛争解決を行う。政治権力によって任命される他の関与者が仲裁人または公証人として加わると、司法はいくらか公式なものになる。弾劾主義的法廷はさらに公式となり、国家の役割が明確にされる。そして他方の端には、真の意味の国家法廷が位置し、国家による開始、国家による裁量、国家による統制、そして被害者たる国家といった要素を含んでいる。

コミュニティ司法は近代ヨーロッパ初期に行われていたので、国家司法の要素も含まれた。おそらく、この二つの司法形態が混ざった共生関係によって、コミュニティ司法は機能することができた。国家司法が背後から威圧することによって、コミュニティ司法は円滑に動くようになるのだろう。司法的解決の場を選択できたことも、重要だったのだろう。しかし、本物の国家司法が勝利者として登場するにつれて、何が適切で可能であるかについての理解に変化が起こった。コミュニティ司法はもはや、犯罪といわれるほとんどの事件のための解決手段ではなくなったのである。

一六世紀末までに、ヨーロッパにおける国家司法の土台が築かれた。フランス、ドイツおよび英国の新たな法典は、加害行為の範囲を拡大し、国家にいっそう大きな役割を割り当てた。刑法典が悪事を明確に規定し、刑罰を強調するようになった。刑罰の中には、拷問や死刑のようなきわめて厳しい刑もあった。経済的制裁も多くの事件で可能なものとして残された。

一六世紀の宗教革命は、国家による懲罰的制裁の色彩を強めたともいえる。ルターは、国家が神の代理人として刑罰を与えることを積極的に支持した。カルヴァン主義は、刑罰を与える審判者という神の概念を強調する一方、国家に重要な役割を与えて、道徳的秩序の徹底を図った。

国家司法は未来へのうねりを象徴したものの、未だ支配的ではなく独占権を主張するまでには至らなかった。一八世紀の啓蒙主義とフランス革命が起こってから、ようやく国家司法は急進的な主張ができるようになったのである。(13) 一八世紀になり、国家は絶対権力を主張するようになっていたが、非常に専断的な腐敗したやり方が横行した。想像を絶するような拷問や刑罰が日常化し、有罪判決を下された「犯罪者」に限らず、被疑者や政敵にさえも行われた。王は法の上に君臨すると公言してはばからず、法は、まるで迷路のように習慣と原則、論理と専断、特定利益と公益が入り組んでいた。

啓蒙主義に基づく改革者たちは、法を政府の上に置き、合理的基盤を法に与えようとした。彼らは、伝統と宗教を迷信的で非論理的なものとして激しく批判し、自然法と合理的原理に基づく世俗法の形式を採用した。

この過程で啓蒙主義の思想家たちは、社会についての新しい諸概念や社会契約を念頭に置いた国家を定式化しはじめた。彼らは、法はより大きな社会の意思を反映すべきであり、政府はそういう法を条文化し実施しなければならないと唱えた。だがこれは、一般の人々に政治的な意思決定をさせようと言っているわけではない。啓蒙主義思想家の多くは決して民主主義者ではないのだ。それでも、彼らは、特定の利益団体や王族ではなく、あまねく社会の利益を代弁するべきものとしての政府の概念を明確化しはじめた。

絶対性を主張する国家権力の濫用に直面し、一八世紀の改革者たちは、中央集権国家という前提を批判することができたはずである。だが彼らはそれをせず、強力な国家を当然と受け止めたばかりか、新たな論理と責任に根ざす、より強大な権力のための基盤を与えたのである。この新たな論理とは、社会契約および、より幅広い層の人々と法に対する新たな責任から構成されていた。

チェーザレ・ベッカリーア（Cesare Beccaria）の著書『犯罪と刑罰』は、一七六四年に初版が刊行されたもので、近代刑法の基礎としてしばしば引用されるが、その中には啓蒙主義のアプローチに関する記述もある。彼の主張は、法は理性的にコミュニティ全体の意思に根ざすべきであり、万人に等しく適用され、国家により合理的方法で実施されなければならない、というものである。

ベッカリーアはまた、人は、自らの選択によって生まれる苦痛や快楽を予想して行動を決定する、という立場をとった。したがって法は、加害行為から得られる快楽を上回るだけの苦痛を考慮して、合理的で限定的な量の苦痛を与えなければならない。ただしその苦痛の程度は、なされた悪事と均衡しなければならない、としたのである。

ベッカリーアの著書は、国家や伝統的な法による権力の濫用を批判する有効な武器となった。しかし、司法運用における国家の中心的な役割に疑問を呈するどころか、新たな正統性を与えることとなった。さらに同書は、十分に合理的で「功利主義的」な法概念を含むものとして大方の理解を得ていたものの、実際は懲罰的で、応報的要素さえ色濃く残していた[14]。

一七八九年に端を発し、次の世紀まで続いたフランス革命は、そのルーツが啓蒙主義にあるとはいえ、それ自体に原動力を秘めていた。これもまた慣習と特権を批判し、合理的な法概念や新たな国家概念に置き換えようとした。しかし啓蒙主義と同様、それは野心的な国家権力の概念を減らすどころか、さらに組み込んでしまった。

革命政府とナポレオン政府が採用した新刑法典は、こうした傾向を例証するものであり、国家に強力な訴追権を与えた。これもまた、きわめて懲罰的だったが、合理性と公平性はより重視されたのである。

このように一八世紀から一九世紀前半までの展開は、近代的な応報的司法を系統立てる上で重要である。国家は、権力を行使する新たなメカニズムのほか、新たな正統性も備えた。法は従来とは違う新たな尊厳を与えられ、法の侵害はますます非難され、それに対する結果はさらに「応報的」になったのである。

啓蒙主義思想および啓蒙主義以後の実践面をみると、実際の害悪よりも法の侵害の観点から加害行為を定める傾向が強まった。害悪が重くなるにしたがって、私的側面よりも公的側面にますます目が向けられた。国家が民衆の意思と利益を代表するとすれば、国自らを被害者と定め、紛争介入の独占権を国家に引き渡すことを正当化するのは、よりたやすいことだった。そして何より重要なのは、啓蒙主義が苦痛の新しい力学をもたらした点である。

啓蒙主義やフランス革命の思想家たちは、悪事を働けば当然に苦痛が課されるという考え方に何の疑問も抱かなかった。それどころか、別の正当化の方法を示した。苦痛を課す合理的なガイドラインを作成し、刑罰適用のための新たなメカニズムを導入したのである。

そのための主要な手段は刑務所になった。当時、刑事制裁として拘禁刑を導入した理由はいくつもあるが、刑務所に関心が集まった理由のひとつは、加害行為に応じて刑期を調整できることである。また、拘禁期間によって刑罰を測ることができるし、苦痛の適用にあたっては、いかにも合理的で科学的にさえ見えたこともある。刑務所はまた、人々の感覚とニーズの変化にうまく調和した。旧体制の時代には、公開性と肉体的苦痛が刑罰の特徴であり、絶対主義体制では、公開される残酷な刑罰を、権力を見せつける方法として利用した。だが、より民衆に根ざした新政府は、正統性の根拠として権力を世間に誇示する必要はなく、その上、人々は痛みや死を快く受け入れなくなった。こうした生の厳しい局面を隠し、否定すら願う意識を反映して、死や病いの扱い方も変わっていった。[15] このような背景から、刑務所は密かに苦痛を課す場となったのである。

苦痛を課す技術が変わるにつれ、そのめざすところも変わった。近代初期の刑罰形態は肉体に加えられるもので、その方法はしばしば残酷をきわめた。刑務所の近代的な使い方としては、フランスの歴史学者、ミシェル・フーコー（Michel Foucault）が指摘するように、魂にまで触れることが求められた。[16] 刑務所の使用を擁護するアメリカのクエーカー教徒も同様に、改悛と改宗を促そうとする期待を込めた。その擁護論では、刑務所は行動や思考のパターンを変え、人格を矯正する実験室であると主張した。刑務所がクリスティのいう「ある意図を持った苦痛」を課すために、見事なばかりの多種多様な理屈がこねられた。[17]

正式な国家中心的司法のルーツは、数世紀以上もさかのぼるが、国家司法はかなりの抵抗に遭い、ようやく勝利を収めるに至ったのは、一九世紀に入ってからである。アメリカがたどった歴史はその典型例である。[18] アメリカの司法を描いた記述を見ると、法に基づく公式の司法が早い時期から発達したことが強調され、正式で公的な訴追の起源を独立革命以前に置くことが多い。しかし最近の研究では、検察官には限られた役割しかなかったことが判明し、一九世紀半ばあるいはそれ以降も、検察官は刑事事件を訴追するか否かの裁量権はほとんどなかった。それどころか、他の形態の司法（調停、仲裁、および民事手続など）が一般的で、国家司法が勝利を得てからも長い間続いた。損害賠償は、少なくとも財産の損害に対する世間一般で用いられる紛争解決形態で、被害者は重要な役割を担っていた。

最終的に、国家司法が勝利者となった。合衆国では、広範な裁量権を持つ検察官制度の確立が、刑務所（懲治監・感化院）の普及と相まって、国家司法へと至る過程で重要な役割を果たすことになった。ジェロルド・アウアーバック（Jerold Auerbach）がいみじくも語っているように、今日「法はわが国の国教であり、法律家は聖職者である。法廷は聖堂であり、そこでは現代の受難劇が演じられる」という結果になった。(19)

法革命の側面

国家司法の勝利までには、長い時間がかかった。だが、バーマンが詳細に述べているように、それはまぎれもない法革命を表し、深い意味を持つ。司法の実施方法や考え方におけるこの革命の側面は、次のように要約されるだろう。

まず、私的あるいはコミュニティ司法から公的司法への動きが、この革命の中核にあった。これは、国家による訴追開始の可能性を開くことから始まった。そのうちに、国家は刑事司法の協力者であることを主張し、次いでその所有者である（国家のものである）ことを主張し、ついには、害悪や紛争を犯罪と呼んで、国家が司法の独占権を握るに至ったのである。

こうした過程で犯罪被害者の定義が改められ、それとともに国家が法律上の被害者になった。被害者は抽象化され、問題そのものや解決にあたっては個人は脇に追いやられた。

第二に、この過程に伴い、司法は次第に慣習や便宜でなく正式な法に基づいて行われるようになった。司法は、専門家が解釈し操る場合には、成文法と同等とみなされるようになり、しだいに司法が適正か否かは、手続が適正に行われるかどうかによって評価されるようになった。

ある種の害悪と紛争は他と区別して犯罪と定められ、国家が支配する刑事手続で開始されるようになった。その他の害悪や紛争は依然として民事法で扱われ、当事者がかなりの裁量や権限を持ち続けた。

第三に、復讐はコミュニティ司法で下されうる結論のひとつだったが、国家はこの選択肢を取り上げてしまい、他の手段を利用する可能性が減らされる結果となった。刑罰が原則となり、私的な紛争解決は例外的で違法とさえなった。回復より刑罰が原則となったために、事件での被害者の重要性は減ったのである。

興味深いことに、教会はこうした成り行きに厳しい批判の声をあげることはなかった。むしろ私的復讐を抑制し、国家の役割をいち早く認めようとして、積極的に支持したのである。

刑罰が原則になると、新たな形の刑罰が生まれ、刑罰もまた、象徴的な意味へと変わっていった。前近代的世界では、刑罰を求めるとき、明らかに復讐心が役割を果たしていた。少なくとも刑罰の概念にとって重要なのは、被害者の正しさを確証することにあった。刑罰はたいてい公開され、刑罰を科すことには、被害者の道徳的な正しさが象徴的に表されていたのである。

神政社会の刑罰には、犯罪によるコミュニティのけがれを取り除くという象徴的な浄化作用も含まれた。社会はそのような行為を容赦しないということをはっきりと説明し、許されること、許されざることの境界についての意識やコミュニティへの帰属意識を維持させようとしたのである。

新しく誕生した政府は、王族にことのほか私物化されることが多く、その地位の確保に躍起となった。公開される残酷な刑罰は、国家権力の象徴として、また権力を誇示し演出する方法として利用された。こうした状況の司法は、いわば有罪と立証の劇場にほかならず、その中で中央権力の絶大なる力を証明したのである。[20] この象徴的な役割をみれば、多くの刑罰の過酷さが説明できる。つまり、国家権力とそれに反抗した結果とをまざまざと見せつけるということだった。そして刑罰により恐怖心を植え付ける必要があった。だが国家権力のこのような象徴的役割をみれば、民衆がある種の刑罰に対し抵抗したことも納得できる。ヨーロッパの多くのコミュニティでは、絞首刑執行人はとりわけ忌み嫌われるものであるが、ひとつには絞首刑執行人は、国が科した司法を象徴する存在だったからである。(21)

今日、刑罰は、(抑止、無害化、社会復帰といった) 実用主義や功利主義の言葉で正当化されるのが普通である。だがその裏には、重要な象徴的機能がなお続き、刑罰の初期形態の要素も相変わらず残っているようだ。私見によれば、刑罰が科されている状況を見ると、個人に対して国家や法の力を過剰演出する必要があるのかどうか、はなはだ疑わしくなる。

第四に、司法概念が変わるにつれ、犯罪と加害者に対する理解も改まった。ある種の行動が、個人的な悪事や紛争ではなく、集団的害悪や社会的あるいは道徳的異端とみなされるようになった。犯罪は今や、社会秩序と超自然的秩序の両方の侵害となり、公的側面は私的側面より上にのしあがった。これによって、国家が社会的秩序や道徳的秩序を強化する重要な理由づけがなされたことになる。司法は、当事者を離れた抽象的概念を形而上学的に均衡させるという意味でのバランスの回復とみなされるようになった。

パラダイム転換

すでに述べたように、法革命には、現実を構築し理解する方法としてパラダイムの転換が必要となった。こうした転換の下に、どのような流れがあるのだろうか。さまざまな答えが考えられるし、実際、さまざまな説がある。

レシャンとマーグノーによると、社会や文化が抱える緊急課題を解決しようとする試みから、新たなパラダイムが生まれるという。(22) 彼らの議論では、科学的パラダイムは、中世後期の西欧社会が抱えていた絶望的問題を解決しようとして生じた。たとえば、これは、黒死病のような天変地異によって注目された問題である。社会がそのような異常事態を管理する緊急の必要に迫られたので、それに十分対処できるパラダイムが開発された。しかし他の問題が浮上し、そのパラダイムが不適切だと分かれば、また新たなパラダイムが生まれる必要があったわけである。

では、応報的パラダイムが解決しようとした問題は、何だったのか。人口の増加や都市の出現、そして社会の工業化などに伴い、社会がますます複雑で混沌としたものになったことを中心に説明する論者もいる。伝統的手法で問題を解決するには、おそらくコミュニティの基盤がなければうまく機能しなかったであろう。

これに対して、社会、あるいは少なくとも社会の上層階級が不安要因をコントロールする必要性を挙げる論者もいる。彼らは階級闘争を緩和し、社会的政治的不平等のパターンを崩壊させずに秩序を維持する方法を見いだそうとした。

一般的な解釈では、私的復讐心をコントロールしなければならなかったことが指摘される。この見解によると、復讐心はコントロールできず、国家に「暴力に対する正統な独占権」を与えることしか、それを抑える道はないとした。国家の代弁者はしばしばこの議論を推し進めたが、歴史家たちが疑問に思うところは、この説明が言うほど、復讐心はコントロールが不可能なのか、あるいは復讐の代替策はそれほど限界があるのかという点である。

私たちの疑問に対する答えは、ひとつには新興国家の権力独占欲にあるだろう。応報的パラダイムが解決しようとした問題とは何だったのだろうか。おそらく、それは、権力を正統化し強化するという国家のニーズだったのだ。社会学者ルイス・コーザー（Lewis Coser）の言葉を借りれば、近代国家は「貪欲なる制度」なのである。[23]

いずれにせよ、パラダイムは転換したが、すぐにまた新しいパラダイムの不適切な面が露見し、さまざまな「周転円」や修正が加えられた。今日、それもまた機能不全に陥っている感が強い。では、別のパラダイムは可能であるのか。可能だとすれば、過去の要素を頼りにできないものであろうか。私たちの伝統がいくらかでも可能性を示してくれるはずである。

〔原註〕

（1） 本章で引用されたものに加えて、以下に示す文献資料は特に有用である。George Calhoun, *The Growth of Criminal Law in Ancient Greece* (Berkeley: University of California Press, 1927); Michael Ignatieff, *A Just Measure of Pain: The Penitentiary in the Industrial Revolution, 1750-1850* (New York: Pantheon Press, 1978); Stanley Cohen and Andrew Scull, eds., *Social Control and the State*, (New York: St. Martin's Press, 1983); John H. Langbein, "The Historical Origins of the Sanction of Imprisonment for Serious Crime," *Journal of Legal Studies*, 5, (1976); Langbein, *Prosecuting Crime in the Renaissance, England, Germany and France* (Cambridge, Massachusetts: Harvard University Press, 1974); Alred Soman, "Deviance and Criminal Justice in Western Europe, 1300-1800: An Essay in Structure," *Criminal Justice History: An International Annual*, I (1980), 3-28; Pieter Spierenburg, *The Spectacle of Suffering: Executions and the Evolution of Repression* (Combridge, England: Cambridge University Press, 1984).

（2） J.W. Mohr, "Criminal Justice and Christian Responsibility: The Secularization of Criminal Law." これは、一九八一年一月二一日にブリティッシュ・コロンビア州アボッツフォードで開催されたThe Mennonite Central Committee Canada Annual Meetingで発表された未出版の論文である。

（3） Soman, "Deviance and Criminal Justice," p. 18.

（4） Bruce Lenman and Geoffrey Parker, "The State, the Community and the Criminal Law in Early Modern Europe," in *Crime and the Law: The Social History of Crime in Western Europe Since 1500*, eds. V.A.C. Gatrell, Bruce Lenman, Geoffrey Parker (London: Europa Publications, 1979), pp. 19 ff.

（5） 避難聖域については、Herman Bianchi, *Justice as Sanctuary: Toward a New System of Crime Control* (Bloomington, Ind.: Indiana University Press, 1994); Michael R. Weisser, *Crime and Punishment in Early Modern Europe*

(Atlantic Highlands, New Jersey, Humanities Press, 1979), p. 54; Paul Rock, “Law Order and Power in the Late Seventeenth- and Early Eighteenth-Century England,” in *Social Control and the State*, eds. Cohen and Scull, pp. 191-221を参照。

（6）Harold J. Berman, *Law and Revolution: The Formation of the Western Legal Tradition* (Cambridge, Massachusetts: Harvard University Press, 1983) および “The Religious Foundations of Western Law,” *The Catholic University of America Law Review*, 24, No. 3 (Spring, 1975), pp. 490-508. バーマンの先駆的研究は非常に重要である。その他、初期近代的司法および法革命についての重要文献としては、A. Esmein, *A History of Continental Criminal Procedures* (Boston: Little, Brown, and Co., 1913) および Weisser, *Crime and Punishment* がある。

（7）Esmein, *A History*, pp. 121 ff. を参照。

（8）Gerald Austin McHugh, *Christian Faith and Criminal Justice: Toward a Christian Response to Crime and Punishment* (New York: Paulist Press, 1978), pp. 14 ff.

（9）この種の考え方は、むろんまったく新しいわけではなかった。中世の神判は関連する諸概念に基づいていた。中世の思想は、行為と自然に関連があった。なぜなら、犯罪は神と自然に反するものであり、自然は犯罪を拒絶すると予想されたからである。邪悪な人間が水の中に投げ込まれたら、清らかな水はその人を拒むので、浮くであろう。潔白な人間は、沈むと思われた（もしその者が泳げなければ、疑わしい無罪の獲得である）。

（10）Lenman and Parker, “The State, the Community and the Criminal Law.” 本章の枠組みの一部は、レンマン＝パーカーの論文を参考にしている。

（11）Bianchi, “Justice as Sanctuary,” chapter 6, p. 13 ff.

（12）なお、Herman Diederiks, “Patterns of Criminality and Law Enforcement During the Ancien Regime: The Dutch Case,” in *Criminal Justice History: An International Annual*, I (1980), pp. 157-174 を参照。

（13）前掲論文に加えて、Michael Ignatieff, “State, Civil Society, and Total Institutions: A Critique of Recent Social Histories of Punishment” in *Social Control and the States*, eds. Cohen and Scull, pp. 75-105 および Jacques Ellul, *The Theological Foundations of Law* (New York: Seabury Press, 1969) を参照。

（14）David B. Young, “Let Us Content Ourselves with Praising the Work While Drawing the Veil Over Its Principles:

Eighteenth-Century Reactions to Beccaria's *On Crime and Punishment,*" *Justice Quarterly*, 1, No. 2 (June 1984), pp. 155-169を参照。

(15) Spierenburg, *Spectacle of Suffering*, Chapter 6.

(16) Michel Foucault, *Discipline and Punish: The Birth of the Prison* (New York, Pantheon Press, 1977). さらに、Ignatieff, *A Just Measure of Pain* および "State, Civil Society" も参照。

(17) 一九九〇年、最初の近代刑務所であるウォールナット・ストリート・ジェイルが創立二〇〇年を迎えた。

(18) Josephine Gittler, "Expanding the Role of the Victim in a Criminal Action: An Overview of Issues and Problems," *Pepperdine Law Review*, 11, (1984), pp. 117-182 および Allen Steinburg, "From Private Prosecution to Plea Bargaining: Criminal Prosecution, the District Attroney, and American Legal History," *Crime and Delinquency*, 30, No. 4 (October 1984), pp. 568-592を参照。

(19) Jerold S. Auerbach, *Justice Without Law?* (New York: Oxford University Press, 1983), p. 9.

(20) なお、Spierenburg, *Spectacle*, pp. 200 ff.; Mark A. Sargent, review of Foucault in *New England Journal on Prison Law*, Spring, 1979, pp. 235-240; Heinz Steinert, "Beyond Crime and Punishment," *Contemporary Crises: Law, Crime and Social Policy*, 10, No. 1 (1986), p. 25 および Horace Bleackley and John Lofland, *State Executions Viewed Historically and Sociologically* (Montclair, New Jersey: Patterson Smith, 1977)を参照。

(21) Spierenburg, *The Spectacle of Suffering*, Chapter 2 および pp. 200 ff. を参照。

(22) Lawrence Leshan and Henry Margenau, *Einstein's Space and Van Gogh's Sky: Physical Reality and Beyond* (New York: Collier Books, 1982).

(23) Lewis A. Coser, *Greedy Institutions* (New York: Free Press, 1974).

第8章　契約のジャスティス——聖書による代替手段

過去を振り返ると、別の方法を指し示すモデルがひとつある。それは、コミュニティ司法である。キリスト教徒にとっては、もうひとつなおいっそう重要なモデルがある。それは聖書ジャスティスである。

聖書ジャスティスと応報的司法とをくっきりと対比させるのは、いささかショックかもしれない。ともかく、私たちの社会で、聖書が最も頻繁に引用されると思われるのは、まさにこの領域だ。「主は言う、『目には目を』」がそれである。最も明白なのは、犯罪に対する刑罰の形で、「公正なる応報（just deserts）」を聖書が命じているということだ。[*1]

しかし「目には目を」という言葉には、見かけよりもずっと深い意味がある。より綿密に検証してみると、タリオの法[*2]（同害報復）の原則は、通常考えられているような意味ではない。さらに、何よりも決定的なことは、それは、聖書ジャスティスの最優先のテーマ、つまりパラダイムではないのである。

聖書のことば

犯罪とジャスティスの問題について、聖書は何を言わんとしているのか。明らかに、多くのことを語っている。

生きている時代や状況を考えたら、すべてが私たちと同じような意味をもつとはいえない。表面的には互いに矛盾するようにさえ見える節もいくつかあるようだ。

旧約聖書に書かれた律法に関することばの例をいくつか挙げてみよう。

「人に傷害を加えた者は、それと同一の傷害を受けねばならない。骨折には骨折を、目には目を、歯には歯をもって人に与えたと同じ傷害を受けねばならない。」（レビ記二四章一九～二〇節）

「復讐してはならない。民の人々に恨みを抱いてはならない。自分自身を愛するように隣人を愛しなさい。わたしは主である。あなたたちはわたしの掟を守りなさい。二種の家畜を交配させたり、一つの畑に二種の種を蒔いてはならない。また二種の糸で織った衣服を身につけてはならない。」（レビ記一九章一八～一九節）

「ある人に、わがままで反抗する息子があり、父の言うことも母の言うことも聞かず、戒めても聞き従わないならば、両親は彼を取り押さえ、その地域の城門にいる町の長老のもとに突き出して、町の長老に、『わたしたちのこの息子は、わがままで反抗し、私たちの言うことを聞きません。放蕩にふけり、大酒飲みです』と言いなさい。町の住民は皆で石を投げつけて彼を殺す。あなたはこうして、あなたの中から悪を取り除かねばならない。全イスラエルはこのことを聞いて、恐れを抱くであろう。」（申命記二一章一八～二一節）

「すなわちこのような罪を犯すならば、彼はその責めを負い、その盗品、横領品、共同出資品、紛失物、あるいは、その他彼が偽り誓ったものが何であれ、すべて返さねばならない。彼はそれを完全に賠償し、おのおのの場合につき五分の一を追加する。責めを負うときは、一日も早く所有者に支払わねばならない。」（レビ記六章四～五節）[*3]

「牛とろばとを組にして耕してはならない。」（申命記二二章一〇節）

「主の御名を呪う者は死刑に処せられる。共同体全体が彼を石で打ち殺す。神の御名を呪うならば、寄留する者も土地に生まれた者も同じく、死刑に処せられる。」（レビ記二四章一六節）

応報を強調しているように見える節もあれば、修復的に見える節もある。二〇世紀の人にも「理にかなった」部分もあるし、まったく異質で野蛮とさえ思われる部分もある。そうしたすべてには従えないことは明白である。では、利用すべきものをどのように選び出すのか。また、どのようにして正確に理解すればよいのだろうか[(1)]。

解釈上の問題の数を減らせるアプローチは、最新の聖書資料である新約聖書に限定することである。キリスト自身が古い契約を「新しい契約」に取り換えることを明らかにしたので、この方法には利点がある。新約聖書を私たちの第一の基準にすべきことははっきりしている。だが旧約聖書を無視することは、新約聖書の背景やルーツとなる豊富な資料を大量に切り捨てることにほかならない。人類にとってのジャスティスや神の意志の側面を十分理解するには、旧約聖書に真剣に取り組まなければならない。旧約聖書は、社会で非常に多く取り上げられているという理由からだけでも、無視することはできないのである。

聖書、特に旧約聖書を読む場合は、別の世界の話であることをまず肝に銘じておくべきである。この世界は、時代や地理だけでなく、哲学や政治制度や社会構造も私たちの世界とはかけ離れている。予想どおりのことであろうが、法律も非常に違った形態をとり、その目的も、運用方法も今日とはまるで違っていた。罪や責任の問題に関する基本的な前提さえも今日とは異なるけれども、これが法やジャスティスの概念に影響を与えたのである。たとえば、罪は集団的なものであり、責任もそうであった。このため、ある種の犯罪は社会全体を堕落させると感じられた。そうした罪を和らげるためには、集団的で儀式的な罪の贖いが必要となり、そのため、旧約聖書が示す加害行為への対応は、私たちには異質なものと思えるような生け贄的な性格を持っていたのである。

こうしたことを考えると、レビ記や申命記での法体系はいかにも奇妙に見えるかもしれない。先の抜粋が示すように、殺人や盗みなど法典に出てきてもおかしくなさそうな関連事項と、そうでない事項（たとえば、農業、食べ物、衣類、結婚、礼拝についての規制）とが一緒に書かれている。加害行為やその対応法によっては、明らかに宗教的、儀式的な面を持つものもあるし、もっと単純明解な場合もある。

まったく異質な世界であるから、聖書、特に旧約聖書の法やジャスティスの規定を現状にあてはめるのは、なるほど疑問である。たしかに、ひとつの法をただ抜き出してきて今の状況に「はめ込む」のは適切ではないし、独立した概念を取り出して別の哲学的基礎につなぎ合わせるのも適切ではない。これから検証するように、そのアプローチは事実、重要な聖書の概念をねじ曲げてしまっているのだ。それよりも、根幹をなす原理原則や意図をまず理解し、それから、法やジャスティスなどの概念に移るべきだろう。キリストが示したように、法の単なる字句ではなく、その精神を理解しなければならない。そうしてはじめて、個々の聖書の「法」を理解し、現代に応用できるのである。

こうした基本的な見方と方向性を、ここで解き明かさなければならない。だがここは、ヘブライ人の法の機能、形式、項目および運用を詳細に分析する場ではない。私のアプローチではむしろ、基礎にある方向性がどのようなものであるのかを描写し、その方向性から生まれる法やジャスティスの概念をみてみたい。最後に、今日にも適用できる罪やジャスティスの意味について何らかの結論を出そうと思う。

法とジャスティスに関する聖書の考え方（この点では他の事柄も）を解明しようとすると、二つの根本概念が欠かせなくなる。シャローム（shalom）と契約（covenant）である。まずここから始めなければならない。

シャローム——一本化された考え方

旧約聖書と新約聖書の両方に表れている聖書のことばの重要なテーマは、ヘブライ語の「シャローム」である（新約聖書ギリシャ語版で相当する言葉は“eirene”である）。シャロームは、周辺的なテーマではなく、多数のテーマのひとつでもない。周りを多くの重要な信念が取り囲んでいる基本的な「所信の核」であり、神の意志や考え方を人間のために要約するものである。それゆえ、救い、贖罪、赦し、およびジャスティスはシャロームに根ざすものと理解しなければならない。

通常、シャロームを訳すとき、「平和」はその概念の一面しかとらえておらず、言外の意味まで十分伝えているとは言い難い。シャロームは、さまざまな次元で、物事のあるべき「まったくの完全」という状態を指している。旧約聖書学者ペリー・ヨーダー（Perry Yoder）による信頼すべき研究によれば、聖書で使われるシャロームには、三つの基本的な側面があるという(3)。

通常考えられているのとは異なり、シャロームは普通、物質的、肉体的な状況や環境に関するものである。神の意志は、人間が肉体的に健康で生きることであり、このことは最小限、物事が完全な状況にあることを意味する。だがある点では、それ以上に繁栄や裕福さまでも指しているようだ。ともかく、旧約聖書の預言書に生き生きと描き出された未来像には、健康や物的繁栄はもちろん、病気や貧困や戦争といった肉体への脅威をなくすことも含まれている。

シャロームの第二の側面は、社会的な関係と関わっている。神が人に望むのは、人間同士および神との完全な関係を保って生きることである。シャロームのもとで生きることは、敵なしに平和に生きるということである（ただし、必ずしも紛争がないということではない）。

これは、経済的、政治的に互いに完全な関係の中で生きることも含まれると、聖書は明らかにしている。また圧制や不正はシャロームに反し、正しい社会関係ではなく、そういった存在を許すべきではないと、再三にわたって述べている。シャロームは、人々の完全な関係に裏付けられるものなので、圧制は排除されることになる。シャロームは万人の幸福を意味するために、物質面や権力面の極端な分配によって、一部の者が貧しく抑圧されることになれば、それはシャロームとはいえない。幸福が欠ければ、シャロームはありえないのである。

シャロームの第三の適用や側面は、道徳的、倫理的な領域である。ヨーダーによると、ここでのシャロームは、「率直さ」である。この概念が適用されると、二通りに作用する。それは、人に対して正直で虚偽のないこと、そして潔白（つまり、罪や誤りのないこと）である状態を指す。つまり、正直さと道徳的な高潔さが必要となる。シャロームのこの側面は重要であるにもかかわらず、聖書ではあまり触れられていない。

シャロームは、物事がどのようにあるべきかという神の意志を示している。神は、物的世界で「まったくの完全」な状態で、人々に生きてほしいと考えている。それは、人間相互の関係、社会的政治的関係、個人の性格でもいえる。物事があるべき姿でなければシャロームはそこにありえないし、シャロームの不在は、旧約聖書の預言者たちが神の子たちに向けた非難の中心点である。シャロームという考え方はまた、未来への希望や約束をも形づくる。

シャロームのこれ以上の意味づけは、ここでの私たちの検討範囲を越えてしまうが、シャロームのこうした考え方は、聖書信仰の他の中心的な柱となる考えの基調をなしているし、また、聖書の物語によって神の行為と約束を理解するのにも役立っている。

シャロームというテーマは、旧約聖書の思想を強く支えるだけではなく、新約聖書でも中心を占めている。新約聖書の書き手たちは、人類のための神の善き知らせを示すために、シャローム同様に“eirene”という言葉を使った[4]。シャロームと同じく“eirene”は、多様なレベルにおける人間と神、および人間同士の間の平和のことでもある。

キリストの生涯や教え、そして死は、こうした生き方のパターンを示すものである。それは、神と人との関係はもちろん、人間同士の関係をも変貌させるのである。ヨーダーの言葉を借りれば、「イエスが来られたので、人と人、人と神、そして自然界さえも、あるべき姿になるだろう」[5]。

このように、和解は新約聖書の重要なテーマであるが、神の意志である「まったくの完全」な状態は、旧約聖書にあった物質的、肉体的側面をそのまま保持している。

契約――シャロームの基本

聖書におけるシャロームの基本、そして主要なモデルは、契約という概念である[6]。イスラエル人が同時代の古代近東の人々とはっきり区別されるところは、神が人と契約を結んだという所信である。この契約という概念が、法、ジャスティス、社会秩序、信仰、そして希望という概念を意義深く作りあげたのである。それらの法は周辺社会のものと似通っていた（おそらく、そこからの借り物である場合もあったらしい）が、この契約により根本的に変容したのである。

聖書の話の中では、契約は、二者間で交わされた拘束力ある合意である。契約は、当事者間の個人的関係を前提とし、相互の一定の責任と約束を意味する。聖書の信仰は、神と人との契約、つまり神の完全な救済行為に基づく契約を前提としている。旧約聖書で中心となる救済行為は、解放の行為であり、エジプト脱出である。これは神の愛によって成し遂げられた行為であり、人が努力して獲得したものであったり、人に受ける価値があったためではない。

エジプト脱出ははっきりしたものではあるけれども、旧約聖書のこの話は解放や救済が繰り返される物語のひとつである。預言者の理解によれば、こうした度重なる解放の行為は、神が神の民に対する契約で述べた約束の一部である。たとえ神の民がこの契約に伴う責任を果たさないようなことがしばしばあったとしても、神ははじめの約束に忠実であり続けたと、預言者はかたくなに主張した。

折にふれ、人々は神との契約を更新し、関係が正しいものとなれば、結果としてシャローームの条件は整えられた。したがって、契約によって、シャローームのための基本もモデルも、与えられたことになる。

しかし、契約は相互的な責任を伴う。法やジャスティスという概念は、人々が、こうした責任を考慮に入れることで、シャローームを理解し、それに向かって努力する手段となる。

旧約聖書において、解放という重要な行為は、エジプトの奴隷からの脱出であり、契約のパラダイムとシャローームの考え方の基本をもたらした。キリストの生と死と復活によって象徴される新しい解放の行為は、新たな共生の方法である「新しい」契約の基礎を形づくった。新しい契約としてよりよく理解されている新約聖書は、それ以前の理解から生じてはいるけれども、シャローームと契約の概念を継承しつつ、形は更新されている。神と人、そして人と人との関係の新たな日々はすでに始まっている。だが旧約聖書にあるように、この契約の基本は、救済と解放という神の行為なのだ。この神の御業によって、私たちはシャローームのもとで共生する道を与えられ、そこでは神と人、人と人との相互責任が求められている。

旧約聖書における契約は、主として救済と解放の行為に基づいている。この契約は、新しい社会のための基盤を創り出した。この社会は他の社会とは違って、それ自身の操作的原理を持ったものであり、シャロームへ向かって機能するのである。新約聖書の契約もまた、救済と解放という根本的な行為に基礎を置いている。それも同じく、それ自身の操作的原理によって新しいコミュニティの基盤を創り出し、この世界に神のなせるシャロームのための基盤を与えるだろう。契約が相変わらず土台となっているのである。

変容させる力としてのシャロームと契約

聖書の世界における法とジャスティスという考え方を発展させるにあたって、シャロームと契約は、変容させる力となった。ヘブライ人社会は、発展するにつれて、他の古代近東社会が出合ったと同様のニーズや圧力と遭遇した。たとえば、バビロニアのハンムラビ王と同様に、ヘブライ人指導者らは、成長や都市化や分化などと直面し、それを標準化して統一する必要に迫られた。この過程で使われた法や裁判の手段はときとして、イスラエルや他の近東王国と共通した形式を持ち、ルーツを同じくするものさえあった。しかし、法とジャスティスに関するヘブライ人の考え方は、実質上、ハンムラビ法典とは根本的に違っていた。その理由は、シャロームと契約により変容させられたからである。

旧約聖書学者ミラード・リンド（Millard Lind）は、ハンムラビの法は国家の司法である、と書き記している。それは階級的で、義務を課し刑罰を与えるもので、明らかに近寄りがたく全能なる王に根ざしていた。[7] 一方、ヘブライ人の法では、神は王さえも超越するあらゆる権力の源であると想定した。この神は、人格を備えており、忠義に厚く、敗者や人間の状況をあまねく気づかうものである。こうした性質は、シャロームの考え方や契約の信念に組み込まれている。それらが一緒になって、法とジャスティスを変容させた。その結果、契約のジャスティスは、国家の司法とは著しく対照的なものとなったのである。

変容の概念は重要であるが、他の側面もまた備えている。神の作用には、時代のほか、理解や考え方に限界がある。人の理解は常に不完全なものだが、キリストが言うように（マルコ伝一〇章五節）、このことを寛容に見てくれている。しかし、神はその限界を押し開き、私たちの理解や識見を広げようと試み、その結果、人の理解は、聖書の話や歴史を通して発展し続けたのである。キリストは、この過程の一部として、古い契約の理解を築き直し、しばしば変化もさせたのである。シャロームと契約の概念は、変容させる力であり、法とジャスティスの概念を築きあげたが、それら自身もまた、変貌を遂げていったのである。

したがって変容の概念は、いくつもの側面から理解される。リンドはいみじくも、この多面的な過程を「モーセからイエスに至るジャスティスの変容」と名付けた。

契約のジャスティス

シャロームの概念からも分かるように、ジャスティスの問題は、聖書にとって周辺的なものではない。ジャスティスとは、ときには無視しても構わないといった「選択的なもの」ではない[8]。ジャスティスは、シャロームと関係があり、それゆえ、神とはいかなる存在で、何者であり、さらに私たちはどうあるべきかということに欠かせない問題である。事実、ジャスティスは、シャロームのために価値判断をする尺度として役立っているのだ。

したがって、ジャスティスの話題が聖書の中で何度も繰り返し出てきたとしても意外ではないし、また、イスラエル人が神の道をはずれたことを預言者が非難したときに、不正義（injustice）は、礼拝を怠るのと同様に問題であると明らかにしたとしても驚くことではない。

ヘブライ語で、英語の「ジャスティス（justice）」に直訳される単語はひとつではなく、しばしば「ツェダカー（sedaqah）」[*4]と「ミシュパート（mishpat）」の二つの単語がこのように訳されている[9]。どちらも「ジャスティス」とまったく同じ意味は持っていないが、事態を完全にする（making things right）ということを示す、正しさ（righteousness）や「秩序を健全にすること（right-ordering）」と関連している。ジャスティスを実現することは、事態を完全にすることであり、そして神とイスラエル人との契約関係の歴史が、モデルであり、約束であり、神の呼びかけなのである。したがってジャスティスの規範は、ヤハウェとイスラエル人との関係から生まれる。聖書のジャスティスはシャロームの考え方に根ざし、神と神の民との契約関係における、明確なる神の救済行為をモデルにしている。悪行に対する神の対処法が、神のジャスティスへの重要な糸口になっている。

では、神のジャスティスの特質とはどのようなものか。

ギリシャやローマの手がかりに従って、私たちはジャスティスを、「配分的正義」とも呼ばれる「社会正義」、および「刑事司法」あるいは「応報的司法」の領域に分ける傾向がある。富や権力の分配に関わる悪事について論ずる場合は、社会正義の問題とみなし、法的に犯罪と定義づけられる悪事について論ずる場合は、応報的司法の領域として分類する。

配分的正義のめざす目標への道のりは遠く、手に入れにくいものと理解されている。だが一方では、応報的司法を積極的に追い求めている。すなわち、ジャスティスの領域を分割し、違った方法で対処できると考えている。

聖書のジャスティスは、分割的ではなく、より全体的にとらえている。二つの領域は全体の一部とみなされる。いかなる領域のいかなる類いの不正義（injustice）も、シャロームとは相いれない。抑圧者の行為は、暴行や略奪を行う者の行為と同じくらい重大である。双方ともシャロームに反しているので、ジャスティスは、分割することができないのである。

応報的司法と配分的正義の領域は、別々の運用規則で管理されているが、双方とも、ジャスティスが賞罰の公平な分配に関わるべきであり、また、人々は相応なものを受けるという考え方に関わっている。このように、応報的司法および配分的正義は、公正な応報という相互主義に基づいている。これはつまり、不均衡は是正されるべきだとする一種の抽象的、道義的秩序を示すものである。またジャスティスは、相応であるべきであり、あるいは受けるべきものであるといわれる。たとえば、配分的正義では、人々はあるレベルで当然得られるものを受け取らなければならないと想定される。同様に、応報的司法の中心的な関心事は、人々が相応な刑罰を受けることを確実にすることである。

聖書はこうした「しっぺ返し的な」ジャスティスの余地をいくらか認めているが、その重点は別のところにある。しっぺ返し的ジャスティスは、シャロームのジャスティスによって抑制されなければならず、また、シャロームのジャスティスは、神の救済のように、功徳ではなくニーズと関係があるのである。

律法主義的でしっぺ返し的なジャスティスを最終的に排除しようとする場面は、聖書の中では至る所で出てくる。その多くは、法で命令され認められた結論が実行されない場面である。カインは殺人を犯したことで死刑が相当だったかもしれないが、神は死刑を拒んだ。ホセアの妻が重大な罪を犯したときに、彼女は見逃された。姦通を犯した女性は、当時の基準からすると死に相当するのに、イエスはその罰を拒絶した。このように公正な応報[*5]を拒絶したことは、ブドウ園の労働者にまつわるキリストの話でも示されている。正午にようやく仕事を始めた労働者が、朝から仕事をしている労働者と同じだけの報酬が支払われるというのは、しっぺ返し的ジャスティスの予想と相反することになる。

とりわけ、この公正なる応報は、神自らの御業、つまりシャロームのジャスティスを手本にした御業によって、示されている。度重なる悪行に直面しながらも、神はイスラエル人を見限らなかったのである。

愛と慈悲はジャスティスとは別のもの、あるいは背中合わせのものと想定しがちである。ある裁判官は判決を言い渡すとき、慈悲の行為として刑を減刑するかもしれない。だが、聖書のジャスティスは愛から生まれる。事実、そのようなジャスティスは、事態を健全化しようとする愛の行為にほかならないのだ。愛とジャスティスは、正反対のものでも対立するものでもない。それどころか愛は、まず修復をめざそうとするジャスティスの基礎を与えるのである。

ここで注目すべきなのは、愛を西洋風にロマンチックで感情的なものと考えることが、愛を行為の原因として理解しにくくさせているということである。聖書の愛の概念は、私たちのどのような感情も排除しない。たしかに、憎しみの感情はそうした行動と同じくゆゆしきことだと、キリストははっきり言っている。けれども愛は、感傷とは定義されていない。むしろ愛とは、他者の善なるものに奉仕する意識的行為なのである。聖書が愛について語るとき、その言葉には、感情以上に行動や意志が内に秘められている。

聖書のジャスティスは事態の健全化をめざし、そして解放に重点を置く。神は、物質的、社会的、および感情的に抑圧された民を解放することによって健全化しようとする。ジャスティスは解放するという行為であり、この解放は、功徳としてではなく、ニーズがあるから行われるのである。

私たちの抱くジャスティス像は、ローマ人から知恵を借り、フランス革命によって法形式にされたものであり、いわば、目隠しをした女性が天秤を中立に保っているイメージである。ジャスティスとは、人々をえこひいきせず平等に扱うことである。しかし、現に格差が生じている人々を同等に扱うことが真に公平なのだろうか。ひょっとして、これは格差を永久的に固定化しないだろうか。聖書のジャスティスは、事態の健全化を追求し、またしばしば格差のある人々を解放することを意味している。このように、聖書のジャスティスは、抑圧され貧しい人々へのえこひいきをはっきりと示している。貧者の味方に立って、彼らの窮乏や不利な立場を認めているのは明らかだ。聖書のジャスティスは目を見開いて、困窮する者に両手を差し伸べているのである。

聖書のジャスティスは、事態の改善をめざすものである以上、当然、現状の維持を考えるようなジャスティスではない。実際その趣旨は、現状を組み直し、改善し、シャロームに近づけることである。シャロームへの移行は、必ずしも万人にとって良い知らせとは限らない。実際のところ、抑圧者には紛れもなく悪い知らせなのだ。これはまた、たとえ不公正でも、現状、つまり（「秩序」を維持する作用によって）現在の秩序を事実上維持しようとするジャスティスとは対照的である。

聖書におけるジャスティスの評価は、正当な規則が正当に適用されているのかを見るのではない。ジャスティスは結果によって検証される。木はその果実によって判断されるものである。[10]ジャスティスであるかを決めるのは実体であって、手順ではない。では、どうすれば実体を明らかにできるのか。それは、貧困者と抑圧者がどのように影響を受けているかをみれば、一目瞭然である。

聖書時代におけるジャスティスの実際の運営は、必ずしもこの理想を十分反映させてはいないが、それでも、契約のジャスティスの前提をしばしば具体化させた。[11]悪事が行われると、一般市民は都市の門に赴き、市民の参加する「裁判集会（legal assembly）」でジャスティスを要求した。ときには「和解組織（organization of reconciliation）」とも呼ばれるこの法廷が重視したのは、抽象的なジャスティス概念を満たすことではなく、問題解決を見いだすことであった。この場合の審判の言葉は、「紛争解決」と訳される。回復と補償が一般的な結論である。本章の冒頭部分で引用したレビ記六章の一節のように、損失の回復に加え、賠償の上乗せを求めるという点が特徴だった。出エジプト記一八章で、モーセは審判の制度を確立し、彼の意図するところは、勝者と敗者を確認することではなく、「この民も皆、安心して」（すなわち、シャロームの状態で）「自分の所へ帰る（ことができよう）」（二三節）状況を確実にすることだった。

この点を強調するならば、shillum（paying back, restitution）や shillem（recompense）という言葉が、シャロームと同起源を持つといっても不思議ではなかろう。回復（restitution）は、事態を健全化しようとするひとつの方法であった。報い（recompense）は、「応報（retribution）」と訳されるときもあるが、復讐というよりも満足を求める意味を含んでおり、自らの正しさを証明することだった。二つとも、シャロームの回復に関係することだったのである。[12]

加害行為は、人々とシャロームに対する悪事であると理解され、ジャスティスの手続は紛争解決の過程と絡んでいる。これは、ミカ書六章にあるモデルである。イスラエルの民は神の意志を冒瀆し、契約を侵害した。神の不満は、当時のおそらく特徴的な告発の形で述べられる。預言者ミカによれば、神の不満（そして、そのような悪事の結果）は鮮烈に表明され、そして最後の結末が訪れる。それでも、神は諦めることなく、ミカ書七章一八節は、神のジャスティスを示している。「あなたのような神がほかにあろうか、咎を除き、罪を赦される神が。……神はいつまでも怒りを保たれることはない、神は慈しみを喜ばれるゆえに」。

この例が示唆するように、応報は旧約聖書におけるひとつのテーマである。だが、通常、神による罰は、シャロームとの関係で生まれた。罰は（現在の私たちにとっては当たり前である）ジャスティスの目的ではなかった。修復、あるいは抑圧者の権力を打ち破ること（つまり被抑圧者を「確証する」こと）を目的とする場合が多かった。つまりこうしたシャロームとの関係は、応報の可能性を制限することに役立っていたのである。

同様に、愛とコミュニティと結びついて罰が下されると理解されていた。すなわち罰に伴って、契約はふたたび蘇生することになる。このことは、罰が公平で相応なものだと考えられることを意味した。また、それは永久的な疎外ではなく、最後まで和解や修復の可能性を残し、したがって、破壊的というよりは修復的だったといえる。罰することが目的なのではない。このようにシャロームの概念により、応報的司法の実施が抑制されたのである。

聖書のジャスティスは、悪行の罪を立証し、相応である刑罰を決定する法廷討論的な審理ではないことははっきりしている。いやむしろ、悪事を正し安寧をもたらす解決法を見いだそうとする試みだったのである。

契約の法

聖書のジャスティスは、法の形式よりもその中身にかなりの重点を置いた。悪行は、主に規則や法との不一致と位置付けられたわけではない。ジャスティスは、規則の正しい適用ということではなかったのである。

このことは、私たちにいくらかの疑問を抱かせるようだ。私たちは、法を用いてジャスティスも秩序もともに維持すべきだと考えがちである。そのため、加害行為は法を犯すものとみなし、ジャスティスは法を適用するものと考える。だが聖書は、そのようには見ていないのだ。

十戒は、聖書の法の中で(必ずしも最も特徴的とはいえないが)とりわけ有名なもので、法の本質や機能を知る手掛かりとなる。だが、現代の私たちはその法を現代流の法の観点から解釈しやすいため、たとえば「あなたは、これをしなければならない、さもないと……」という具合に、主として命令や禁止と受けとめてしまう。しかし、一連のこの法は未来の指示として読み取るべきであり、聖書の法の多くがそうであるように、十戒も勧めとか約束事の類いなのだ。たとえば「あなたがあるべき姿のようにまっとうに生きていれば、このような人生になるだろう。あなたは人を殺さず、盗みもしないはずである……」といったように。十戒(そしてまさに、律法全体)は、契約とシャロームの中で生きていくための手本を意図しているのである(13)。

このように、律法は、古い契約のもとでのシャロームの中で生きていく手本といえる。それを一連の命令あるいは規則として、破ってはいけないものと考えてしまうと、誤解を生むことになる。あくまでも約束であり、勧めであり、そのように生きるべしという一例なのである。

律法が、古い契約のもとのコミュニティで生きていく手本を示すものならば、山上の垂訓は、新しい契約のもとで生きていく手本を与える。もしこの一連の教訓を命令や禁止といった規則とみるならば、またしても読み違うことになる。旧約聖書のように、それは勧めであり、シャロームのための手本なのである。双方とも規則ではなく、シャロームの中に生き、まっとうに生きたなら、どのような人生になるかが垣間見えることなのである。

このように聖書の法は、方向を与えようとしている。「これこそが、あなたが進むべき方向である」。"Torah"(律法)は"teaching"(教え)と訳され、物語と方向づけ、あるいは"halaka"(生活法規、歩むべき道)との二つが含まれるようである。法は厳格に適用すべきもので、最後の拠り所であるというように考えている私たちからすると、そうした法に対するイスラエル人の疑問の持ち方や議論の仕方には、しばしば驚かされる。法は、道徳的原理を教えるのに使われることとなった。さらに法を語ろうと思う人々にとっては、討議の出発点となった。マルティン・ブーバー(Martin Buber)は、自ら翻訳したドイツ語版聖書の中で、聖書の法を「賢明なる指示(wise indication)」と呼んだが、法の精神を申し分なくとらえている言葉だろう。つまり方向を設定して、それによって原理原則を確立していくことになるが、そのためには当然に討議が必要となる。

聖書の法は手段として考えられ、それ自体が目的ではなかった。最善の法は不文法であり、文言ではなく精神だった。これは、旧約聖書が当初重きを置いたところだったが、次第に厳格さを増していった。それが律法主義や厳格主義となり、キリストはそのことに大いに異議を唱えた。またこの当初の視点に立てば、旧約聖書で実現されるものは、法の精神であり、文言ではないという理由が分かってくるはずである。キリストが安息日についての意見で指摘したように、法は人のために作られており、法のために人が作られたわけではない。そのめざすところは、「賢明なる指示」を自己のものとし、法の趣旨に従うことであった。

聖書は、多種多様な問題についての細かな法の言明を多く含んでいる。私たちは、これらの法を現行法の視点から理解しがちであり、そのため、それらを法典として解釈してしまう。しかし実際には、その多くは過去の裁判の判断を表し、他の状況にもあてはまる原則を見いだす指針として示された。またもや、それは行為のための規則ではなく、賢明なる指示なのである。罪を立証し、刑罰を行う基礎ではなく、争いの解決に資する原則をもたらすものであった。

法は手段であり、目的ではなかった。シャロームを構築し、健全な関係を築くための道具だった。その特徴的な目的は、罰することではなく、修復すること、すなわち事態を健全にすることであった。

古代イスラエル人の法典は、コミュニティ法と国家法の要素をあわせもっていたが[14]、結局のところ、ハンムラビ法典のようなこれらの法典も、今日の法典のように非個人的であり、国家の強制的な権力に依拠していた。しかし、聖書における契約の根本は、政府の強制に服従するのではなく、神による解放の行為に応えることだった。さらに、法も政治的権威もともに神に服従し、どちらも独立した地位は持たなかったのである。法は自律したものではなく、法の定式化も運用も、国家中心には行われていなかった。イスラエル人は王政を採用したが、王を中心とする新たな法に改められなかったので、法の運用は相変わらず、主に地域の裁判機関や一族が関わっていた。

聖書の法形態は、契約を土台として、救い出し（redemption）に重点が置かれている。聖書の法は通常、まず神の行った行為の言明から始まり、次に適切なる応答の要求へ移る。つまり法の言明は、「動機づけの句（motive clause）」として知られるものから始まる。神は解放としての救済行為を成し遂げた。「それゆえ（therefore）」が、適切な応答を要求するのである。たとえば、奴隷に関する申命記の法は、次のような動機づけの句と結びつけられている。

あなたはエジプトの地で奴隷であったが、そこからあなたを導き出されたことを覚えなければならない。

それゆえ、あなたの神、主は安息日を守ることを命じられるのである。

同様に、十戒は、神による解放行為の回想の後に書かれている（申命記五章一五節）。こうした動機づけの句は、特に旧約聖書の法では特徴的であるが[15]、「それゆえ」という同じ形式は、新約聖書の中のパウロによっても用いられている。

「それゆえ」の形式の動機づけの句は、契約の概念に直接根ざしており、この形式をとれば、法そのものが契約を言い換えたものになる。法は、神による救いとなる解放行為に基づいており、そうした神の行為は、神の愛によって成し遂げられるものであって、私たちがそれを受けるに値するからではない。私たちのために神はこうした行為を行うのだから、ここに私たちが応えるべき方法がある。それから、形式は法に従った恩寵となる。法は形式的に、私たちの責任を述べているだけでなく、その責任を課す理由も述べている。それもまた神の救い出しの行為なのである。

旧約聖書から新約聖書に至る物語の真の姿は、神は諦めないということである。差別なき愛、無償の愛、赦しや慈悲などについて、まさしく神を手本として、「完全」をめざさなければならないのである。

「目には目を」という句は、聖書の法の本質が応報的な「しっぺ返し」であることを端的に述べたものだと一般に受け取られている。しかし、それが旧約聖書に登場するのは三回のみで、新約聖書になると、キリストはそれを明確に拒否している。「あなたがたも聞いているとおり、『目には目を』と命じられている」、そして彼は言う、「しかし、わたしは言っておく。あなたがたを傷つける者に慈悲を与えよ」。キリストは本当に、旧約聖書の法を正面から否定したのだろうか。

「目には目を」は、復讐を促すのではなく、その制限を意図した均衡の法である。破壊的復讐に歯止めをかけ、実際には、この法原理は悪事に応じた均衡の原理を与え、回復の基礎を築いたのである。

要するに「目には目を」の主眼は報復ではなく、制限および均衡にある。だが、それだけではない。解放に主眼を置く契約とその状況からみて、万人の知るこの原理は、公平さをも打ち立てたのである。

レビ記二四章は、登場する三箇所のうちのひとつで、「目には目を」の原理は、異なった形で詩的に述べられている。その直後に出てくるのは、現地の民も異国の民も、あらゆる民にとって基準はひとつであらねばならないという戒めである。異国の民は、たびたび財産を奪われ、抑圧された者だった。神は、イスラエルの民もかつては異国人であり、神自身の救済行為によって救われたことを彼らに始終思い起こさせた。その結果、彼らは周りの異国の民を配慮するようになる。したがって、「目には目を」という指針によって、すべての者が等しく扱われるべきであるという思想が確立された。

復讐を求める動機が実際にあり、旧約聖書もそのことを認めはするものの、聖書の法は早くから、その制限を確立するよう求めていた。その制限のひとつは、「タリオの法（同害報復）」という均衡の指針である。[16] もうひとつは、避難所となる都市である。申命記一九章は、感情が鎮まり交渉が実施されるまでの期間、故意でなく殺人を犯した者が逃れて安全でいられる聖域を設けることを命じている。

聖書のパラダイム

こうしたすべてが示唆するのは、旧約聖書を含め、聖書のジャスティスのパラダイムは、報復の中に求めるべきではないということである。その重要な鍵は「目には目を」ではなく、動機づけの句の中にある。悪事に対する神自身の反応は、典型的である。

悪事に直面したとき、神は、人間の言葉でいえば怒りを感じ、激怒で満たされると描かれている。「激怒

(wrath)」や「怒り(anger)」と訳される言葉の起源である"aph","anaph","naqam"は、灼熱した息、荒い鼻息、大きな吐息といった写実的な意味も含んでいる。神といえども怒りを覚え、ときには罰することもある。[17] だがここでもまた、解釈に注意する必要がある。ヘブライ文化の研究者たちの報告では、報復や処罰と訳される語源のいくつかは、抑制すること、悟らせること、修復することを意味するという。処罰の概念はあるだろうが、現在の英語の意味とは違った暗示的意味があることも多い。[18] さらにローマの信徒への手紙一二章一九節の中で聖パウロは、聖書を引用し、そのような罰は神の御業であり、私たちの所業ではないことを気づかせるのである。

このような暗示的意味からすれば、罰する者としての神の姿と、怒りを抑え慈悲に溢れる神の姿とは矛盾がありそうに思われることも理解しやすい(たとえば、出エジプト記三四章六節、民数記一四章一八節)。神は罰するけれども、また信義にも厚い。イスラエル人が繰り返し悪事を行うと、神は怒るけれども、決して愛することを諦めはしない。言い換えれば、神は怒りから修復へ移っていく。応報はシャロームに従属するという考え方が、応報的ジャスティスを加減し制限する。[19]

こうした神のジャスティスの特徴は、レビ記二六章や申命記四章の節で、劇的に説明されている。イスラエルの民は、悪行の恐るべき結末が生々しく描写される場面と出合う。恐るべきことはきっと起こるであろう。だが、神は諦めないという約束をして、その一節が締めくくられる。神はいやしくも彼らを破滅させはしない。神は信義に厚く慈悲深いからである。

新約聖書では、悪事への修復的対応によりいっそうはっきりとした重点が置かれる。このことは、旧約聖書の教えをまったく破棄し、古き契約の趣旨をすべて拒絶しようというわけではない。というより、理解を広げ、ジャスティスの形を絶えず変容させ続けていることなのである。

表1　聖書および近代のジャスティス概念

現代のジャスティス	聖書のジャスティス
①ジャスティスは、領域ごとに分かれ、それぞれ異なる規則をもつ。	①ジャスティスは、全体的に統合されたものとみなされる。
②ジャスティスは、有罪へ向けて審理を行う。	②ジャスティスは、紛争解決を探求する。
③ジャスティスは、規則と手続によって評価される。	③ジャスティスは、結果と実質によって評価される。
④ジャスティスは、苦痛の賦課に中心を置く。	④ジャスティスは、修復に中心を置く。
⑤罰は、目的である。	⑤罰は、贖罪とシャロームを背景とする。
⑥ジャスティスは、公正なる応報と「課するに値するもの」を実現する。	⑥ジャスティスは、ニーズに基づくべきもので、犯罪に値する刑罰を科すものではない。
⑦ジャスティスは、慈悲と対立する。	⑦ジャスティスは、慈悲と愛に基づく。
⑧ジャスティスは、中立であり、すべての人を平等に扱うことを要求する。	⑧ジャスティスは、公平かつ個別具体的である。
⑨ジャスティスは、現状を維持する。	⑨ジャスティスは、積極的、前進的で、現状を変容させようとする。
⑩ジャスティスは、罪責と抽象的原理に中心を置く。	⑩ジャスティスは、なされた害悪に中心を置く。
⑪悪は、規則の違反としてとらえられる。	⑪悪は、人々、関係、シャロームの侵害としてとらえられる。
⑫罪責は、赦されないものととらえられる。	⑫罪責は、赦されうるが、義務は残る。
⑬「加害者」とその他の人々とは区別される。	⑬私たちはみな自分が加害者であるとの認識に立つ。
⑭個人にのみ責任があり、社会的、政治的背景は重要ではない。	⑭個人に責任があるが、それは全体的な状況の中でとらえられなければならない。

⑮行為は自由な選択としてとらえられる。	⑮行為は選択としてとらえられるが、背後に邪悪な力があることを認める。
⑯法は禁止としてとらえられる。	⑯法は「賢明なる指示」、教師、討議の論点としてとらえられる。
⑰ジャスティスは法の文言に中心を置く。	⑰ジャスティスは法の精神に中心を置く。
⑱国家が被害者としてとらえられる。	⑱人々とシャロームが被害者としてとらえられる。
⑲ジャスティスは排除、分断に貢献する。	⑲ジャスティスは連帯、統合をめざす。

聖書は、殺人の話から始まっている。限りない報復は普通の人間の反応であることを、ここで聖書は認めている。創世記四章では、「レメクの掟（law of Lamech）」は、ほぼ無制限の、七の七〇倍の報復であると書いている[20]。

だがすぐさま、復讐は制限されることになる。最初の殺人の物語であるカインの弟殺しの事件では、死に対する「正常な〈無制限の〉」対応はなされていない。そしてレビ記でも、「目には目を」は、〈実行原理ではなく〉制限ないし比例の原則となっているのである。

他にもまだ、復讐に制限がつけられている。隣人を愛しなさい、ということだ。兄弟や姉妹には仕返しをしてはならない。ヴァーン・レデコップ（Vern Redekop）によるレビ記一九章一七～一八節の翻訳はとても有益なものである。

あなたは自分の兄弟や姉妹に対する憎悪の念で心を満たしてはならない。仲間に向かいあって、公明正大に論陣を張りなさい。宗教上間違ったやり方で、自らの生命を絶ってはならない。同じコミュニティの人間に対して、仕返しをしてはならず、怒りの感情を持ち続けてはならない。自分自身と同じように隣人を愛しなさい。私はあなたたちの主である。(21)

悪事がなされても、互いの幸福を気づかう場合に限って、シャロームは可能となる。キリストはこのテーマを継続しつつ、適用範囲を深めそして広げていった。善良なサマリア人の物語では、隣人は単に同族の者ではないと指摘している。私たちは隣人に対しては同族の人々以上の責任を負う。たとえ害を与える者であっても、善を施すべきである。レメクの掟のような限りなき報復ではないし、タリオの法のような制限つきの報復でもない。それは、限りなき愛である。七の七〇倍というおよそ想像を絶した数まで広げたのは、偶然ではなかろう。限りなき報復から限りなき愛へ一巡したことになる。

無償で抑圧から私たちを解放する救いの神は、際限なく怒りはせず、無限の愛を(申命記の詩的言葉によれば、「末代まで」)与える。手本にすべきなのは、無限の愛であり、神の怒りではない。動機づけの句もまた、私たちの手本とすべき一節である。(22)

「タリオの法」でなく動機づけの句は、契約のジャスティスの真髄をとらえている。パラダイムは、報復ではなく修復なのである。

本書第2部では、司法に関する現在の「応報的」モデルが基盤にしている前提をいくらか概説したが、それらはこうした聖書の「基準」にどの程度一致しているだろうか。表1は、ジャスティスについての聖書と現在の前提とを比較したものである。

この比較からも分かるように、つまり、現行司法制度は罪責に関して決定を下す制度である。したがって、過去に焦点が合わせられる。聖書のジャスティスはまずは問題を解明し、解決法を見つけ出し、健全な状態に修復させ、将来に目を向けようとするものである。

今日の司法では、「科するに値するもの」を確実に施そうと、それぞれに公正なる応報を実施しようと努める。聖書のジャスティスは、ニーズに基礎をおいて問題に対応し、悪に対して善で報いることもしばしば見られる。聖書のジャスティスが対応するのは、ジャスティスが「科するに値する」からではなく、シャロームが欠けているからなのである。

罪責が立証されてから最初にとる（多くは、唯一の）対応は、刑罰として苦痛を科すことである。苦痛が科されると、司法過程は終了する。しかし契約のジャスティスで刑罰が実行される場合、それは通常、目的ではなく、最終的な修復に向けての手段である。さらにいえば、刑罰は本来、神の御業である。聖書のジャスティスにおける中心は、ニーズが満たされていない者を助けることによって、事態を健全化しシャロームを築くことなのである。

今日、ジャスティスは、適正な手続に従って行われたかどうかによってしばしば評価される。聖書あるいは「ツェダカー（sedaqah）」では、ジャスティスは、中身、結論、その成果を手がかりに判断される。その結論は事態を健全化することができるだろうか。貧困者やとりわけ無力な者など、いわば最も「刑罰が問題解決に値し」ない者のために、事態は健全化されているのだろうか。聖書のジャスティスが重視するのは、正しい規則ではなく、健全な人間関係なのだ。

現代の私たちの法制度では、犯罪は、規則や法の侵害と定義づけられ、つまり、国家が被害者となる。しかし聖書のことばでは、悪事は規則の違反ではなく、健全なる関係の侵害である。被害者は、規則や政府、あるいは道義的秩序でもなくて、人間や関係なのである。

このように聖書のジャスティスにおける前提は、現代の私たちのものとはまったく異なっている。だが聖書の観点から見た近代司法に関する批判は、本書第2部で概説した前提を越えて厳しいものである。聖書のジャスティスは、「犯罪」問題と、貧困や権力の問題を切り離してはいない。ジャスティスは全体的なものである。ジャスティスは、断片化することはできないのである。詐欺をしたり、環境破壊によって人々に害を与えたりする企業は、殺人を犯した個人と同じく、その行為に責任を負うべきである。さらに、犯罪の社会的背景も考慮されなければならない。犯罪行為や犯罪者と、背後にある社会状況とは切り離せない関係があり、いかなる種類であれ不公正な法には異議を唱えるべきである。

現代の司法は、中立性と公平性を追い求める。人々を平等に扱おうとする。秩序の維持を主眼としている。そのために、そして社会正義と刑事司法の問題が別々であるために、司法が維持しようとするのは、現在の秩序、すなわち現状である。したがって、残念ながら、近代法は保守的な力となるのがしばしばである。他方、聖書のジャスティスは、現在の秩序をより公正なものへと変容させようとする積極的、前進的な力といえる。そのようにして、聖書のジャスティスは、貧者と弱者に対してとりわけ配慮するのである。

現代の司法では、法の拠り所、保護者、そして執行者として、国家やその強制力を中心に据える。聖書のジャスティスは、法も政府も神の下に位置付け、人間や関係を中心に据えているのである。

したがって聖書のジャスティスは、現在の国家中心的な応報的アプローチに決定的に挑む代替のパラダイムをもたらしてくれるだろう。

歴史のつぎはぎ

要するに聖書のジャスティスは、一般に考えられているのとは異なり、応報的というより一義的には修復的だといえる。これが本当であれば、どうしてそのような誤った概念が作られたのか。どのようにして、修復論は、応報論に圧倒されることになったのか。

ある主張によれば、その誤った概念が生まれたのは、聖書の思想がギリシャ・ローマの思想と混ざりあったことから起きた「歴史のつぎはぎ」の結果であるという。[23] 契約とシャロームに関連して特有の意味を持つタリオの法の概念は、それらとの関連を断たれ、より懲罰的で抽象的なギリシャ・ローマ哲学とつぎ合わされた。応報と罰の思想は、シャロームの基盤を失い、修復的な状況や目的から離れ、それ自身が目的と化したのである。ギリシャやローマの人々は抽象的な原理や理念への関心が高かったので、聖書の法の精神とは逆の、ジャスティスや公正なる応報という概念の抽象化をもたらした。このように、旧来の形式が保持されながらも、当初の主眼は失われ、ねじ曲げられ、その結果、新たに生まれた混成的な観点は、聖書にルーツがあるように見られたのである。

その結果、人々はこのようなレンズによって聖書を振り返り、その観点から物語を解釈し翻訳するようになった。厳格な法、罪、罰、そして非難を強調する応報的な考え方から出発したので、そうしたテーマを聖書の中に見つけることは簡単だった。そのため、もっと広範で重要な修復の物語を見落としがちにもなった。

聖書の中心的な出来事である贖罪に関する私たちの理解は、まさに適例かもしれない。ペリー・ヨーダーの説明では、聖書自体は（たとえば、キリストの死による）贖罪という踏み込んだ理論を教えていない。[24] むしろ、神学者たちがいろいろな説明を行うのに用いていた一連のイメージや隠喩や洞察を述べている。

多くの人々が抱く一番の疑問は、キリストの死の理由と、そして一人の死がなぜ他の人々の罪を「贖う」ことができるのか、ということである。この疑問に答えるべく発達した理論をみると、ジャスティスに関するローマ思想の観点から聖書をくまなく解釈している傾向がみられる。

たとえば、ある種の贖罪理論では、神はなだめる必要のある怒れる審判者としてみなされる。人々は罪人であり、神を怒らせた。罰は標準的であり、また損害を回復させる方法がないために、彼らは罰を受けるに値する。

神はそう簡単に赦すわけにはいかない。もしそうすれば、応報的司法の失敗を意味するからである。罪を負わされ、イエスは代償として自らを差し出したのである。したがって、このアプローチの持つ背景は、シャロームのジャスティスではなく、明らかに応報的司法といえるだろう。

ローマの信徒への手紙五章一〜一一節の通常の翻訳と扱いには、この観点がよく表れている。冒頭の言葉は、平和とジャスティスについてであるが、この側面は聖職者の訓練や聖句の解釈によって曖昧になってしまっている。[25]「このように、わたしたちは、信仰によって義とされたのだから、神との平和を得ている」（RSV＝米国の学者による改訂標準訳）と、たいていは翻訳される。ほとんどのプロテスタントは、「義とされること（justification）」に重点を置き、それは、私たちが実は潔白でなくとも潔白であると神が宣言する行為として解釈した。法のフィクションである裁判手続は、贖罪の中心に置かれ、私たちではなく神の御業を必要とした。ロイス・バレット（Lois Barrett）によれば、この節のより忠実な翻訳は、「このように、信仰（あるいは、信仰心に厚いこと）によって私たちは健全な関係になるのだから、……」となるだろうと述べている。聖パウロが語った旧約聖書の背景は、契約のジャスティスの背景である。贖罪は、その見地から新たな側面を持つことになる。

このように、シャロームに基礎をおくことで、贖罪についての考え方は変わり、その考え方が、キリストの生と死と、より視野の広い聖書の歴史とをうまく調和させることになる。キリストの生涯は、人類をシャロームへ、神の王国へと導こうとする試みである。そのためにキリストは既存の権威と衝突し、その結果、死に至った。しかし、キリストは再び現れた。復活は、苦しみの愛が悪にさえ勝利するというしるし、善が最後には勝利を収めるというしるしなのだ。キリストの生涯は、シャロームのモデルに生気を与える。その死と復活は、未来の解放を表す前触れであり、シャロームが可能だというしるしなのである。

古き契約の犠牲的象徴主義をもとに、新たな契約が生まれる。契約のジャスティスの特質として、神は赦しを与える。それは、勝ち取ったり、受けるに値するからではなく、神が私たちを愛するがゆえのことである。実際、過去は克服することも可能である。

　聖書の真意が応報にあるか、それとも修復にあるかは、些細なことではない。その問題の核心は、神の本質と、歴史における神のなせる御業の本質について私たちがどう理解するかにかかっている。それは、キリスト教徒にとって避け難い問題である。

〔原註〕

（1）聖書の解釈の研究法に関する議論については、Willard M. Swartley, *Slavery, Sabbath, War, and Women: Case Issues in Biblical Interpretation* (Scottdale, Pennsylvania: Herald Press, 1983), Chapter 5 および Perry Yoder, *Toward Understanding the Bible* (Newton, Kansas: Faith and Life Press, 1978) を参照。

（2）旧約聖書の法を理解するよき助けとなる入門書として、Hans Jochen Boecker, *Law and the Administration of Justice in the Old Testament and Ancient East* (Mineapolis: Augsburg Publishing House, 1980)〔本書の原書は、Recht und Gesetz im Alten Testament und im Alten Orient (Neukirchen-Vluyn: Neukirchener Verlag, 1976; 2. Aufl., 1984) である。なお、同書第二版の邦訳として、H・J・ベッカー著（鈴木佳秀訳）『古代オリエントの法と社会』（ヨルダン社、一九八九年）がある〕、Dale Patrick, *Old Testament Law* (Atlanta: John Knox Press, 1985) および、ミラード・リンドの後掲文献がある。

（3）Perry B. Yoder, *Shalom: The Bible's Word for Salvation, Justice, and Peace* (Newton, Kansas: Faith and Life Press, 1987). 本章では、シャローム、ジャスティス、法および契約について、多くはヨーダーの議論に依っている。

（4）Yoder, *Shalom*, pp. 19-21.

（5）Yoder, *Shalom*, p. 21.

（6）ヨーダーの論考（たとえば前掲書七七～八二頁）に加え、契約と法に関するミラード・リンドの議論にも大きく依っている（"Law in the Old Testament" in *The Bible and Law*, ed. Willard M. Swartley, Occasional Papers No. 3 of the Council of Mennonite Seminaries (Elkhart, Indiana: Institute of Mennonite Studies, 1983) および、*The Transformation of Justice: From Moses to Jesus*, Issue No. 5 of "New Perspectives on Crime and Justice: Occasional Papers" (Akron, Pennsylvania: Mennonite Central Committee, 1986) を参照）。

（7） Lind, *Transformation of Justice*, p. 3.

（8） 引用文献に加えて、Matthew Fox, *A Spirituality Named Compassion and the Healing of the Global Village, Humpty Dumpty and Us* (Minneapolis: Winston Press, 1979) を参照。

（9） たとえば、ミカ書六章一～八節（Lind, *Transformation*, p. 1 を参照。また、後掲註（12）も参照）。

（10） なお、Herman Bianchi, *A Biblical Vision of Justice*, Issue No. 2 of *New Perspectives on Crime and Justice: Occasional Papers* (Akron, Pennsylvania: Mennonite Central Committee, 1984), p. 7 を参照。

（11） Boecker, *Law and the Administration of Justice*, pp. 31 ff.〔邦訳、三四頁以下〕を参照。

（12） Dan W. Van Ness, *Crime and Its Victims* (Downers Grove, Illinois: InterVarsity Press, 1986), p. 120 および Van Ness, "Pursing a Restorative Vision of Justice," in *Justice: The Restorative Vision*, Issue No. 7 of *New Perspectives on Crime and Justice: Occasional Papers* (Akron, Pennsylvania: Mennonite Central Committee, 1989), p. 18 を参照。ミラード・リンドは、次のような定義を示唆している。

Shillum お返し、応報、報酬（ホセア書九章七節、ミカ書七章三節）。

Shillem 報い（申命記三二章三五節）。

Shallom 契約関係から生ずる安寧。

Mishpat 神の正しさの社会への表出。神と人間との関係から生じる行動への規範およびそれに基づく人間相互の関係。

Sedaqah Mishpat と同義の場合には、ジャスティスと訳されるかもしれない。異なるところは、Mishpat の方は実用的なジャスティスに関連しているかもしれず、他方で、Sedaqah は最高指導者たる神の品格特性であるというところである。それはしばしば「救い（salvation）」または「勝利（victory）」と訳される。人間に関して用いられる場合には、それは、道義的な振る舞い、すなわちヤハウェの行為と教訓の追憶たる人の営みに関連しているのかもしれない。

Eirene　国家と個人との調和および協調。契約関係から生じる安全や安寧（shalom を参照）。

（13）Herman Bianchi, *A Biblical Vision*, pp. 5-7. ここでは、律法および「ツェダカー」に関する彼の議論も参照。

（14）法に関するこうした議論は、主に、リンド、ヨーダー、ベッカー、およびパトリックの論考に依った。もっとも、John E. Toews, "Some Theses Toward a Theology of Law in the New Testament" in *The Bible and Law*, ed. Willard M. Swartley, pp. 43-64 も参照。

（15）特に、申命記一二～二八章、レビ記一七～二六章を参照。動機づけの句の類型に関する議論の概略については、Lind, "Law in the Old Testament," pp. 17 ff. および Yoder, *Shalom*, pp. 71 ff. を参照。

（16）Patrick, *Old Testament Law*, chapter 4; Roland de Vaux, *Ancient Israel* (New York, McGraw-Hill, 1961), p. 149 および Boecker, *Law*, 171 ff.〔邦訳、二六七頁以下〕を参照。

（17）Virginia Mackey, *Punishment in the Scripture and Tradition of Judaism, Christianity and Islam* (New York: National Interreligious Task Force on Criminal Justice, 1983) を参照。また、C.F.D. Moule, "Punishment and Retribution: An Attempt to Delimit Their Scope in New Testament Thought," *Svensk Exegetisk Arssbok*, XXX (1966), pp. 21-36; James E. Lindsey, Jr., "Vengeance," in The Interpreter's Dictionary of the Bible, supplementary volume (Abingdon: Nashville, 1976), pp. 932-933 も参照。神の怒りについては、モートン・マックカラム・パターソン（Morton MacCallum-Paterson）の記述が非常に示唆に富む。たとえば、"Blood Cries: Lament, Wrath and the Mercy of God," *Touchstone*, May 1987, 14-25 および、*Toward a Justice That Heals: The Church's Response to Crime* (Toronto: United Church Publishing House, 1988) を参照。

（18）Bianchi, *A Biblical Vision*, pp. 1-2. なお、Moule, "Punishment and Retribution" を参照。

（19）Yoder, *Shalom*, p. 36.

（20）クラレンス・ジョーダン（Clarence Jordan）は、際限なき報復から際限なき愛へのこのような変遷について、数カ所で概略を述べている。たとえば、*Sermon on the Mount* (Valley Forge, Pennsylvania: Judson Press, 1973), rev. ed., pp. 63 ff. を参照。

（21）Church Council on Justice and Corrections (Canada). "Update" (Spring 1985).

（22）Lind, *Transformation*, pp. 5 ff.

(23) たとえば、Herman Bianchi, "Justice as Sanctuary."

(24) Yoder, *Shalom*, pp. 53-70.

(25) Lois Barrett, "The Gospel of Peace," *MCC Peace Section Newsletter*, 18, No. 2 (March-April, 1988), pp. 1-8 を参照。

〔訳註〕

＊1 聖書の邦訳については、主に『聖書 新共同訳』(日本聖書教会、一九八七年)を参考にし、補充的に『聖書 口語訳』(日本聖書教会、一九五五年)を参考にした。

＊2 **タリオの法 (lex talionis)** 「目には目を」に代表されるこの法原理は、加害者は被害者に加えたのと同等の害悪を受けるにふさわしい、という古代の同害刑法、対等報復律である。通俗的には力による報復を促したり正当化したりするためにこの語句が用いられる場合が多い。しかし、本文中でも説明されているように、契約とシャロームの理念が根底にある聖書においては、加害者に与えられる罰(害悪)を被害者に加えた打撃と同等のものにし、過剰な罰を制限する比例原則、均衡原理と考えられるばかりでなく、すべての者が平等に扱われるべきであるという思想の基礎にもなっている。

＊3 この部分は『新共同訳』ではレビ記五章二三~二四章に該当する。

＊4 原文では "sedeqah" となっているが、"sedaqah" が正しい。以下同。

＊5 **公正な応報** 相応な報酬を与える場合でも、公正な応報という概念を使う。

第9章　被害者―加害者和解プログラム（VORP）――実験的構想

一九七四年五月二八日、オンタリオ州のエルマイラからやって来た少年二人が、二二件の器物損壊罪の有罪の答弁を行った。(1) 彼らの事件が、国際的規模の運動を導くことになろうなどとは誰しも想像しえなかっただろう。

その数日前、あるキリスト教徒のグループが、万引きへの対応について話しあうため集まっていた。エルマイラの事件が広く公表されていたので、論議の的となった。保護観察官のマーク・ヤンツィ（Mark Yantzi）は、この事件の判決前報告書を作成する責任者であり、その場にも出席していた。「こうした加害者たちが被害者たちに会うことがもしできるのならば、それはすばらしいことじゃないか」。不可能なこととは知りつつ、マークはそんな考えをふと漏らした。

しかし、オンタリオ州のキッチナーにあるメノナイト中央委員会（MCC）のボランティア・サービス・ワーカーの統括責任者、デイヴ・ワース（Dave Worth）はその考えを放っておくわけにはいかなかった。通常の法手続に不満を感じ、また平和の回復（peacemaking）を実践することにも関心があったので、彼はこう告げた。「絵に描いた餅みたいな考えでもやってみようじゃないか」。同じくメノー派教徒[*1]であるマークは、もともとMCCと協定を結んでいた保護観察部門に籍を置いていた。彼が受けた指示は、コミュニティを重視した代替策を検討することであった。彼はこの新しいアイデアに乗り気ではあったが、疑いも抱いていた。「法的根拠なく、被害者と加害者同士で交渉による解決を行おうなどと言い出して、人々の私への信望を失ってしまうことになるのではないだろうか」と、彼は自問したが、いちかばちかやってみる決心を固め、加害者と被害者を会わせて賠償金を支払わせるという提案を裁判官にした。

裁判官の最初の反応は、予想した通り、「そんなことは無理ですよ」という答えだった。だが、マークもデイヴも驚いたことに、量刑を言い渡す際に裁判官が命じたことは、まさしく、被害弁償を実行するため被害者と加害者を直接対面させることだったのだ。二人の少年は担当の保護観察官やボランティアのコーディネーターらに付き添われ、すでに転居した二名を除くすべての被害者の家を訪ねてまわった。被害弁償が協議され、数カ月のうちに弁償金が支払われたのだ。これをきっかけとして、被害者と加害者間の和解運動がカナダに誕生したのである。アメリカでは、一九七七年から一九七八年にかけてのインディアナ州エルクハートのプロジェクトを皮切りに、この運動が始まった。

エルマイラの事件でとられたアプローチは単純なものである。「今思えば、とても無謀な試みだった。ドアのところまで行って、彼ら（少年たち）がノックしたんですよ。私たちはノートを手にその後ろに立っていたのです」と、マークは回想している。幸いにして、被害者と加害者の和解プログラム（ＶＯＲＰ＝Victim Offender Reconciliation Program）の方法やその根底にある哲学は、このとき以来、大いに精緻なものとなってきている。

アプローチやプログラムの名称は違うにせよ、今日アメリカには百を優に超えるプログラムがあり、ＶＯＲＰの基本的要素である被害者と加害者の調停（Victim-Offender Mediation）を利用している。[2] カナダには現在、数十余りのプログラムがあるが、関連するプログラムは、イギリスはじめ、ドイツ、フランス、フィンランド、そしてオランダを含むヨーロッパ大陸の多くの国々で実施されている[3]。だが、これらのすべてがVORPにルーツをもつわけではない。たとえば、アメリカにあるプログラムの約六〇パーセントがVORPの伝統に明らかに結びついていると考えられるが、総合的に見れば、プログラムは、刑事司法の枠組みの中で和解と弁償司法の要素を結びつけるアプローチのために、経験的な土台を広く提供している。今や多種多様な紛争解決プログラムがたちあがり、刑事司法との関連がありうる案件を扱うものもあるし、あるいは実際の刑事司法の案件を扱うものもある。こうしたプログラムの経験がひとつひとつ積み上げられ、まさに経験の宝庫となっている。

VORPの概念

オンタリオ州キッチナーやインディアナ州エルクハートで起こった運動は、VORPの「古典的」方式の草分け的存在で、刑事司法制度の外にある独立した組織であるが、刑事司法制度と協力して活動を行っている[4]。そこでは、すでに刑事司法手続に入り加害者が犯行を認めているケースについて、被害者と加害者の対面が行われている。この対面では、事実、感情、合意の三つの要素が重視される。訓練を受けた調停者、適任としてはコミュニティのボランティアが、会合を準備し、進行する。

第三者である進行役（facilitator）や調停者は、この過程でひときわ重要な役割を演じるが、自分流の解釈とか解決策を押しつけないよう訓練されている。対面・対話はある程度決められた型どおりに行われ、進行役ではなく当事者たちに結論を出させるようにする。当事者たちになるべく話をさせ、互いに質問の機会を持てば、相手方から事件の様子なども聞き出すことができる。またこの経験から受けた衝撃や意味合いも語りあえる。そうすれば、今後の対応法も一緒に決められるだろう。合意に達すれば、契約書に署名する。これは金銭的な被害弁償の形をとる場合が多いが、方法はこれだけとは限らない。

被害者のために働くことに加害者が合意することもあろう。ときには、被害者は、加害者がむしろコミュニティのために働くことを求め、コミュニティ奉仕活動の同意書に署名することもある。あるいは何か特定の行動に合意するかもしれない。事件が以前からの知り合いの間で起きた場合には、今後お互いがどのように振る舞うべきかが合意書で明確にされることもあるだろう。

こうした出会いは、被害者、加害者の双方にとって重要な経験となる。被害者は、思い悩んでいた問題を聞きただし、「事実を知る」ためのまたとない機会を与えられる。また、被害者はその加害行為が自分だけでなく、加害者本人にとってもいかなる意味を持つのかを語りあうことができる。被害者は事件の当事者本人に会えるわけだから、固定観念を疑い、恐怖感は弱まることも多い。損失を返済してもらう機会が得られるばかりか、返済方法についての情報も入手できる。このようにVORPは、被害者に自信を取り戻させる一方、胸の内を表現し、情報を交換し、失ったものを回復させる機会を与えてくれるのである。

加害者は、この出会いで自らが傷つけた被害者に素顔を見せることができる。まずは自分たちの行動がもたらした結果を知る。加害者は、固定観念と合理化に直面することになる。こうした方法によって（そして事態を健全化する応答的責任を負うよう促され）、自らの行為に対して直接責任を問われることになる。事態を健全化するための行動をとり、さらに望むのであれば、後悔の念を表し、赦しを請うことで、加害行為に対して心情的に終止符を打つ機会が与えられる。加害者は傍観者ではなく実際の当事者なのだから、力づけられる経験もできるわけである。

被害者と加害者が対面し、加害行為やその解決策について話しあうことが、VORPの過程の中心となるが、対面・対話の前と後にも重要な仕事がある。まず、被害者と加害者には、それぞれ個別に接触がもたれる。このとき、双方は自分たちの感情やニーズを伝え、また参加の意思を決定する機会が与えられる。参加する選択をすれば、対面の準備が整えられる。対面後はフォロー・アップも行われる。スタッフらは合意事項を監視したり、それが達成されているかどうかを確認したりしながら、守られないようであれば調停を行う。またプログラムによっては、合意が達成されたケースを終結させるために、被害者および加害者の最後の対面を設定することもある。

例外はあるものの、ほとんどのVORPのケースは裁判所からまわされるが、警察からまわされてくるプログラムもある。被害者、あるいは加害者がはじめから接触を図る場合もある。訴追を回避するもの（ディヴァージョン）として扱われるケースもあるだろうが、アメリカの「古典的」方式では、裁判所から回付されるプログラムがほとんどで、そこでの合意が判決の全部または一部として判断されることになる。こうしたケースでは、合意契約が履行されている間、保護観察に付されている加害者も多い。

アメリカやカナダのVORPで扱うケースの大多数は、ごく一般的な犯罪である侵入盗などの財産犯である。侵入盗はVORPの手続に適したケースである。「法システム」では、侵入盗は、とかく軽微な罪として扱われるが、被害者にしてみれば、個人への暴力攻撃とよく似た体験なのだ。加害者との対面・対話が実現すれば、被害者は心の内をぶちまけ、事の真相を理解し、そしてその張本人とも会う機会を得るわけである。（なぜ私の家なのか。もし自分が家にいたならどうなったか。愛着のある品々はどうなってしまったのかなど）いろいろ語りあううちに、恐怖感は和らぎ、固定観念も多少は変わってくる場合が多い。物質的損失があるため、損害回復に関する協議が、対面・対話にとって具体的な焦点となる。

財産犯以外の犯罪もまた、次第に扱われるようになってきている。たとえば、ニューヨーク州のバタヴィアやブリティッシュ・コロンビア州のラングレーのプログラムは、とりわけ重大な暴力犯罪を扱うように作られている。こうしたケースではむろん、特別な配慮が必要となる。その中には明らかに、刑罰に代替する事件処理ではなく、参加者に対する癒しの機会を与える狙いのものもある。[5] ペンシルベニア州、グレイターフォード刑務所のプログラムでは、参加にあたって、加害者は法的手続や減刑手続には利用しないという約束をする必要がある。イギリスのプログラムに関する研究が示すとおり、その手続がうまく機能するかどうかは、事件の重大さに左右されるわけではないのである。

何がわかったか

これまでの研究結果を見ると、勇気づけられるものが大半である。回付されたケースのうち対面・対話までこぎつけるのは約半数のみであるが(そしてこの数字は一般的に調停プログラムの統計値と一致する)、そのほとんどすべてが合意に至っている。[6]

さらに、調停を受けない被害弁償契約とは違い、こうした合意のほとんどは達成され、達成率は通常八〇パーセント以上、あるいは九〇パーセントにさえ及んでいる。

アメリカ中西部におけるVORPの研究によれば、プログラムに参加した被害者のうち、何らかの不満を表した者は一一パーセントにすぎないという。九七パーセントの被害者は再び参加する意向を示し、友人にもこのプログラムを勧めたいと報告している。[7] 被害者数は少ないものの、ブリティッシュ・コロンビア州ラングレーの最近の研究でも、被害者たちは再び参加したいと述べており、[8] 被害者の満足度が大きいことは明らかである。

プログラムに参加するとき、被害者はさまざまな理由を挙げるが、いざその過程に入ってみると、被害弁償の重要性に気づくことが多い。だが、VORPを経験するうちに、彼らには別の利点が大きく見えてくる。たとえば、ミネアポリスで発生した侵入盗の研究では、加害者との対面・対話が何より重要な利点であると、被害者は報告した。ときには、対面・対話によって被害者の恐怖感は和らぎ、固定観念も少なくなり、あるいは加害者を援助する自発的な機会を被害者に与えることにもなる。しかしまた、被害者が事の一部始終を語り、相手から答えを得ることの重要性を指摘した(9)。

全体として、参加することの意義がこの研究の最大のテーマだった。ＶＯＲＰは癒しのための前提条件のいくつかを実現させているようだ。たとえば、力づけること、真実を語ること、質問に答えること、損失の回復、さらには安堵感さえも得られている。また被害者には、加害者の行動を改めさせるような「何かの手助け」ができはしないかと感じさせる機会ともなる。意外にもこのテーマは、被害者にとって重要だということが研究から明らかになっている(10)。

加害者もまた、参加することで満足感を得るのは明らかである。先に引用したアメリカ中西部の研究における加害者全員、および同じく先に引用したブリティッシュ・コロンビア州ラングレーの研究における加害者の九一パーセントは、万一、再び罪を犯すようなことがあった場合には、再度ＶＯＲＰに参加するだろうと答えた。加害者たちは、被害者も同じ人間であると気づくようになったと述べ、なかには態度がかなり変化したケースもある。それでも加害者の多くは、こうした経験を負担に思い、厳しく罰せられているように感じると語った。加害者らはたいてい、被害者との対面・対話はこの手続の最善にして最悪の場面であると位置づけているのだ。

ＶＯＲＰは、果たして加害者の行動を変えるのであろうか。最近のいくつかの研究によれば、参加した加害者のその後の再犯率が減少しているという。さらに多くの研究を要するが、損害回復の指導的専門家、バート・ギャラウェイ（Burt Galaway）はこれらの調査報告を検討し、再犯性に関しては、被害弁償およびＶＯＲＰの与える影響力は、他の制裁に比べて同じか、より大きいという結論を得た(11)。

ＶＯＲＰに携わる実務家は、ＶＯＲＰが行動の変化を促すようにとかく思いがちであるが、一方、こうした関心を中心的問題としてとらえるべきかどうかには疑いを抱いている。ＶＯＲＰが重要なのは、被害者と加害者の関係に目が向けられ、通常は満たされることのない被害者と加害者の重要なニーズを多少とも満たしてくれるからである。ＶＯＲＰでは犯罪によって生じる義務が認識され、たとえＶＯＲＰが行動に何ら影響を与えなくとも、事態の健全化こそ、まさしくなすべきことだといえるだろう。

ところで、ＶＯＲＰは司法といえるのか。先の中西部の研究で、被害者と加害者双方に、司法とは何を意味するのか、また、今までに司法を経験したと思うかどうかを尋ねたところ、ＶＯＲＰの参加者のほぼ八〇パーセントは、自分の事案で司法が行われたと考えていることが分かった。司法の定義に違いこそあれ、共通するテーマとして「事態を健全化すること」(ずばり聖書の概念である)、「加害者に責任を負わせること」、「紛争解決における公正と平等」を挙げた。実際、ブリティッシュ・コロンビア州ラングレーのプログラムに参加した加害者は、「事態の健全化」を主な参加理由として挙げている。ミネアポリスの研究では、拘禁刑のようなより伝統的な司法の概念は、被害者が示した関心事の中で最も低かった。

ミネアポリスの研究は小規模で予備的なものであるが、その結果のひとつは私たちに特に希望を抱かせるものだ。ＶＯＲＰに参加した被害者は、刑事司法手続のときと比べ、扱い方に二倍もの公平感を感じたという。なるほど、ＶＯＲＰによって人々ははっきりと正義を感じ取っているようにみえる。

一九八八年に出された論文で、バート・ギャラウェイは、一九七〇年代初頭以来、ＶＯＲＰを含む回復プログラムから学んだことを検証した。[12] 彼の結論には大いに励まされる。

過去一六年間の経験を通して、こうしたプログラムは十分期待に応えられるものだということには疑う余地がない、と彼は結論づける。損害回復の額を決めることはことさら難しいことではなく、また弁償率も高いのである。この中にはＶＯＲＰも含まれ、研究結果によると、被害者の過半数が自ら進んでプログラムに参加しようとしていた。調停は、「損害回復の額を決める有効な方法であり、被害者、加害者の双方にとって実りある経験となるだろう」。

ギャラウェイは、回復やＶＯＲＰは、現行司法制度の重要な目的と合致しうると述べている。応報的司法では、人は自分の行為に相応の罰を受けなければならないという前提に立って、加害行為と刑罰との均衡の感覚を模索するが、これについては、参加者がその結論は公平であると感じた時点でこの均衡は成立する。調査研究はまだ少ないが、損害の回復は、被害者、加害者、そして一般市民にとって公平かつ満足のいくものと考えられているようである。それゆえ、これは「公正なる応報」〔報いとしての賞と罰を公正に受けること〕とみなしてもいいはずである。

刑罰のもうひとつの目的は特別予防〔個人の再犯の防止〕にある。人は犯罪を繰り返すものなのか。ＶＯＲＰを含めて損害回復が他の制裁と同じか、それ以上に再犯率の減少に影響を与えるという証拠は、ますます増えつつある。

被害者も一般市民も、損害回復の活用を支持するようになるだろう。多様な研究が示すように、社会は回復的制裁を認め、被害者だけでなく社会もまた、損害回復を含めて非拘禁的制裁へ向かうことを支持している。さらにＶＯＲＰのようなプログラムによって、被害者は自分たちの事件の情報が得られ、そして、自らも参加しているという自覚が与えられる。調査研究によれば、これらが被害者にとって重要な関心事であることは明らかである。

こうした研究結果によれば、ＶＯＲＰのような回復プログラムが、現行司法制度の他の刑罰に取って代わってしかるべきだと、ギャラウェイは結論づけている。カナダ議会の司法委員会と法務次官はすでにこの方向に歩み出している。[13] 一九八八年八月には、『責任の賦課』と題する量刑、矯正および仮釈放に関する報告書を公表した。報告の中でＶＯＲＰとその利点について述べ、このアプローチを促進するための法改正を勧告している。次のような画期的な量刑目的が制定されるべきであると、勧告書は示唆している。

量刑の目的とは、公正な制裁を科すことにより、加害者に自らの犯罪行為に応じた責任をとらせることで、公正、平和、安全な社会の維持に寄与することである。ここでいう公正な制裁とは以下に挙げるものである。

a．加害者に対し、被害者とコミュニティに及ぼした害悪を認識させ、その行動の結果に対する責任をとることを要求すること。それが不可能であれば、そのように促すこと。

b．なされた害悪に対して被害者と（あるいは）コミュニティに償いをするために、または責任の受け入れを表すために、加害者がすでにとりつつあるか、あるいは申し出ている対応策を考慮に入れること。

c．被害者が要望し、あるいは参加を希望するVORPを促進すること。

d．必要であれば、社会における生産的で遵法的な一員として、教育や更生を進められるような機会を加害者に提供すること。

e．必要であれば、行為を弾劾し、そして（あるいは）加害者を拘禁すること。

報告書『責任の賦課』は、とりわけ被害者の関心に目を向けており、加害行為は国家に対する罪であると定義づけることが、「被害者の苦痛や不正義だと思う気持ちを考慮していない」ことを認めている。さらに、「被害者の尊厳の意識を修復させ、人生を乗り切っていくために必要な主たる五項目がある」とする。それは、情報、支援、害悪の認識、害悪の償い、効果的な保護である。

次の引用文から明らかなように、この委員会は修復的司法の概念を認めたのである。

修復的司法の概念の提唱者たちは、加害者が自らの行動の責任を受け入れ、なされた害悪を回復させるために手だてを講ずることが被害者、加害者の双方にとって（その結果として、最終的にはコミュニティにとっても）、重要なことであるとずっと以前から認めてきた。

目標が重要である

VORPのアプローチは明らかに、多くのニーズと取り組むべき可能性を秘めている。しかし運動全体として求められるのは、その価値や目標をはっきりさせることだ。第一の目標は、刑罰の代替策となることか。加害者を更生させることか。被害者を助けることか。コミュニティを参加させることか。加害者を罰することか。VORPのめざそうとする目標次第で、VORPの実際の運用法が大幅に違ってくるのである。

事実、この運動で気づくのは、VORPの目標がはっきりしなかったり、また目標が互いに矛盾しあったりするということだ。プログラムはひとつの目標を優先して選ぶことが必要であり、他の目標や運用のためにも、これを決定した意味を明らかにしなければならない。

第一の目標が加害者を更生させること、あるいは彼らの処罰を緩和させることだとすると、VORPがたとえ被害者を深く考慮すると主張しても、被害者のニーズや視点は後回しにされやすいだろう。英国のプログラムをいくつか評価してみると、こういう批判が浮上している。[14] VORPを主に刑務所の代替策として運用しようとすると、主に刑務所に収容されるような重大なケースに集中してしまい、被害者、加害者、あるいはその関係者にとっては深刻な意味をもちうる、より「軽微な」ケースが、なおざりにされる結果となる。目標をはっきりとさせ、その優先順位を決めることが重要なのである。

この問題を無視しているVORPもあれば、さまざまな方法でこれに応えようとするVORPもある。エルクハートにおけるプログラムの結論は、和解を第一目標とすることだった。これは刑事司法の世界ではあまり耳にしない目標であるし、和解の定義は難しいことも、スタッフらは認めていた。しかし和解を目標として設定することは、プログラムの過程で被害者と加害者の関係に焦点を置いていることを意味する。ひとたびそう決まれば、プログラムの運用はこの焦点を反映するものに改められなければならない。たとえば、ボランティアたちの訓練にしても、合意を確保することや、参加者の感情や態度をうまく表現させるような工夫が求められることとなる。

和解させる（あるいは少なくとも和解のための機会を与える）という決定は、他に何もメリットがないとか、あるいは追求してはいけないという意味ではないが、あくまでもそれらは二次的なものである。たとえば、VORPに携わる実務家たちは、VORPが与えた個人的な責任によって加害者の態度や行動を変えることも可能だと信じているが、これが第一の目標ではない。たとえ加害者の態度や行動が変わらなくとも、プログラムの過程自体に価値がある。加害行為はある人間を傷つけ、その人に対して負い目を生み出す。正しい対応は、事態を健全にしようとする試みであり、他の影響力とは関係なく、行わなければならない「正しい」ことなのである。

VORPが、和解のような従来なかった目標に焦点をあてると、刑事司法制度との間に緊張関係を生ずることになる。修復的な側面に重点を置いた手続と懲罰的な側面に重点を置いた手続とを、どう調和させたらいいのか。そうしたことが果たして可能なのか、あるいは最終的に、小さな制度が大規模な制度にのみ込まれてしまうのか。VORPは懲罰重視の刑事司法制度を変貌させる力となりうるのか、あるいは刑事司法制度がVORPを変貌させてしまうのか。VORPは他の多くの「代替策」と同じ道筋をたどり、コントロールと刑罰の新たな手段にさえなってしまうのだろうか。

これらはまぎれもなく問題であり、こうした分野で研究者たちは警鐘を鳴らしている。たとえば、加害者中心の刑事司法制度的な運用を反映するようになり、被害者を無視しているプログラムもある。ときには和解の目標が、責任や弁償といったより身近な目標と置き換えられることもある。和解が目標として軽視されるようになり、調停、すなわち手続の方を強調しているプログラムも多いのが現状である。

イギリスのプログラムに関する最近の研究では、新しい試みを既存の刑事司法制度につなぎ合わせる危険性を警告している。(15) この中には回復プログラムさえも（あるいは、とりわけ）含まれている。こうした現状から思うことは、少なくとも私たちはたえず先頭に立って価値ある問いかけをしなければならないということだ。それには司法の新しい解釈と言説が求められ、さらに回復パラダイムの可能性を構築して試みる研究も必要となろう。

触媒としてのＶＯＲＰ

一九七八年以来、私はＶＯＲＰ運動に参加してきた。当初は参加することに抵抗感があり、懐疑的なところもあった。それまでは刑事司法の仕事に携わってきたので、かなり批判的な考え方を抱くようにもなっていた。また、ＶＯＲＰが基本的前提に十分に挑戦することはないだろうと思っていた。しかし、ＶＯＲＰをじかに体験してみると、私の初期の「批判的」枠組みの諸要素は、まったく型にはまった考え方であることが分かるようになってきた。ＶＯＲＰこそが、司法に関する私の考え方を変容させる力を持っているものだった。

私が以前発表した刑務所収容者や被告人に関する研究では、被害者側の視点をまったく理解していなかった。じつは、理解しようという気すらなかったのだ。というのは、加害者のための「正義」を見いだす過程では、もともと被害者は邪魔な存在として扱われたからである。基本的には、司法における国家の役割に疑問を抱いてはいなかったし、また苦痛を課すことが果たして中心的なことなのかどうかを自ら問うこともなかった。しかし、加害者を選び出して処理する刑事司法のやり方には、制度上の不正義が多くまかり通っていることを十分承知していた。

ＶＯＲＰのおかげで私は犯罪被害者と出会い、彼らの話に耳を傾け、そして犯罪とはどういうものであり、なすべきことは何であるのかを考え直すようになった。二人の敵対者（被害者と加害者）が事件のいきさつについて新たな理解を得て対面・対話を終えるのを目の当たりにして、衝撃を受けざるをえなかった。互いが理解しあう場面も多くみられ、友好的とさえいえる新しい関係が生まれることもある。結局、こうしたもろもろの意味するところが私の理解を深めることになった。ＶＯＲＰは、私の抱いていた正義についての理解に変化を迫り、また正義が単なる理論ではなく、実践的なものであることを示すきっかけとなった。しかしまた、ＶＯＲＰが広く実行されていくにつれ、重要な問題が提起され、警告ののろしも上がっている。

農学者が作物に関する問題を解決する場合、新種を使って実験をすることがよくある。そのためには、実験用地にそれを植えて試してみる。そこが成功すれば、今度は他の人に試すよう説得するための例証用地となるだろう。一九七四年以来、ＶＯＲＰはまさに、実験用地と例証用地の両方の役割を果たしてきた。[16] ＶＯＲＰの例証的な役割は重要である。その役割とは、犯罪を理解し対応するには別の方法もあるということを想起させ、つまり、司法は回復させることができることを示しているのである。だが実験的役割も放棄してはならない。限界をさらに突破するために、ＶＯＲＰ自身、引き続き実験を行わなければならない。ＶＯＲＰをはるかに凌ぐ新しい実験（犯罪と司法に関する新しい解釈を生み出し、試すことに役立つような実験）が必要なのである。

そうした用地に種をまき、育てていくために、教会はきわめて重要な役割を担う。ＶＯＲＰ運動は今日、世界のあちこちでしっかり定着しているけれども、教会はその発展と普及に中枢的な役割を果たし、多くのコミュニティと今なお深く関わりを持っている。これこそ、あるべき姿である。ＶＯＲＰはそもそも聖書固有のジャスティスというあるべき姿を具体化し、したがって教会がそれを実行に移せる舞台となっているのである。

ＶＯＲＰが価値ある形として生き残ろうとすれば、ＶＯＲＰ運動にとって、教会は是が非でも必要である。あるべき姿からはずれさせるような圧力はいろいろある。あるべき姿を推し進めるのに必要な、独立した価値基盤と制度基盤を提供できる場所こそ、教会なのである。回復という聖書のジャスティスのあるべき姿に取り組む以上は、教会はおそらく、他の方法の実験と証明のために種をまき続けることができるだろう。ＶＯＲＰが変化のための触媒として生き残ろうとするためには、教会は引き続き関与していくべきである。

〔原註〕

（1）この事件については、John Bender, "Peace Section Newsletter," 16, No. 1 (January-February, 1987), pp. 1-5が詳しい。また、Dean Peachey, "The Kitchener Experiment," *Mediation and Criminal Justice: Victims, Offenders and Community*, eds. Martin Wright and Burt Galaway (London: Sage Publication Ltd., 1989), pp. 14-26でも詳しく述べられている。

（2）Mark Umbreit, "Mediation of Victim Offender Conflict," *Journal of Dispute Resolution* 1988, pp. 85-105.〔アメリカ合衆国における一九九六年現在のプログラムの数は二八九である。David Miers, *An International Review of Restorative Justice*, Crime Reduction Research Series Paper 10 (London: Home Office, 2001), 〈http://www.homeoffice.gov.uk/rds/prgpdfs/crrs10.pdf〉, p. 73を参照。〕

（3）こうした動きの大きさは、Heinz Messmer and Hans-Uwe Oto, eds., *Restorative Justice on Trial: Pitfalls and Potentials of Victim-Offender Mediation—International Reserch Perspectives* (Dordrecht: Kluwer Academic Publishers, 1992) の中の論評で示唆されている。その他の出版物については、巻末に選び出した参考文献目録を参照。近年、ニュージーランドでは家族集団カンファレンスが、また、いくつかの先住民のコミュニティでは量刑サークルが、ＶＯＲＰの新たな可能性として示唆されている（補遺4を参照）。

（4）ＶＯＲＰの一般的な概観については、参考文献目録に挙げた多くの資料に加えて、Howard Zehr, *Mediating the Victim-Offender Conflict* (Akron, Pa.: Mennonite Central Committee, 1990) が参考になるだろう。

（5） 重大な暴力犯罪における調停については、たとえば、Mark S. Umbreit, *Mediating Interpersonal Conflicts: A Pathway to Peace* (West Concord, Minn.: CPI Publishing, 1995), pp. 148 ff. を参照。

（6） ここで要約されている結果は、一九九〇年以来の研究によって確認されている（Mark S. Umbreit, *Victim Meets Offender: The Impact of Restorative Justice and Mediation* (Monsey, N.Y.: Criminal Justice Press, 1994) および "Victim and Offender Mediation: International Perspectives on Theory, Research, and Practice," Harry Mika ed., *Mediation Quarterly*, 12, No. 3 (special issue, spring 1995) を参照）。

（7） Robert B. Coates and John Gehm, *Victim Meets Offender: An Evaluation of Victim-Offender Reconciliation Program* (Michigan City, Indiana: PACT Institute of Justice, 1985).

（8） Andrew Gibson, "Victim-Offender Reconciliation Program: Research Project, Langley, B.C." (Simon Fraser University, 1986).

（9） Mark S. Umbreit and Mike Schumacher, *Victim Understanding of Fairness: Burglary Victim in Victim Offender Mediation* (Minneapolis: Minnesota Citizens Council on Crime and Justice, 1988).

（10） イングランドにおける被害者の観点については、Helen Reeves, "The Victim Support Perspective," *Mediation and Criminal Justice*, eds. Wright and Galaway, pp. 44-55（とりわけ pp. 51 ff.）を参照。

（11） Burt Galaway, "Restitution as Innovation or Unfulfilled Promise?" *Federal Probation*, XII, No. 3 (September 1988), pp. 3-14.

（12） Galaway, "Restitution as Innovation or Unfulfilled Promise?"

（13） "Taking Responsibility: Report of the Standing Committee on Justice and Solicitor General on Sentencing, Conditional Release, and Related Aspects of Corrections," David Daubney, chairman. 概要と引用は、"Justice," November 1988, a publication of the Church Council on Justice and Corrections, 507 Bank St., Ottawa, Ontario K2P 1Z5, Canada に依った。

（14） 英国の内務省はここで、VORPや「賠償」プロジェクトに対し、量的にも質的にも広範囲にわたる後援を行っている。このような結果の要旨を入手できたのは、（内務省のもとでこの研究を監督した）トニー・マーシャル（Tony Marshall）のおかげである。これについては出版も計画中である。

(15) Gwynn Davis, Jacky Boucherat, and David Watson, *A Preliminary Study of Victim Offender Mediation and Reparation Schemes in England and Wales*, Research and Planning Unit Paper 42 (London: Home Office, 1987), pp. 60-65.

(16) 「区画 (plot)」という類比語のクレジットは Clarence Jordan と John H. Yoder のものである。

〔訳註〕

＊1 **メノー派(メノナイト)** 一六世紀オランダの再洗礼派の流れを汲むプロテスタントの一派。指導者 Meno Simons にちなむ名称で、教会の自治、兵役拒否を特徴とする。アーミッシュと呼ばれる一分派は一八世紀にアメリカに移住、現在ペンシルベニアなどに居住している。きわめて質素な服装で、電気、自動車を使わないので有名。ペンシルベニアからキッチナーなどにも移住した。そのキッチナーの地で、メノー派の保護観察官の思いつきにより、北米で初めての被害者と加害者との直接対話が実験的に行われた。

第4部　新しいレンズ

PART IV

A New Lens

第10章　修復レンズ

この章の執筆について考えているとき、私は時間をさいて裁判所に出向いてみようと思った。私の家の近くに住む一八歳の少年が、判決を言い渡される予定になっていたからである。少年は、隣家の少女に性的いたずらを行ったと認める有罪の答弁をしており、彼の母親は私に救いの手を求めてきた。息子自身が被害者になりかねないような刑務所には入れたくない、けれども、そのような行為はやめさせたい、と願っていた。「自分の子どもでなかったなら、吊るし首にでも何でもしてやりますよ。でも、テッドにはとにかく助けが必要なんです」と、母親は私に語る。

テッドは以前から、私の娘も含めて子どもたちの嫌われ者だった。

「次回の期日まで、本件の量刑手続を継続することにします」裁判官は言う。「率直に言って、どうしたらいいのか分かりません。ハワード、あなただったら何かよい案があるのではないですか」。

こうした案件の場合、どこから手をつけるものなのか。私はまず伝統的な手法で問題を組み立てようとした。彼は法を破った。法は何を要求するのか。裁判所は犯罪に関して何を認めるのか。裁判所は彼をどう処置すべきなのか。すると、これまで本書で書いてきたことが思い起こされ、私の思考の枠組みは次第に変わり始めた。

枠組み、それこそが違いを生じさせる。出来事をどう解釈するのか。どのような要因が重要なのか。どういった対応が可能であり、適切であるか。ものを見るレンズによって、問題や「解決策」の組み立て方が決定されるわけだが、そのレンズこそ、本書の中心点なのである。

ところで、私は長年写真に熱中している。私が学んだ教訓のひとつは、用いるレンズによって写り方が大きく左右されるということだ。レンズの選択次第で、どういう環境で自分の作業をするか、どのようにものを見るかが決まってくる。最大口径が狭くて「感光度の低く暗い」レンズを選ぶと、映像はぼやけ、低い光度のもとでは良質の写真を撮ることは困難だろう。

レンズの焦点距離によっても違いが出る。広角レンズは、全体をひとまとめにして写す。それはフレーム内に多数の対象物を取り込むが、ゆがみを生じたりする犠牲を払う。近くの物は大きくなるが、背景の物は小さいままであり、またフレームの角にある物の形状を変え、円は楕円になる。

望遠レンズは、広角レンズより選択的である。視野の範囲は狭くなり、取り込まれる対象物は少なくなる。この場合も「ゆがみ」を生じるが、広角レンズとは別な形のゆがみである。望遠レンズの場合、対象物はより大きくなるが、距離は縮まる。裸眼で見るよりも、カメラに近づき、物同士の距離もより狭まって見える。

そういったわけで、レンズの選び方が、写真に収まる中身に影響を与え、また被写体同士の位置関係やバランスも決める。同様に、犯罪や司法を考察するのに用いるレンズによって、何が関連要素であり、そのうち何が比較的重要であり、そしてどういった結論が適切なのかという考え方が変わってくるのである。

応報レンズを通して犯罪を見てみよう。このレンズを用いる「刑事司法」手続は、被害者と加害者のニーズの多くをともに満たしてはいない。この手続は被害者を無視する一方、加害者に責任をとらせることや、犯罪を抑止することという自ら唱える目標すら達成していないのである。

今日、こうした失敗は危機感を募らせる結果になり、さまざまな改革が試みられている。今日流行の電子監視や集中的監督は、一連の「解決策」の最新版にすぎない。だがこうしたシステムは、改革への努力を奪い挫折させ、自ら意義ある改良にことさら抵抗していることを示している。フランスのことわざ「事が変化すればするほど、いっそう同じようになる」は、まさに正しいようである。

私に言わせれば、この失敗の理由はレンズの選択にある。つまり、犯罪と司法について作ってきた前提にある。これらの前提は悪行への対応を決定するものだが、実際問題として、犯罪の経験からはずれており、さらにキリスト教のルーツや、西洋の多くの歴史にも符合していない。この迷路から脱出するには、別の形式の刑罰や、さらには刑罰の代替となるもの以上の考え方をしなければならない。問題とその解決に対して、別のものの見方をしなければならないだろう。量刑学の専門家、ケイ・ハリス教授は、それは刑罰に関する代替的技術の問題ではなく、代替的な価値の問題である、と説いている。[1]

これらの失敗は、変化がいかに必要であるかを示す反面教師的な道しるべである。だが、方向づけを示す模範教師的な道しるべもある。被害者および加害者の経験やニーズは、私たちが取り組まなければならない問題の指針となっている。聖書の伝統からは原理原則を多少与えてくれるだろうし、歴史的経験や最新の「実験的構想」からは、実行可能なアプローチを示唆してくれるだろう。これらの道しるべは、新しいレンズの要素としてきっと役立つはずである。

新しいレンズと同様、新しいパラダイムもそうなのだろうか。パラダイムは、構想や提案以上のものなのだ。それには十分筋の通った理論が必要であり、それは、一貫した原理と適用の「体系」、そしてある程度のコンセンサスと結びついた理論でなければいけない。パラダイムはあらゆる問題を解決する必要はないが、とりわけ緊急を要する問題を解決し、方向づけを示さなければならない。もうその段階に来ているのではなかろうか。

この段階でのより現実的な構想は、原理と経験に根ざした構想であり、それらは、現在の危機を解決するための探求を導く助け船となる。たとえまだパラダイムとして十分機が熟していなくとも、違ったレンズを選ぶことはできる。こうした構想は、ひとりひとりが参加する実験と探索の旅とはどのようなものでなければならないのか、指示を与えてくれるはずである。

この探求を通じて追求しようとする構想は、全般的状況に向けた現実的な対応ではなく、基準や規範として、どうあるべきかということである。現在のレンズは、尋常でない突飛な事件に対して据えられ、そうしたケースの手続が「ごく普通の」犯罪のための基準にもなっている。加害者の中には、生まれつき危険な性質をもっているために、拘束を必要とする者もおり、規則や注意深い手続的保障に従って、誰かがそうした決定をしなければならない。あまりに凶悪な加害行為なので、特別の処置を要する場合もある。だが、こうした特別のケースを基準とすべきではない。したがって、一定の例外のための必要性も認識しなければならないが、私たちのアプローチは、犯罪の意味や、犯罪が行われたとき通常のとるべき対応を確認することである。つまり私たちとしては今、この構想があらゆる状況を網羅できるかどうかに心を奪われるのではなく、基準となるべき構想を描くことに取り組むべきである。

まずこの探求の手始めとして、抽象という高みから犯罪を引きずり下ろすことだ。このことは犯罪を、聖書が理解するように、そして私たちが経験するように、理解するという意味である。つまり犯罪を、損害として、そして人々やその関係を侵害するものとして、とらえることである。したがって司法は回復すること、事態を健全なものにすることに焦点を置くべきなのである。

その場合、対照的な二つのレンズの特徴は次のように要約されるだろう。

《応報的司法》

犯罪は、国家に対する侵害であり、法違反と罪責によって定義づけられる。司法は、体系的規則に従い、加害者と国家との戦いの中で、責任を決定し苦痛を科する。

《修復的司法》

犯罪は、人々やその関係に対する侵害である。犯罪は事態を健全化する義務を生み出す。司法は被害者、加害者、およびコミュニティに対し、回復（repair）や和解を進め、自信を増進させる解決策を求める。

犯罪――人々および人間関係の侵害

本書第1部で私は、ちょっとした財産犯でさえも、被害者にとっては自分自身の内面にふりかかった攻撃としての体験になるものだということを指摘した。被害者は、直接的な害が財産のみに向けられている場合でも、自分の内面が侵害されているように感じる。こうした実質的な側面が幸福感にとって重要であるということは、シャロームの理念からみても理解できる。

シャロームの理念は、犯罪が人間関係の侵害であることも教えている。犯罪は私たちの信頼感をゆるがし、疑念、疎外、ときには人種差別の感情をも引き起こす。友人や恋人、親類や隣人との間に壁さえ作ってしまうことも多いのだ。犯罪は私たちを取り巻くこうした人々との関係に影響を及ぼすのである。

犯罪はまた、被害者と加害者の関係が引き裂かれることを意味する。以前は何の関係もなくても、犯罪によって関係が生じ、その関係は普通、敵対的なものとなる。解決されないままにしておけば、この敵対関係はさらに、双方の幸福感をぶち壊すことになる。

犯罪は被害者にとって傷を意味するが、加害者にとってもまた、傷と関わりがあると考えられる。犯罪はたいてい傷から次第に育っていくもので、加害者の多くは児童のとき虐待を経験している。彼らは意義ある仕事や生きる力を引き出す技能や訓練に欠けており、いろいろな方法を試みて確かな手ごたえや自信を感じようとしている者が多い。彼らにとって、犯罪は助けを求めて叫び、自分の人間性を主張する方法なのである。ある意味では自分に加えられた害のために、人に害を加えるともいえる。正義という名の「司法」手続の中で、さらにまた害を受けることも多い。こうした側面は一部には、より大きな配分的正義の問題から生まれる。これもまた、シャロームの理念の絶対必要な部分なのである。

つまり犯罪の中核にあるものは、自分自身が傷ついているかもしれない他人による個人の侵害である。それは、個人間に存在すべき正しい関係の侵害である。また、犯罪にはより大きな社会的側面もある。実際、犯罪効果は波紋のように、どんどん大勢の人々に伝わっていく。社会もその結論と果たすべき役割に関わるけれども、こうした公共的側面は出発点とすべきではない。犯罪は、第一に社会に対する加害行為ではなく、ましてや国家に対する加害行為でもない。何よりもまず人々に対する加害行為であるから、ここから出発すべきなのである。

犯罪を対人関係の側面から見ると、犯罪は紛争を伴うことに気づく。[2] 実際、犯罪を見るための新しいレンズを研究しているヨーロッパの学者たちは、犯罪を紛争のひとつの形態として定義づけようとしている。結局のところ、犯罪は個人間の紛争を生み出し、紛争から犯罪が起こることもある。間違いなく、犯罪は社会で発生する他の害や紛争と関わっている。適切なアプローチをとれば、それが、犯罪として定義づけられるか否かにかかわらず、こうした多くの紛争状態は、学びかつ成長するための機会を与えてくれるに違いない。

マリー・マーシャル・フォーチュン（Marie Marshall Fortune）は、犯罪に紛争というレッテルを貼ることは、誤解を生み危険である、と警告している。[3] たとえば家庭内暴力の状況について、重大な結果を伴う暴力行為をただ紛争の派生物と決めつけることがあまりに多すぎたし、被害者を非難することで加害者の行為の責任を抑える傾向もみられる。また、暴力は紛争をただエスカレートさせたものにすぎないと思われがちだが、フォーチュンは、暴力は単に紛争をエスカレートさせたものではない、と指摘する。両者は別物である。意見が食い違って、議論しあうことはよくあるが、肉体的な暴力とはまったく別物である。

犯罪は対人関係の側面があるため、紛争が絡むのは明らかである。けれども犯罪を紛争と同列に論じるのは誤解を招きやすく、重要な側面を曖昧にしかねない。

犯罪という用語についてはどうなのか。一部には、この用語を完全に避けようという声もあがっている。犯罪は、さまざまな害や紛争を恣意的に区別しようとする法制度の産物である。それは、互いに関係のない多種多様な行動や経験をひとつのかごに投げ込むような作り物である。それは、そうした行動や経験を、他の害や侵害と分離するので、経験の現実的な意味を見えなくしている。

そのため、オランダの犯罪学者兼法律家ルーク・ハルスマン（Louk Hulsman）は、問題状況（problematic situation）という用語を提唱した[4]。この用語は、「犯罪」と、他の類型の害悪や紛争との関連を考えるには好都合である。また、そうした状況の中で解決に努力するとき人は学んでいくものであるという可能性も示唆している。しかし問題状況という言葉は漠然としており、重大な害悪の場合、損害という側面を過小評価するように思われるかもしれない。通常の議論において、「問題状況」が「犯罪」の代わりを務めるなどと考えるのは、むろん無理がある。

別の用語があれば便利だろうが、今のところ、それに代わるふさわしい用語は見つかっていない。そこで当面は、不適切だとは思いながらも、この犯罪という言葉を使い続けるつもりである。

犯罪には癒しを必要とする傷を伴う。これらの傷には、害悪に関する四つの基本的な側面がある。

一、被害者に対する側面
二、対人関係に対する側面
三、加害者に対する側面
四、コミュニティに対する側面

応報レンズは主として最後の社会的側面に焦点を合わせる。その場合、コミュニティを抽象的で非個人的なものとしてとらえる。応報的司法は国家を被害者とし、悪行を規則の違反として定義し、被害者と加害者の関係は重要視しない。したがって、犯罪は他の悪事とは類型的に別のものである。

修復レンズは人々を被害者とみなし、対人関係の側面を中心に据えて考える。加害行為は個人的な害悪と対人的な関係として定義される。犯罪は人々および人間関係を侵害することである。

私たちは、これまでほとんどの討議を、通常、犯罪としてレッテルを貼られる害悪や紛争に限定してきた。だがそのような狭いとらえ方は、聖書の教えにそぐわない。聖書は、人々が、シャローム、すなわち健全な関係を保ちつつ、いかに共生すべきかという考え方を示している。いわゆる犯罪という行動はこうした関係を侵害するものだが、権力のある者が権力のない者に行う正義に反する行為や抑圧的行為を含めた他の種々の害悪も同様に、そうした関係を侵害するのである。私たちの理解する聖書の教えによれば、犯罪と他の不正義をあえて区別せず、不正義を全体的にとらえる必要があるだろう。私たちは、害悪をひとつの大きな連続体としてとらえるべきである。犯罪は、他の害悪や、通常は民事と呼ばれる個人間の紛争とは区別できない。だが、こうした不正義は権力

表2　犯罪に関する理解

応報レンズ	修復レンズ
・犯罪は規則の違反（すなわち、侵された規則）と定義される。 ・害悪は抽象的に定義される。 ・犯罪は他の害悪と類型的に別とみなされる。 ・国家を被害者と考える。 ・国家と加害者を主たる当事者と考える。 ・被害者のニーズと権利は無視される。 ・対人関係の側面は重視されない。 ・犯罪の紛争的性質は曖昧である。 ・加害者の傷は軽視。 ・犯罪を専門的で、法律的な用語で定義する。	・犯罪は人々および人間関係の侵害（関係破壊）と定義される。 ・害悪は具体的に定義される。 ・犯罪は他の害悪や紛争に関連すると認識される。 ・人々および人間関係を被害者と考える。 ・被害者と加害者を主たる当事者と考える。 ・被害者のニーズと権利を中心に置く。 ・対人関係の側面が中心である。 ・犯罪の紛争的性質が明確に認識される。 ・加害者の傷も重視。 ・犯罪をあらゆる背景（すなわち、道徳的、社会的、経済的、政治的）のもとで理解する。

や富の不正とも結びつくのだ。旧約聖書の預言者は、構造的な不正義は罪であり、その不正義がさらなる不正義を作り出すのだと、私たちに想起させる。

修復——目標

犯罪が害であるとすれば、司法とは何か。またもや聖書は次のように示している。もし犯罪が人々を害したなら、司法は、事態および人々の関係を健全にするよう意図しなければならない。悪事が発生した場合、まず問うべきことは、「加害者に何がなされるべきか」とか「加害者には何が相応しいか」ではなくて、「事態を健全化するためには何ができるか」である。

私たちは、司法を応報と規定するのではなく、修復と規定したい。犯罪が害ならば、司法は害を回復し、癒しを促進させるものである。修復という行為（さらなる害を与えることではない）は、犯罪の害によって壊れたバランスを取り戻すことであるのだ。もちろん完全な回復を保証できないが、真の司法ならば、その回復というプロセスが始まる場を与えようとするはずである。

犯罪の害に四つの側面があるのなら、回復のエネルギーはこれらの側面に向けるべきである。その場合、司法の第一目標は、被害者のための回復と癒しでなければならない。

被害者のための癒しは、侵害を忘れたり過小評価したりすることができるとか、そうすべきだという意味ではなく、むしろ、回復の感覚、すなわちある程度の区切りを意味する。侵害された者（被害者）は、再び人生に意味を見いだし、自分は安全でコントロールできるという感覚を持てるようにならなければならない。侵害した者（加害者）は自らを変えるような援護が必要になる。害悪を与えた者といえども、新たな生活を始める自由を与えられなければならない。癒しには、回復感と将来への希望が含まれている。

被害者と加害者の関係を癒すことが、司法の第二の関心事でなければならない。被害者―加害者の和解運動では、運動の目標を和解としている。

和解は、十分な改悛と赦しを意味する。それはまた、被害者と加害者の間に前向きな関係を築くことも含む。VORPの経験からみれば、このことは可能であるといえるが、すべての事例において和解を期待するのは現実的ではない。多くの場合、和解のようなものは達成できないだろう。また一応満足のいく関係は生まれても、親密さや完全な信頼までは至らない場合もある。参加者は和解に向けて強制されていると感じるようなことはあってはならない。メノナイト和解斡旋サービスの前責任者、ロン・クレイビル（Ron Kraybill）は、和解にはそれ自身のリズムと力学があることを教えている。意識的に和解を望んだとしても、私たちの感情は別の方向に行ってしまうこともあるのだ。

　頭脳はあるべき姿に関心があるのに対し、心はありのままの姿に反応する。頭は心のために方向性を定めることはできるが、心は心自身のペースで、到達しなければならない。心の和解とは、途中いくつかの段階を通過するひとつのサイクルである。[5]

　カリフォルニア州フレズノ郡のＶＯＲＰ責任者、ロン・クラーセン（Ron Claassen）によると、和解はひとつの連続体ととらえなければならないという[6]。一方はまったくの敵対、他方は力強く前向きな関係の修復または創出である。犯罪が発生したときの関係は、通常、物差しの敵対側にある。対処されないままにしておけば、通常、関係はずっとその状態であるか、もっと深刻な敵対関係へ向かうことになる。となると、司法の目標は関係を和解の方向へ進めることでなければならない。このように関係を癒すことは、たとえ不完全だとしても、個人のための癒しの重要な第一歩である。司法は和解を保証したり強制したりはできないが、こうした和解が生まれる機会を提供するものでなければならない。

　私が携わってきたＶＯＲＰのケースでは、和解関係に向けての進展はほとんど見られなかったようだ。被害者と加害者は会って加害行為やその解決法を話しあったが、彼らは相変わらず敵対関係のままだった。しかし、敵対関係は質的に変化がみられた。彼らは、抽象的なもの、つまり被害者、加害者という固定観念にはもはや怒りを抱いておらず、具体的な個人に怒りを抱いていた。それとても、ある種の進展といえる。

加害者もまた癒しが必要である。もちろん加害者はその行動に責任をとらなければならない。「責任を免除される」ことはありえない。だが、この責任自体は変化と癒しへ向かう第一歩になりうる。また、加害者の他のニーズにも注意を向けられなければならない。

コミュニティもまた、癒しが必要である。犯罪によってコミュニティの十全性の感覚が傷つけられるので、その傷への手当てが必要である。

正義を体験することは人間の基本的なニーズである。それを体験しなければ、癒しも和解も難しいし、不可能ですらある。正義を体験することは事件に区切りをつけるための前提である。

完全な正義の感覚は、むろんめったにないことかもしれない。けれども、「近似的（approximate）正義」でさえ役には立つのである。(7) 部分的な経験でも、回復や区切りの感情にとって欠かせない土台を築くことができる。たとえば、加害者が特定されなかったり、加害者が責任をとろうとしない場合、コミュニティが正義の体験を与える役目を果たすことができる。事件の卑劣さに同感し、また彼らのニーズに耳を傾けそれに応えることで、被害者の言葉を親身になって聞き、被害者を尊重することができる。近似的正義は、正義をまったく経験しないよりもましであり、それは癒しのプロセスに役立つ。

私たちは、司法についてどのような構想を描くべきなのか。目隠しをして天秤を手にする女神の姿は、非個人的で手続重視の性質を持つ現在のパラダイムをよく象徴している。別の選択肢はないのだろうか。

傷を癒すものとして司法を考えることも、ひとつの可能性である。私の同僚デイヴ・ワースは、本章の草稿に対しこの考え方を明快に説明してくれた。

古い組織がはがれたときに、その場所を埋めるためには、新しい組織が成長しなければならない。新しい組織を成長させるには適切な条件と栄養分が必要となる。安全と清潔、それに時間もなければならない。ときには、傷跡が残り後遺症も現れる。だが傷が癒されれば、私たちはまた、動き、働き、成長することもできる。そして、傷を負い癒える経験をしたことによって、その傷をもたらした条件と治癒の条件を多少とも理解することができる。［そこで］私たちにできる務めは、前者の条件を変えたり、傷を負っている人々に後者の条件を与えたりすることである。

娘をむごたらしく殺害されたウィルマ・ダークセン（Wilma Derksen）は、より希望的とも思えるもうひとつの比喩を述べている。犯罪がぽっかりと空洞を作ると、司法はその穴埋めをする。(8)

聖書の司法へのアプローチを見ると、修復的司法は変革的司法でなくてはならないことが分かる。(9) 事態を健全化するためには、状況や人々をただ原状に戻すだけではなく、それを超える状態にすることが必要だろう。たとえば、妻への虐待のケースでは、損傷を直すだけでは十分ではない。人々や人間関係が、再び傷が発生しないような健全なものに変容されなければ、真の司法とはなりえない。司法は過去の状態に戻すのではなく、むしろ新たな方向へと進むことかもしれない。

司法は、へこんだ穴を埋めそれを平らにする以上のことを意味している。溢れ出るまで穴を高く盛り上げる必要があるだろう。デイヴ・ワースは再び、私よりも巧みにこの司法概念を要約した。

コリントの信徒への手紙　二　第五章一八節以下で、和解と新しい創造とを結びつけている。おそらくそれは和解の真髄であろう。すなわち、二人の間には新たなものが生じている。それは、過去の形に基づくものではなく、本来あるべき形に基づいたものである。実際のところ和解とは、問題に対する将来を展望してのアプローチである。

［溢れ出ること］が、まさに司法の姿である。私たちが話題にしているのは、司法に対する最高レベルの法律尊重主義的なアプローチではない。司法の物差しのことではなく、新しい姿を起こさせるような真の司法が生ずる状況について語っているのだ。その姿とは、人々を低いレベルのままでなく、またはただ平等にするだけでなく、満たし溢れ出るようにすれば、外へ出ていって周囲の人々に司法を広めることができる、というものである。司法にとって現在の法律尊重主義的アプローチが抱える問題は、おそらく人々に溢れ出させていないので、司法が十分他人に施し与えられていないということである。

司法はまずニーズから始まる

満ち溢れ出ることをめざす司法は、人のニーズを見極め、それを満たそうとすることから始めなければならない。犯罪の場合、出発点は被害者のニーズでなければならない。犯罪が発生したとき（加害者の特定とは関係なく）、第一の問題は、「誰が害を受けたのか」、「どのように害を受けたのか」、「被害者のニーズは何か」、ということでなければならない。こうしたアプローチは、むろん応報的司法のアプローチとはまったく違い、応報的司法のアプローチではまず、「誰がそれをやったか」、「加害者をどう処置すべきか」を問題とし、その問題より先へ進むことはめったにない。

被害者には多様なニーズがあり、近似的正義であっても経験しようとするなら、そのニーズは満たされるべきである。多くの場合、まず何よりも緊急を要するニーズは、支援と安全感への対応である。

だがやがて、他のさまざまなニーズも出てくるが、そのいくつかは本書第1部で触れた。被害者は誰かに話を聞いてもらうことが必要である。自分の体験を聞かせ、感情を吐き出す機会を持つべきであり、それも繰り返すことが必要だろう。被害者は真実を語らなければならない。そして、こうむった悪について一緒に苦しみ嘆いてくれる他人が必要なのである。

その過程のどこかで、被害者は正しいと確証することが必要である。自分の身に起きた事件は間違ったことでなんらいわれのないものであり、他人も悪と認めていることを知る必要がある。またこの悪を正し、再発の機会がないように処置が講じられていることも知らなければならない。被害者は、他人が被害者の痛みを認め、自分の経験をまさにそのとおりと確認されたがっているのである。

真実の語り、嘆き、正しさの確証などを言葉に表すことは、つらいものであり、ときに怒りすら覚えることもある。私たちはそれを受け入れ、心から耳を傾けなければらない。それではじめて、人々は乗り越えられるのだ。モートン・マックカラム・パターソン（Morton MacCallum-Paterson）は、犯罪被害者の悲痛の叫びは、旧約聖書にしばしば登場する悲痛の叫びと酷似するという結論に至った。苦痛の叫びと復讐の要求は、神の哀れみと嘆きを願って、神の耳に向けられる「祈り」なのだ。往々にして、それらは怒りや復讐のように聞こえるが、必ずしもコミュニティに対して行動を求めるものではない。ある殺人被害者の父親がパターソンに言った。「私たちは、あたかも死刑を求めているかのように聞こえるかもしれない。本当は、そうじゃない……、でも、他にどう言えばいいんですか」。すると、パターソンはこう述べた。

他に何と言えようか。そこがポイントです。殺人被害者の遺族の方々が悲しみや苦しみや憤りを表す方法として、血の叫び以上の究極的な言葉はないでしょう。だからと言って、殺人犯を処刑する目標に向かって積極策を立てることになるかどうかは、また別の措置が要ります。それには、嘆き以上にさらなる決断が必要です。嘆きそれ自体は決断を含みませんが、……嘆きは言葉を含んでいて、呪い言葉という形をとります。実際には、神が被害者の生命を奪った者を呪うよう祈ることなのです。(10)

応報は正しさを確証するひとつの形であるが、回復もまたそうである。北アイルランドのジョン・ランペンは、『傷を癒す』と題する重要な小冊子で、回復は少なくとも応報と同じく人間の基本的な反応である、と述べている。(11)

回復は損失を取り戻すことを意味するが、その本当の重要性は象徴的なものである。回復が意味するのは、悪を認めて責任を宣言することである。健全化すること（making right）はそれ自体一つの確証であり、応報に比べ癒しを促進しやすい形である。

応報は、往々にして憎しみという遺物を残す。正義の経験は、まったく正義が行われない場合に比べ満足度は高いだろうが、敵意の対処にはほとんど役立たない。こうした敵意は癒しの妨げとなる。それゆえ、赦しは美しいことなのである。敵意に対処することで、被害者も加害者も自分たちの生活をコントロールできるようになる。だが和解と同じように、赦しは簡単ではなく、強制することはできない。多くの人々にとって正義を経験することは、赦しを生み出すのに必要な前提条件である。だが、なかには赦しなど不可能だと思っている人もいる。

応報も回復も、不均衡を正すことと関わっていくことになる。だが応報も修復（restoration）も象徴的な重要性を持つけれども、回復（restitution）は公平さを取り戻すためのより具体的な手段である。また応報は、被害者が突き落とされたレベルまで加害者のレベルを落とすことによって、バランスを回復する試みである。それは、悪事を行った者を打ち負かし、優越感を棄てさせ、被害者の尊厳感を改めて確認させようとすることである。

一方、回復は被害者を元のレベルまで引き上げようとするもので、被害者の精神的尊厳を認め、加害者の果たすべき役割と改悛の可能性を認めている。それによって、加害者の精神的尊厳も同じように認めることになる。[12]

私たちはたいてい、応報が被害者側の重要な関心事であると決めてかかっている。だが大部分の被害者調査は、違った情況を示している。被害者は、拘禁のない修復的な量刑を受け入れる場合が多いのだ。実際に、その傾向は一般人よりも顕著なのである。[13]

さらに被害者は、加害者の社会復帰を価値あることと位置づけている。結局、加害者に対する支援は、安全の問題や再犯の防止に取り組むひとつの方法だといえる。

被害者も人としての力を与えられる必要がある。被害者のための、被害者に対する司法の実行は、そう単純なものではない。被害者が、手続の中で自分が必要とされ、話に耳を傾けられていると感じられなければならない。悪のひとつの側面が人としての力を奪うことなのだから、司法のひとつの側面は、被害者に力を取り戻させることなのだ。最低限、何が自分たちのニーズであり、どのようにして満たされ、いつ対処されるべきかという問題を決めるにあたっては、被害者が中心とならなければならないということである。だが被害者は、手続全体にわたって何らかの役割を担うべきである。

被害者には安心、修復、正しさの確証、力の回復などが必要であるが、とりわけ意味を探ることが必要である。イグナティエフの洞察を思い出してみると、司法は、そうした意味づけのための枠組みを与えるという。被害者は、何が起こったか、なぜ起きたか、どのような対応がなされているかなどの問いに対して答えを見つけることを求めている。被害者は、本書第1部で示された、回復への足がかりとなる六つの問いに取り組むことを求めている。私たちはおそらく、その取り組みに手助けはできるだろうが、それらの問いに答えられるのは、被害者本人だけなのである。しかし質問のいくつかは、事実に関する問題である。誰がしたのか、なぜしたのか、加害者はどのような人か、この出来事に対しどのような対応がなされているか。司法としては、最低限このような情報を提供すべきである。

このように、被害者はしばしば正しさの確証を求める。これには悪の非難、嘆き、真実の語り、非私事化（公共化）、過小評価しないことなどが含まれる。被害者が求めるものは衡平〔equity＝公平さ〕であり、これには修復や和解や赦しも含まれる。また手続への参加と安全を含めて、力を回復する必要性を感じている。もうひとつのニーズは安堵感であり、これには支援、「苦しみの共有」、安全、責任の明確化、予防が入る。さらに被害者には、情報、公正さ、回答、調和の感覚といったことを含めて、意味づけをするニーズがある。

被害者は、犯罪によって侵害されたと感じ、これらの侵害からニーズが生まれる。だがコミュニティも同様に侵害されたと感じ、やはりニーズをもつ。犯罪の公共的側面は無視できないものなので、司法手続は多くの場合、完全に私的なものとはなりえないのである。コミュニティとしても、起こったことは悪であり、これに関して何らかの処置がとられ、再発を防ぐ手だてが講じられることなどの再確認を望んでいる。ここでも情報は、紋切り型の反応や根拠のない恐怖をなくすのに役立つので、重要なものとなる。回復はここでも、健全さの修復という象徴となるので重要な役割を担うことができる。実際、象徴の果たす役割は重要である。犯罪によってコミュニティの健全さの感覚が損ねられるので、コミュニティにとって修復はしばしば、ある種の象徴的行為を必要とする。それには、犯罪への非難、正しさの確証、安心、償いといった要素が含まれる。

したがって犯罪の公共的側面は重要であるが、出発点としてはならない。また、犯罪に関するいくつかの前提を再考することが、コミュニティには必要とされる。たとえば、少なくとも自由社会の枠組みにおいては、十分な秩序と安全は可能であるという前提である。

私たちの地域のVORPを運営する組織のための資金を募るパーティが、最近開かれた。ピクニックテーブルをはさんで、私は裕福そうな若者と向きあって座っていた。折しも激しい嵐が近づいており、私たちだけ残して他の人々はみな家の中に避難した。二人は座ったまま嵐を見守っていると、彼は寄付をしたばかりのこの組織について尋ね、話は司法の問題にまで及んだ。彼は心の中で葛藤しながらもじつに率直に語った。彼は、子どもの頃からある常習の泥棒の男と知り合いで、日頃からその友人の更生と幸福に関心を寄せていた。一方、彼自身は保守的であり、泥棒は厳罰に処するのがふさわしいと考えている。「ときどき思うんですが、イランでしているように、腕を切り落とすような厳罰を加えるべきではないでしょうか。そうすれば、私たちも安全でしょう」と彼は言う。「たぶんね。でもそうなったら、あなたはこの国で暮らしたいですか」と私は答えた。

秩序と自由は、連続体の両端に位置すると考えられる。少なくとも公式非公式を問わず一切のコントロールがなく何でも望み通りにできる完璧な自由世界だったら、混沌として不安定な、いわばホッブズ〔英哲学者、一五八八—一六七九〕の描いた世界のようになるだろう。他方、完全な秩序は、たとえ獲得できるとしても、それは自由を犠牲にして成り立つものである。たとえば、仮に厳罰が犯罪を抑止できるとしても、速やかに確実に行われなければならない。その代償は何か。自ら誤りを犯し、そして中央権力に恣意的な裁量権を与えることを甘受しなくてはならないだろう。間違いなく、権力は濫用されるであろう。ほとんどの人はそのような世界に生きることを望まないはずである。それゆえに私たちは、自由と秩序のバランスを模索しながら、連続体の中程を行きつ戻りつしているのだ。保守主義者は秩序側へより近づき、自由主義者は自由側へより近づくことになる。

自由と秩序についての一般的な前提には、もうひとつ誤りがある。ほぼいつの時代も、秩序とは規則と罰、つまり公式なコントロールであると考えられている。だが歴史を振り返ってみると、秩序は非公式なコントロール、すなわち信念の体系、社会的な圧力や義務、同調への報酬によって維持されてきたことを忘れている。このことはまた、日常生活についてもいえる。秩序は単に法と刑罰に由来するものと考えると、社会をまとめているものを見失うことにもなる。

要約すれば、私たちはまったくの安全の中に生きていくことはできないし、私たちが大事にしている他の価値を維持していくことはできないということである。同時に、人々が自らの意思を行使しようとして他人の自由を侵害したとき、人々にその責任を問わなければ、私たちの自由もまた危機に瀕することになるのである。

犯罪は義務を生み出す

ニーズについて討議すると、責任と負債（義務）の問題に直結する。侵害は義務を生み出す。もちろん、第一の義務は侵害を引き起こした側にある。ある者が他人に悪事を行った場合、加害者は事態を健全化する義務を負う。これが司法のあるべき姿である。それは、加害者になされた害悪を理解させ、認知させ、さらにたとえ不十分あるいは象徴的であっても、悪事を健全化させる手だてを促すということである。

健全化（making right）は司法の中核である。それは副次的な任意の活動ではなく、義務なのである。理想的には、加害者が進んで責任を認め、それを引き受けるように、司法手続は手を貸すことができる。それは実際にも起こりうることだし、ＶＯＲＰの過程ではしばしばみられる。だが、たいていの場合、最初はいやいやながら責任を引き受ける。加害者の多くは自分の行為の結果を知ろうとすることによって、自分自身が傷つきたがらない。結局は、加害者はまさにこの種の情報から身を守ろうとして、決まり文句や自己正当化の山を築いてしまうのだ。修復責任を引き受けるのを嫌がる者が多く、多くの点で処罰を行う方が容易である。一時的に傷つくことはあっても、修復責任を伴わないし、自己正当化や決まり文句をやめさせる圧力にはならない。加害者には、自らの義務を受け入れるための強い動機づけや強制さえも、しばしば必要とされる。

北アメリカやイギリスにおけるＶＯＲＰ運動は、このことをたびたび討論してきた。責任を引き受けることは、明らかに任意の場合の方がうまくいく。また、強制力は濫用される恐れがあることも明らかだ。だが私としては、原則的に加害者が自己の責任を引き受けなければならないという要請に異議を唱えるつもりはない。結局、ある者が他人を害すれば、加害者は、負債、つまり義務を生み出す。加害者はそのことを認めるべきであり、進んで責任を引き受けなければならない。司法手続はこれを促すべきなのである。

しかしながら、多くの人は責任を引き受けることに積極的ではない。加害者の多くがトラブルを起こす理由は、ひとつにはある種の責任が欠如しているせいである。だが、この無責任さはただちに克服できるものではない。したがって社会が加害者に対して言うことができる言葉は、単純明快である。「あなたは人を侵害して悪事を犯した。あなたはこの悪事を健全化すべき義務がある。自分の意思でそれを行うことができるし、そのやり方は自分自身で結論を出せばいい。だが責任を引き受けたくないのなら、私たちがあなたのなすべきことを決定し、それを実行してもらうことになる」。

加害者に修復する義務を引き受けるように要請してもいいし、被害者と対面させて、より完全な責任を引き受けるよう強く促してもいい。けれどもそれを強制することはできないし、してはならない。また、被害者にむりやり参加させるべきでないことも確かである。面談を強いた場合、加害者にとっても被害者にとってもいい結果は出ないだろうし、かえって裏目に出る恐れがある。私たちは加害者に修復を求めることはできるが、ある程度自発性がなかったなら、十分責任を果たせるわけがない。

刑罰および修復の目的のひとつに、メッセージを送るということがある。刑罰についての功利主義的な目標では、加害者にこう告げている。「法律違反になるから加害行為を行うな」。「悪事を行う者は傷を負うに値する」。修復または回復は、別のメッセージを送ろうとする。「誰かを傷つけるから加害行為を行うな。他人を傷つける者は、それを修復しなければならない」。イギリスの著述家、マーティン・ライトが言うように、メッセージは必ずしも十分に伝わるとは限らない。しかしメッセージが伝わるときには、それが正しいメッセージであることを確認する必要がある。[14]

犯罪は悪であるというメッセージを伝える必要について、ライトもこう述べている。

> 加害者に対抗してではなく、被害者のために何かを行う（そして、加害者にそれを行うように求める）ことによって、犯罪をより建設的に非難することができる。[15]

犯罪は修復すべき負債を生み出す。この負債は赦しの有無にかかわらず残り続ける。罪を犯したとき、神からお赦しが出たとか、あるいは悪事を受けた者からも赦されたという理由で、もう他に義務は残っていないと考えることはできない。それにもかかわらず、被害者は、加害者が負っている具体的義務さえ赦してしまうこともまた実際にある。被害者と加害者の双方が失ったものを、加害者が完全に補填できるということはめったにない。ヘルマン・ビアンキは、犯罪は負債を作り出すものであり、そして赦しは、補填されることができない害に対する負債を免除することであると述べた。

できる限り、加害者は償いをすべきである。だが加害者が特定されるまで長い月日を要したり、加害者がまったく特定されない事例も多い。また、犯罪の結果生ずる被害者とコミュニティのニーズは多くの場合、加害者による修復では手に負えない。さらに、加害者にも同様にニーズがある。個人の力だけでは手に負えないニーズに対応すること、これが、社会の責任なのである。このように、コミュニティの側に課せられる一定の義務は、犯罪によってもまた、生まれるものである。

加害者にもニーズがある

聖書によれば、ジャスティスが行われるのは受けるに値するからではなく、必要があるからである。応報モデルまたは公正なる応報のモデルでは、加害者は自分のニーズを優先してもらうに「値する」ことはないだろうが、社会自体の利益からすれば、これらのニーズは公正な対応の一部であると指摘される。加害者のニーズを見定め、それに対処することは、修復的司法の中心的な要素である。

本章の冒頭で述べた話についていえば、テッドは治療的処遇を受けることが必要である。法制度では、彼のとった行動は「痴漢行為」と解釈される。だが、それはより広く、不適応と機能障害という行動パターンのひとつなのである。そのまま何も処置をしないでおけば、悪化するだけである。その行為が被害者の少女に与えた衝撃をテッドに認識させることも、必要な治療的処遇の一部となる。

むろん、加害者にも多くのニーズがある。加害者は、被害者や事件についての固定観念や自己正当化（彼らの「誤った帰属〔misattributions＝責任転嫁〕」）を打破することを必要としている。彼らはもっと責任感を学ぶことを求めているかもしれない。仕事や人間関係のスキルを向上させることを求めているかもしれない。そして、しばしば情緒面のサポートを求めている。また、怒りや不満をより正しい方向へ向けることを学ぶ必要を感じているかもしれない。前向きで健全な自己イメージを作るために援助を求めているかもしれない。罪悪感に取り組むのにも手を差し伸べられる必要がある。被害者と同様に、こうしたニーズを満たされなければ、事件に区切りをつけるのは不可能なのである。

犯罪の結果として、被害者のニーズが修復的司法の出発点となるが、加害者およびコミュニティのニーズも無視してはならない。

責任（accountability）の問題

ニーズと応答責任（responsibilities）、これが責任（accountability）の問題である。害悪がなされたとき、加害者は責任を負わなければならず、そしてその方法は、彼らの行為の実際の結果に相当するものでなければならない。この責任は、害悪を理解し、認め、それを修復するための措置をとることである。

加害者による責任について第三の中間的な側面がある。いかなるニーズが満たされるべきかを決定するための責任を共有することである。チャリーン判事は、応答責任に基づく量刑（responsible sentencing）について語っている[16]。

加害者の行動には、無責任なところが見えるから、今後のことをただ告げただけでは、罪を免れさせ、無責任さをさらに助長させることになりかねない。そこで彼の法廷では、加害者が取り組むべき事柄を告げ、それから、その要求をどう満たしていくつもりか、判決がどのように監視され執行されるかについての提案を携えて法廷に戻ってくるよう、加害者に命じる。ここでのＶＯＲＰの仕事は、回復の交渉や合意を加害者に行わせることである。

インディアナ州のコミュニティ司法センターが実施した「少年の修復」の新しい実験では、「量刑」が決まる前に、若い加害者は私たちのプログラムに参加しなければならない。そこで、彼らの行為が①被害者に対して、②コミュニティに対して、③自らに対して、害悪を与えたという理解を促されるのだ。この三者に向けられる「量刑」を彼らが提案できるように、スタッフは力を貸すことになる。たとえば、ＶＯＲＰによって、彼らは被害者のニーズを知り、回復を行うこともある。コミュニティ奉仕活動によって、コミュニティに償おうとすることもある。個別指導やアート療法、あるいは他の活動を通じて、自分自身のニーズと取り組むことだろう。この実験がどういった実を結ぶかは未だはっきりしないが、重要な点は、責任によって応答責任を高め、奨励していくべきだということである。さらにその責任は、被害者、コミュニティ、加害者への三つの義務をすべて真剣に受けとめるべきである。

加害者は当然責任を負わなければならないが、社会もまた責任を負わなければならない。社会は被害者に対して責任を負うことになるが、被害者のニーズを確認し、それを満たす手助けをする必要がある。同様に、大きなコミュニティは、加害者のニーズに取り組まなければならず、単に修復だけではなく、変容させる道を探る。責任は多面的であり、そして変容的である。

表3　責任の理解

応報レンズ	修復レンズ
・悪事は罪を生み出す。	・悪事は責任と義務を生み出す。
・罪は絶対的である（二者択一）。	・応答責任には段階がある。
・罪は除去されない。	・罪は改悛と償いで除去される。
・罪の負債は抽象的。	・負債は具体的。
・罪の負債は刑罰によって返す。	・負債は修復によって返す。
・「罪の負債」は抽象的に社会に向けられる。	・負債はまず被害者に向けられる。
・「自業自得」としての責任。	・応答としての責任。
・行動は自由に選択されると仮定する。	・人間の自由の実現について幻想的なものと現実的なものとの違いを認識する。
・自由意思あるいは社会的決定論。	・個人的責任を否定せず、社会的状況の役割も認める。

手続は力をつけさせ情報を与えるものでなくてはならない

人々が一番望むのは自分の事件で勝利をかちとることだと、裁判官や法律家は思いがちである。しかし最近の研究によれば、手続はきわめて重要であるが、その刑事司法手続がしばしば十分に司法らしく機能していないと思われている。手続の中で何が行われるかだけでなく、どのように決定されるのかも重要なのである。(17)

司法は、単に事件当事者以外の者〔裁判官、検察官、弁護士など〕によって行われ、私たちに知らされるだけのものではなく、私たち自身が関与しなければならない。司法が執り行われ、（被害者として）帰宅してよいとか、（加害者として）刑務所に行きなさいとか、誰かに告げられるだけだとすれば、司法を経験したことにはならない。実際に司法に関与し経験するのは、必ずしも愉快とはいえないことであろうが、自分のために司法をしてもらったからではなく、自分が関与したからこそ司法が行われたという認識を持つだろう。単に司法がなされるのではなく、司法を経験しなければならないのである。

修復的司法の第一段階は、直接的なニーズ、とりわけ被害者のニーズを満たすことである。それに引き続き、より大きなニーズと義務を確認するようにすべきである。こうした確認をするとき、手続はできる限り、直接の関与者、つまり被害者と加害者に力と責任を付与すべきである。また、コミュニティが関与する可能性を残しておくべきである。第二に、被害者—加害者間の関係に取り組むことであり、両者のやりとりを促進し、事件や互いのことや、双方のニーズなどの情報交換を行うべきである。第三に、問題解決に重点を置き、現在のニーズはもちろん、将来の目的にも取り組むべきである。

被害者と加害者の双方が参加する重要性についてはすでに述べた。被害者にとって、力を奪われることが侵害の中心的要素であり、力を与えることが、回復と司法にとって重大なものである。加害者にとっては、無責任さと無力感が、犯罪へのレールを敷いてきたのだろう。「解決」手続に参加してはじめて、彼らは責任と終結への道を歩み出すことができる。

コミュニティは、ここでも果たすべき役割がある。近代社会の悲劇のひとつは、自分たちの問題を専門家に委ねてしまう傾向である。健康や教育や養育などについて、私たちはとかくそうなりがちではあるが、犯罪といわれる害悪や紛争も、確かにあてはまりそうである。その結果、自ら問題を解決する活力や能力を失ってしまうのだ。さらに悪いことに、こうした状況から学び成長するための機会を放棄することになる。修復的対応をするとき、コミュニティは司法を探求する中で果たすべき役割があることを、知っておくべきである。

司法の重要な部分は、互いのこと、加害行為の事実関係、ニーズなどに関する情報交換である。被害者は、どのような事件が、なぜ、誰によって引き起こされたのか答えてもらいたいと願う。加害者は、どういったことを、誰に対して行ったかを理解することが必要である。固定観念を捨てて、具体的で現実的な姿を直視すべきである。責任転嫁も問われる必要がある。こうした情報交換はきわめて重要であり、関係当事者がじかにやりとりして行われることが理想的である。その状況では、過去の出来事や将来起こりそうな事柄にどう対処すべきかという問題を扱うことができる。その結果は、ほどよく調整された合意と和解の形式で記録しておかなければならない。

被害者―加害者間の調停は、これらの基準を満たす司法へのひとつのアプローチである。この調停は、参加者に力を与え、責任転嫁に対して挑み、情報の交換をさせ、修復をめざした行動を促す。コミュニティの調停者を用いることで、コミュニティの参加が行われることになる。調停は、修復的アプローチと十分に両立できる。ただし、調停には一定の前提条件を要し、安全が保証されなければならない。参加者は、自分たちの望む情緒面のサポートを受け、自発的に参加するのでなければならない。訓練を受けた調停者が不可欠であり、時機も適切でなければならない。

こうした前提条件が満たされたときには、おそらく調停は適切に行われ、中心的な問題にきちんと取り組むことになるだろう。マーク・アンブライトは、調停者が自分自身の段取りや趣味・趣向を直接にあるいはうまく誘導して押しつけるよりも、「力を与える」調停の形の方が重要である、と指摘した[18]。

合意への途上で、情報の交換と感情の表現は避けてはいけない。ロン・クラーセン（Ron Claassen）はＶＯＲＰの調停者たちに、調停を完全なものにするには、三つの問いに満足のいく答えをする必要がある、と教えている。

第一に、不正義は確認され、承認されたか。加害者は自分の行為を自ら認め、責任を引き受けたか。被害者の疑問に答えているか。加害者にはこれまで歩んできた人生を説明する機会があったか。

第二に、衡平〔公平さ〕を回復するためにできるだけなされる必要のある事柄について、合意がなされたか。

第三に、将来の回復過程に対して十分な取り組みがなされたか。加害者は犯罪を繰り返すつもりはあるのか。被害者は安全と感じているのか。それらの追跡および合意履行の監視のための手だてがあるのか。

クラーセンは、聖書の言葉の中から三つのカテゴリー、告白、償い、悔い改めについて要約している[19]。

しかし、調停という手段が必ずしも適切であるとは限らない。支援や安全が確保されたとしても、恐怖感があまりに強すぎることもあるだろう。当事者間の力の不均衡があまりにも歴然としすぎて、克服できないかもしれない。被害者、加害者どちらか一方の気が進まないこともある。加害行為があまりに凶悪だったり、被害がことのほか甚大であるかもしれない。当事者の中の一人が情緒不安定であるかもしれない。被害者と加害者の直接的な接触は大いに効果的であるとはいえ、司法はこうした直接のやりとりにのみ頼るわけにはいかないのである。

こうしたケースでは、やりとりと情報交換を常に重視する別の方法がある。代理被害者の使用がその一例で、カナダとイギリスのプログラムが先駆けとなった。この場合、加害者は、責任を引き受け情報を共有する第一歩として、まず自分の事件の被害者とは別の被害者に会う。これは性犯罪のような情緒的に緊張した状況、あるいは未解決事案では特に有効である。[20]

性的虐待の臨床的治療では、通常、被害者と加害者を別々に扱う。この治療法では、加害行為に含まれる信頼の悪用は〔加害者に〕ほとんど認識させられず、それに取り組む手だてもほとんどない。終結への道もほとんど閉ざされており、加害行為という事件の受けとめ方や、事件や個人についての責任転嫁に対しては、ほとんど注意が向けられていないのだ。

セラピストであるウォルター・ベレア（Walter Berea）によって展開された「被害者配慮の性犯罪者治療（victim-sensitive sex offender therapy）」は、先の場合とは違っている。[21] この治療アプローチには三つの段階がある。第一は、「コミュニケーション交換」の段階である。ここではセラピストは、保護観察官や以前の担当セラピスト、そして非常にまれには、被害者とも接触する。被害者との接触では事件のより完全な情報を提供し、加害者は目下治療中であることを知らせ、セラピストは被害者のニーズに対応できるかどうかを調査する。

第二段階は、被害者に対する〔加害者の〕責任転嫁が問題になる。加害者が責任を認め、自らの行動がもたらした結果を理解できるよう手助けをする。この間に加害者は、被害者に謝罪文を書く。この段階は被害者にとって、〔事件を〕自分の過ちととらえないこと、あるいは自分自身を責めないということを確かめる時間となる。

最終の第三段階は、和解を焦点とする。選択肢として、加害者の書いた謝罪文を受け取ったり、直接双方が面接したり、あるいは今後「接触しない」という約束を加害者と交わすといったことなどが含まれる。その選択は被害者側が行う。このアプローチは、被害者と加害者双方のニーズはもちろん、加害行為のもつ害悪と対人的側面を真剣にとらえている。

「ジェネシー司法（Genesee justice）——誇り高き司法、ニューヨーク州に誕生」。こう謳っているのは、ニューヨーク州ジェネシー郡バタヴィアの保安官局が実施しているプログラムの標語である。このプログラムは、刑務所の過剰使用と被害者のニーズに関連し、故殺、暴行および殺人など、とりわけ重大な暴力事件に対して構想された。こうした加害行為が発生するとただちに、被害者とその遺族に集中的な救援の手が行き届く。これらの支援は全般にわたり、単に被害者の法的ニーズだけでなく、情緒的、精神的ニーズにも注がれる。スタッフらは被害者の受けた被害化の体験を常に感じながら歩む。この過程では、被害者の経験について「ジェネシー司法のシステム」に十分な情報を提供しつつ被害者の手助けを行う。この間被害者は、たとえば加害者との出会いを通して、保釈や判決の決定にいくらか関与することができる。こうした支援や参加がすべてあれば、被害者の希望は、驚くほど創造と救いに満ちたものに変わっていくだろう。最低限でも彼らのニーズは取り上げられ、害悪のさまざまな面を認めてくれるのである。

被害者―加害者の直接的なやりとりと両者への力の付与という理想は、必ずしも十分達成できるとは限らない。第三者による決定はある程度避けられない。コミュニティにとって重要な意味のある事案は、被害者と加害者に安易に任せるわけにはいかないし、また何らかのコミュニティによる監視も必要である。だが、こうした事案について、犯罪に対する見方や対応のための規範を定めておくには及ばない。そういう場合であっても、実際にはどのような犯罪であり、何が現実に起こるのかという見通しを常に持っておく必要がある。

正義のなされるところに儀式あり

現行の法制度のもとでは多くの儀式をしなければならない。実際のところ、裁判とは相当程度儀式であり、ドラマであり、劇場といってもいいだろう。しかし、最も重要なニーズは儀式のためにいつも無視されている。

そのニーズのひとつは加害行為が発生したときにあるが、詩編の中で語られるように、この場面では哀悼の儀式がまさにぴったりである。「ジェネシー司法」は、宗教的な哀悼の儀式を進め、利害関係のある人々を癒すことにより、このニーズを認める。

しかし正義が行われるときには（完全であれ、おおよそであれ）、また終結の儀式が必要になる。ルーク・ハルスマンは、これらを「回復（reordering）の儀式」と呼んだ。これは被害者と加害者双方にとって重要なことであろう。

こうした儀式によって、教会が特に重要な役割を果たす舞台が与えられる。

刑罰のための場所は存在するか

すでに論じたように、刑罰は正義の焦点とすべきでない。しかし、修復的概念には刑罰のある種の形を認める余地はあるのだろうか。たしかに、被害弁償のような選択肢を、たとえより相応で理にかなった罰ではあっても、刑罰として理解する人々もいるだろう。たとえば、VORPの一つの主要な研究によれば、加害者は自分たちの結論を刑罰だと受けとめるといっても、伝統的な刑罰に比べてより前向きにとらえている。刑罰という言葉が使われるのは、他に替わるべき言葉がないからだろう（もっとも、正義を言い表すのに「健全化（making right）」という言葉を使った人もいた）。とはいえ、責任の受容は苦痛であるから、当然ある意味で刑罰として理解されるだろう。同様に、危険人物を隔離することは、最良の条件下でも苦痛である。

したがって、人が修復的司法の要素を刑罰として経験するかどうかが問題ではなく、刑罰のための刑罰を位置づける場所があるかどうかが、真の問題である。クリスティが論じるように、（苦痛のための）苦痛が使われる場合は、少なくとも隠された目的なしに使われるべきである[22]。

苦痛はただ刑罰として適用されるべきであり、たとえば、社会復帰とか社会統制といった他の目標を達成する手段として用いるべきではない。他の功利的目的を伴う苦痛を科すことは、ごまかしであり、人を商品扱いすることになる。クリスティは哀悼を例にとる。死を悲しむとき、私たちは悲しみのために悲しむのであり、決してそれ以外の目的のために悲しむのではない。彼はまた、苦痛賦課の最大限のレベルを設定し、そのレベルが下がる可能性がある場合にのみ、苦痛を科すべきだと主張している。

修復的アプローチから刑罰をまったく排除することはできないだろうが、刑罰が当たり前のことであってはならず、運用および目的は慎重に規定されるべきである。聖書の例では、刑罰の目標、性質、文脈が重要であることを示している。たとえば聖書の文脈からすると、刑罰は普通、終結ではなく、解放とシャロームの創造を目的とする。聖書のジャスティスは愛を背景として実現される。赦しと和解への可能性こそが、トンネルの向こうに見える灯りなのである。刑罰は有限だが、愛は無限である。刑罰ではなく、償いをする愛こそが、人間の主要な責任である。

社会として処罰する場合は、公正かつ相応な状況で実施しなければならない。イグナティエフが述べるように、刑罰は公平で正統なものとして考えるべきである。というのは、正義の経験を了解させるような意味づけの枠組みを与えなかったら、正義を経験したとはいえないからである。刑罰が公正であると思われるためには、結論と手続は元々の悪行に関連づける必要がある。だが、社会にあるさまざまな状況もまた公正と見られるべきであり、さらにこのことから、社会的、経済的、政治的な正義のようないっそう大きな問題も提起されてくる。

修復的アプローチに刑罰のための余地があるとすれば、それはあくまでも中心的なものではないはずである。刑罰は、苦痛の程度をコントロールし、抑えるという条件下、および修復や癒しを目標とする状況においてならば、適用される必要があろう。「修復的刑罰」という考え方もできるだろうが、すでに述べたように、破壊的な刑罰が大いにありうることを取り急ぎ付け加えておく。

表4　司法の理解

応報レンズ	修復レンズ
・非難の確定が中心。	・問題解決が中心。
・過去に焦点。	・将来に焦点。
・ニーズは第二義的。	・ニーズは第一義的。
・敵対的な戦闘モデル。	・対話が標準。
・差異を強調。	・共有性の探求。
・苦痛の賦課を標準とする。	・修復と回復を規範とする。
・ある社会的損害がさらに別の社会的損害を生む。	・社会的損害の修復を強調。
・加害者による害は加害者への害によりバランスをとる。	・加害者による害は修復によりバランスをとる。
・加害者に焦点、被害者は無視。	・被害者のニーズが中心。
・国家と加害者が中心的要素。	・被害者と加害者が中心的要素。
・被害者への情報提供なし。	・被害者へ情報提供。
・回復はまれ。	・回復は一般的。
・被害者の「真実」は第二義的。	・被害者は「受けた影響の真実を語る」機会が与えられる。
・被害者の苦しみを無視。	・被害者の苦しみを悼み、認める。
・国家から加害者へ働きかけ、加害者は受動的。	・加害者にも解決にあたっての役割が与えられる。
・悪行への対応は国家が独占。	・被害者、加害者、コミュニティの役割を尊重。
・加害者には解決の責任はない。	・加害者には解決の責任がある。
・結論は加害者に無責任性を助長する。	・責任ある行動が促進される。
・個人的非難および排除の儀式。	・哀悼と回復（reordering）の儀式。
・加害者を非難。	・害悪の行為を非難。

・加害者とコミュニティの結びつきは弱い。	・加害者のコミュニティへの統合は強化される。
・加害者への見方は断片的、犯罪は法律により定義されている。	・加害者はトータルに理解される。
・応報による均衡感。	・回復（restitution）による均衡感。
・加害者をおとしめることで均衡化する。	・被害者と加害者を引き上げることで均衡化する。
・正義は〔応報という〕目的と手続によって評価。	・正義はその「成果」によって評価。
・正義を正しい（right）手続ととらえる。	・正義を健全な（right）関係ととらえる。
・被害者―加害者の関係は無視。	・被害者―加害者の関係が中心。
・手続は人々を離反させる。	・手続は和解が目的。
・対応は加害者の過去の行動に基づく。	・対応は加害者の行動の成り行きに基づく。
・改悛や赦しを促さない。	・改悛や赦しを促す。
・代理の法曹専門家が主役。	・被害者と加害者が中心、専門家は援護役。
・競争的、個人主義的価値の奨励。	・相互依存と協働の奨励。
・行動の社会的、経済的、道徳的状況は無視。	・トータルな状況が重要。
・一方が勝ち、他方が敗れるという結果を想定する。	・両者とも勝ちという結果を可能にする。

二つのレンズ

先に、応報レンズと修復レンズを簡単に要約したが、この二つの視点は、やや長い形で定式化することができる。応報的司法によれば、①犯罪は国家と国家の法の侵害である。②司法の焦点は有罪の立証である。③その結果、苦痛の量が割り当てられる。④正義は対抗当事者間の争いによって追求される。⑤争いでは、加害者は国家と戦わされる。⑥成果よりも手続と〔応報という〕目的の方が重視される。一方が勝者で、他方が敗者。

修復レンズによれば、①犯罪は人々および関係の侵害である。②司法はニーズと義務を明らかにすることを目的とする。③その結果、事態は健全化される。④司法は対話と相互の合意を促す。⑤被害者と加害者に中心的役割を与える。⑥〔正義が実現されたかの〕判断は、責任の引き受け、ニーズの充足、癒し（個人および関係）の促進具合によって決まる。

まずニーズを満たし事態の修復を追求する司法は、非難と苦痛を中心とする司法とはまったく異なるように見える。表4は、司法に関する二つの概念の特徴と意味を対比させたものである。

応報的司法と修復的司法。この二つのレンズを使えば、司法の世界はまったく違って見える。今あるのは応報的司法である。応報的司法では、なされる必要があることをなしていないかもしれないし、ことによるとすでに行っていると実務家たちが主張しているものすらなしていないかもしれないが、私たちがその実現する手続を心得ているという意味では、どうにか「機能している」。私が修復的司法と呼んだ、より理解しにくい考え方についてはどうだろうか。ここから、私たちはどこへ向かうのだろうか。

〔原註〕

（1） M. Kay Harris, "Strategies, Values and the Emerging Generation of Alternatives to Incarceration," *New York University Review of Law and Social Change*, XII, No. 1 (1983-4), 141-170 および "Observation of a 'Friend of the Court' on the Future of Probation and Parole," *Federal Probation*, LI, No. 4 (December 1987), pp. 12-21 を参照。

（2） たとえば、前出のハルスマンの論考を参照。さらに、John R. Blad, Hans van Mastrigt, and Niels A. Uldriks, eds., *The Criminal Justice System as a Social Problem: An Abolitionist Perspective* (Rotterdam, Netherlands: Erasmus Universiteit, 1987) も参照。

（3）マーシャル・フォーチュン（Marshall Fortune）は、一九八六年にオンタリオ州ゲルフ（Guelph）で開催された修復的司法と「困難事例」に関する会議においてこの問題を提起した。

（4）なお、"Critical Criminology and the Concept of Crime," *Contemporary Crises: Law, Crime and Social Policy*, 10 (1986), pp. 63-80を参照。

（5）Ron Kraybill, "From Head to Heart: The Cycle of Reconciliation," Mennonite Conciliation Service *Conciliation Quarterly*, 7, No. 4 (Fall, 1988), p. 2.

（6）Ron Claassen and Howard Zehr, *VORP Organizing: A Foundation in the Church* (Elkhart, Indiana: Mennonite Central Committee, 1988), p. 5.

（7）フォーチュンは、ゲルフ会議でこの用語法を提案した（なお、Marshall Fortune, "Making Justice: Sources of Healing for Incest Survivors," *Working Together*, Summer, 1987, p. 5および"Justice-Making in the Aftermath of Woman-Battering," *Domestic Violence on Trial*, ed. Daniel Sonkin (New York: Springer Publishers, 1987), pp. 237-248を参照）。

（8）Wilma Derksen, *Have You Seen Candace?* (Wheaton, Ill.: Tyndale, 1992).

（9）この用語については、フォーチュン（Marie Marshall Fortune）から学んでいる。

（10）Morton MacCallum-Paterson, "Blood Cries: Lament, Wrath and the Mercy of God," *Touchstone*, May 1987, p. 19.

（11）John Lampen, *Mending Hurts* (London: Quarker Home Service, 1987), p. 57.

（12）なお、Jeffrie G. Murphy and Jean Hampton, *Forgiveness and Mercy* (Cambridge, England: Cambridge University Press, 1988)を参照。

（13）たとえば、Russ Immarigeon, "Surveys Reveal Broad Support for Alternative Sentencing," *National Prison Project Journal*, No. 9 (Fall, 1986), pp. 1-4を参照。

（14）"Mediation" (Mediation UK 5, No. 2 (March 1989), p. 7.

（15）Martin Wright, "From Retribution to Restoration: A New Model for Criminal Justice," *New Life: The Prison Service Chaplaincy Review*, 5 (1988), p. 49.

（16）Dennis A. Challeen, *Making It Right: A Common Sense Approach to Crime* (Aberdeen, South Dakota: Mielius and

Peterson Publishing, 1986).

(17) "Medeiation," June 1988 および Martin Wright, *Making Good: Prisons, Punishment and Beyond* (London: Burnett Books, 1982), pp. 246 ff. を参照。

(18) Mark Umbreit, *Victim Understanding of Fairness: Burglary Victims in Victim Offender Mediation* (Minneapolis: Minnesota Citizens Council on Crime and Justice, 1988), pp. 25 ff.

(19) Claassen and Zehr, *VORP Organizing*, pp. 24–25.

(20) たとえば、Russ Immarigeon, "Reconciliation Between Victims and Imprisoned Offenders: Program Models and Issues" (Akron, Pa.: Mennonite Central Committee, 1944) を参照。さらに、重大犯罪を扱っている先駆的なプログラムのもうひとつの例を行っているのは、Fraser Region Community Justice Initiatives Association, 101–20678 Eastleigh Crescent, Langley, BC Canada V3A 4C4 である。

(21) Walter H. Berea, "The Systematic/Attributional Model: Victim-Sensitive Offrender Therapy," in James M. Yokley, ed., *The Use of Victim-Offender Communication in the Treatment of Sexual Abuse: Three Intervention Models* (Orwell, Vt.: Safer Society Press, 1990).

(22) 前出の文献を参照。

第11章　私たちが進むべき道

修復的システムを十分に実行していくためには、今後どのように取り組むべきであろうか。その点を検討するのは興味深いことである。

制度の可能性

法律を「民事化」すべきであると主張している人々もいる。[1]

刑事法と違い民事法では、罪責ではなく、損害と賠償責任という観点から悪事を規定している。そのため、結論に関しては、刑罰ではなく紛争解決と損害回復に焦点が当てられ、勝ち／負けという点から決定するのではなく、責任の程度が考慮される。国家は被害者ではないため、実際の当事者が常に中心的立場をとり、手続に際しては重要な権限と責任を持つことになる。結果は第一義的には懲罰的ではないため、手続上の保護にはさほど関心がなく、背後にある事実関係は比較的広く取り込まれる。一定の保護を保障するために民事手続を修正したらどうであろうか。手続において被害者が確実に弁護士を選任できるようにし、合意に至らなかったり、あるいは危険な問題を伴う場合には、第三者の決定を考慮に入れたらどうであろうか。刑事手続から事件を移送し、修正された民事手続によってそれらを処理したらどうであろうか。

刑事法を適用すれば、応報的パラダイムが活動しはじめる。だが刑事法は比較的新しく西欧社会に導入されたものであり、生活の他の部分と多くの点で矛盾するような前提のもとで機能している。既存の民事法機構は、こうした前提をいくらかでも回避できる司法を作るための考え方の枠組みを提供するかもしれない。

応報的システムを排除しようと夢見るのではなく、並行する制度を開発すべきであろう。ヘルマン・ビアンキは、中世にみられた並行する二つの路線（国家司法と教会司法）の存在は、ある意味では適切なことだと論じている。当事者たちは、事件によってどちらかを選択する権利があった。さらに、それぞれの路線は互いに道義面からチェック機能を果たしていたのである。

別個の司法路線を発展させることは、サンフランシスコのコミュニティ委員会の戦略となっている。このプログラムは、「制度」外で紛争を解決する近隣単位の機構を発展させてきている。そこでは、コミュニティの人々がケースワーカーや調停者として役割を果たせるように訓練され、コミュニティの教育や活性化に高い価値が置かれる。その調停手続は、民事裁判や刑事裁判の代替策として役立っているが、事案が法手続によって扱われているときには、調停手続は行われない。このプログラムは、コミュニティを教育し活性化することで、コミュニティに自らの問題を解決させようとするものである。

このコミュニティ委員会をはじめ他の紛争解決プログラムは、大いに将来性があり、問題解決やコミュニティを重視する司法の理想を実現させる一筋の道を示すものである。だが近年、こうした「非公式な司法」形態に次第に批判の声が高まってきている(2)。

さまざまな非難を耳にする。結論に統一性を欠き、基本的な公平感に反する。他の司法形態にアクセスできない貧困者や無力な人たちのために用意された司法である。被害者に過大な権限が与えられる。結局は、少なからず国家や公式の司法制度に権限や正統性が与えられてしまうなど、多岐にわたる。紛争解決運動はその前提や目標をあくまでも慎重に考えるよう求められている。

この点に関して、日本のモデルはとりわけ興味を引く。日本法の専門家ジョン・O・ヘイリー（John O. Haley）の報告によると、日本では独自の二路線の司法システムが機能しているといわれる(3)。公式、非公式の別個の路線は互いに並行して運用されるが、両者にはかなりの依存性と相互作用がある。一方で始まった重大事案は、他方へ移されることが一般的なパターンである。

第一の路線は、西欧型の公式な刑事手続であり、なじみ深い多くの特徴がある。罪責と刑罰に焦点を置き、公式な規則にのっとって運営され、検察官などの専門家により運用される。この路線は多くの犯罪に利用される。だが、このシステムは最終的には長期の拘禁刑や他の重大な刑罰を科すことになっているが、最後まで進む事案はほとんどない。事案はだいたい一定の割合で脇にはずされる。システム全体が部外者にとっては著しく寛大に見える。

このように手続が一見寛大で、公式な法制度が最後まで進められないのは、西欧には見られないあまり公式ではない第二の路線のためである。ヘイリーはそれをこのように要約している。

自白、改悛、猶予（absolution）といったパターンが日本における法執行の各段階を支配している。その手続の登場人物には、新しい役割を担う司法当局の他に犯罪者と被害者も含まれる。最初の警察の取り調べから量刑に関する最終的な審理に至るまで、大多数の被疑者・被告人は自白をし、改悛を表し、被害者の赦しを請い、そして当局の慈悲に身を委ねるのである。その代わり、被告人は意外なほど寛大に扱われ、公式な手続から完全にはずれることによって、少なくとも司法側からの猶予の見込みが得られるのだ。

手続の各段階で、大多数の事案は公式な法制度からはずれ、ごくわずかなものだけが検察に送致される。さらにその一部が完全に訴追され、さらにまた少数者のみが拘禁刑に付されることになるが、一年以上の刑に付される者は非常に少数である。しかし、日本の犯罪者が有罪宣告を受けないという意味ではない。日本における有罪率は実に、およそ九九・五パーセントにものぼっているのである。

公式な手続から事案をはずす決定や非刑罰的な判決を下す決定には、多様な要因が影響している。そうした斟《しん》酌《しゃく》の点には、犯罪の重大性や犯罪者の人間性といった西欧人にもよく知られたものもある。だが、加えて日本独特のものもあり、罪責を進んで認める意思、改悛の意を表し被害者への弁償をする意思、また被害者が進んで弁償や謝罪を受け入れる意思などが挙げられる。

日本の有罪率が高いのは、主として加害者が進んで自白し責任をとるためである。このような自発的意思のルーツは、むろん文化的な一面もあるが、自白したならば、おそらく結論は刑罰よりも弁償と改善更生に重点が置かれるだろうという理解にもよっている。複雑で刑罰的な西欧の法制度は自白には消極的であるが、日本の法制度では標準的なものとなっているように思われる。

この手続において被害者は重要な役割を果たし、損害に対する回復が期待される。そして事件受理、訴追、判決に関する当局の決定に際して発言することはできる。だが、手続をコントロールしておらず、対立当事者や訴追者の役割を引き受けることもない。

西欧人からみれば、公式な法制度から事案をはずそうとする当局の意思には驚かざるをえない。なぜなら、私たちの前提としては、公式な手続を第一義的とし、罪責を確定して刑罰を適用することが主な目的だからである。日本における刑事手続の基本的目的は加害者を改善更生することであり、そのことが司法当局の決定を支配しているのである。

したがって［司法当局の］役割は、逮捕・訴追・審判という公式の任務だけとは限らない。ある被疑者が加害者であるという確信を得たなら、当局の関心事は、罪責のための明白な立証から、当局による受け入れという形態も含めた、被疑者の態度や社会復帰および社会への再統合の見込みへと移ることになる。改善更生プロセスが開始されていれば、寛大さが適切な対応と考えられる。

ヘイリーによると、日本での犯罪への典型的な対応の仕方は、次のようなものである。すなわち、「罪を認め、回復と赦しのため被害者と直接交渉をしながら改悛の意を表すことが、寛大な処置の前提であり、長期拘禁刑の回避へとつながっている」。

西欧人は、そのような「寛大な」対応では犯罪の抑止にならないだろうと考えている。しかしヘイリーは、実際このような対応の仕方が日本の低い犯罪率の一因であると結論づけている。

彼が不思議に思うのは、日本と同様に、日本人が改悛や赦しの概念を制度化しているのに、西欧は行っていないことだ。改悛や赦しの要請は、少なくともユダヤ・キリスト教の伝統には根強いはずである。それなのに、西洋では、「そうした道義的要請を実行するための制度的な柱が整備されておらず、むしろ法制度と西洋の法過程は、応報と復讐への社会的要求を反映し、強化しているのである」。

日本のパターンは、明らかに日本の文化と結びついたものであるが、ヘイリーは、この例から学ぶべき点が多いと考える。それは、公式と非公式、当事者対抗システムと当事者非対抗システムをリンクさせるという興味深い可能性を示すものだからだ。日本のモデルは、公式な司法機関と国家に対して一定の役割を与えるものの、修復的司法の余地を残し、被害者と加害者により大きな役割を与えているのである。西欧諸国はこのモデルを簡単には真似できないが、司法には私的な面、公式な面があるということを教えている。ジェロルド・アウアーバック（Jerold Auerbach）は、正義を伴わない法の危険性を懸念しているが、法を伴わない不正義は特に危険だと考えている。日本のパターンは、この二つの可能性だけではないという希望を投げかけている。

この可能性には興味をかき立てられるが、もちろん現時点では、制度的規模での実現という青写真は、かなり懐疑的にならざるをえない。修復的司法に関するワークショップで、ケイ・ハリスがその視点を引き続き発展させ、「時期尚早でも実施すべき」という圧力に抵抗すべしと主張するのを聞き、私はほっと胸をなでおろしたのである。(4)

概念に関する研究はまだ多く残されている。前の章で述べたように、修復的司法は未だパラダイムには至らず、未解決や未解答の問題が山積している。「コミュニティ」という言葉はとらえどころがなく、しばしば濫用されている。コミュニティとは何を意味し、修復的アプローチにおいてどのように現実的なものになりうるのだろうか。また、国家の適切な役割とは何なのだろうか。

私は加害者の責任を強調してきたけれども、加害者に対する私たちの責任はどうだろうか。「危険な少数者」にどう対処していくのか。拘禁という手段を使うべきか。その場合、いかに決定を下すのか。刑罰への余地は残されているか。犯罪の領域における修復的な司法概念は、社会的、経済的、政治的正義などのより広範な問題とどう調和させるのか。聖書の教えとは密接な結びつきがありそうだが、今日の現実においてはどのような意味があるのだろうか。

さらに私なりの体系化は、白人、中産階級、男性、北米人の視点をどの程度反映しているのか。司法のフェミニスト的概念に関するケイ・ハリスの研究では、すべてではないが、いくつかの同じ方向性を指摘している。(5)修復的司法の概念は、さまざまな文化や伝統や経験の視点から評価される必要がある。

だが、たとえ修復的司法を成熟したパラダイムとして提示できるとしても、制度的規模での実現については、相変わらず慎重であるといわなければならない。クーンのパラダイム転換論の欠陥は、ひとつにはパラダイム転換を知的活動として扱い、政治的、制度的な発達パターンを無視している点にある。政治的、制度的な関心や手続は、転換が起こる可能性や最終的にどのような形式をとるのかということに対して確実に影響を与える。応報的パラダイムは近代国家の関心や機能と密接に結びついており、そのことは、パラダイム転換の可能性や、それが実現された場合の形式に、かなりの影響力があるはずである。

法と司法の分野における転換の歴史は、希望に満ちたものとはいえない。転換への努力がしばしば悪用され、本来の理想からはずれてしまったり、ときには道を誤ったり有害になることさえあった。刑務所の起源がこの一例であるが、転換を模索する私たちは絶えずこのことを思い出し、警告として位置づけておかなければならない。先に述べたように、根本的な考え方を問題にしなかったために、そうした「改良」が悪い結果になってしまうのだろう。しかし、問題はそれ以上に複雑なのである。

いわゆる代替策には、もはや新しくない概念を隠すために新しい言葉で表現しようとするものもある。[6]概念には隠れた意味合いもあり、それが表面に出るには時間がかかるものである。また内外のさまざまな圧力によって、その努力は当初の方向づけから逸れやすい面もあるのである。ときとしてこうした努力が結果的に再構築され、当初の意図とはまったく違う関心や目標に役立つこともある。

したがって過大な期待をする前に、私たちにはその意味内容を注意深く考える義務がある。転換の力学についてできる限り知る必要があり、私たちの夢がなぜうまくいかないのか明らかにしなければならない。

当面の目標と戦略

もっと大きな可能性を思案する傍ら、当面の目標と活動についても追求しなければならない。差しあたって今できる、そしてしなければいけないことがある。

相手が気の合いそうな人であろうとなかろうと、私たちは「談義（palaver）」[7]や対話を続けなければならない。自分たちの理想を検証し、探求し、発展させる必要があるからである。

また司法の農夫となり、実験・例証用地を導入していく必要がある。たとえば、より多くのVORPを植え付け、その新しい形式や使い方を検証してみなければならない。被害者には、修復的枠組みからの新しいサービスを提供すべきである。これらには、被害者が苦痛を受けたり、悪を非難したり、癒しを求めたりするときには、私たちがコミュニティとして被害者を支えるということを示す、何より重要な儀式が含まれている。同様に、加害者やその家族にも新しいサービスを提供しなければならない。このようなあらゆる方法を通じて、責任や修復や力の付与が見込まれそうな刑罰の代替策を探求する必要がある。

VORPを実施してみて、財産犯に対する修復的アプローチはいくぶん分かってきたが、今や、さらに「重大事件」にもあてはめて検証してみる時期が来ているのである。殺人についてはどうだろうか。配偶者虐待、児童虐待、強姦についてはどうなのか。どのような可能性、どのような限界があるだろうか。どのような手順がうまく機能し、あるいは機能しないのか。また、どのような制度的保障が必要になるのか。

これらの論点の討議や検証はすでに始まっているが、問題はまだ山積している。これには現実性、勤勉さ、慎重さのほか、創造性やリスクの覚悟、そして理想を夢見ることも必要になるだろう。理論家と実務家、「専門家」と素人との協力も必要となろう。元被害者、元加害者の人たちの参加も欠かせないであろう。

「代替策」を探求する場合、それが真に代替的であるかを絶えず検証しなければならない。それが実際に代替的な価値を反映するものなのか。あるいは代替的な技術にすぎないのか。それは修復的な観点と一致しているか。それで修復的路線を進むことができるのだろうか。

私たちは当面の戦略とアプローチを発展させなければならないが、その方向性について慎重に考えなければならない。最小限、次のような私たちの努力を問うべきである。それは刑罰の価値を高めるものなのか、それとも抑えるものなのか。それは統制や刑罰の新しい形を構築するのに利用可能か。それは実験・例証「用地」として役立ち、ひとつの経験として蓄積できるか。それは修復的な理念の中核的要素を取り込めるか。

修復的理念の「中核的要素」とは何か。私たちの努力を測る修復的司法の基準となるものを開発することから始めることになる。巻末の補遺にリストを羅列してみたが、主な質問はこのようなものである。そのプログラムまたは結論は、被害者への害悪を修復することをめざすものか。それは加害者のニーズに対応しているか。それはコミュニティのニーズと責任が考慮されているか。それは被害者―加害者間の関係に取り組んでいるか。それは加害者の責任を促しているか。被害者と加害者に手続と結論への関与を促しているか。

故きを温ね、新しきを知る

一方、教会も果たさなければならない重要な役割がある。旧約聖書学者のミラード・リンドは、聖書のジャスティスは当時、国家司法とはきわめて対照的に新しい存在であったことを教えている。さらに彼は、「キリスト教徒はこの新しい司法の変容モデルを、現代の司法制度にいかに関連させるのか」という重要な問題を提起している。キリスト教コミュニティの責任とは何なのか。

リンドは、過去数世紀における教会の対応について四つの事柄に注目する。第一は、閉じこもりの戦略である。つまり教会は自らを世の中から超越させようとしてきたが、これは聖書に忠実でない戦略といえる。というのは、皆が従うべき神の司法の「積極的」性質を無視しているからである。第二は、コンスタンティヌス帝もとったもので、協定の戦略である。これは教会が広く用いる対応で、世俗世界の前提をおおむね取り入れたものである。第三は、啓蒙主義によって採用された戦略で、司法モデル間の摩擦を解消させる戦略である。

だが、キリストは第四の選択肢を示した。それは古さの中に新しさを創造する戦略である。ピーター・モーリン（Peter Maurin）は著作『エッセイ集（Easy Essays）』の中でカソリック・ワーカー（Catholic Worker）[*1]について触れ、得意な言い回しでこの精神を巧みにとらえている。

カソリック・ワーカーは、古い殻の中で新しさを秘めた哲学によって新しい社会を創造できると信じている。それは、とても古い哲学でじつは新しくないのだが、古さのあまり、いかにも新しそうにみえるのだ。

キリストの戦略は、新しい運用原理や前提によって、新しい社会（教会）を創造することであった。それらの新しい運用原理や前提は、古いものの中で実施されるとともに、ひとつの模範として役立ち、古いものに挑戦するようなものであった(8)。

したがってリンドの疑問に答えるには、私たちが一致協力して事に当たることもひとつの方法である。教会内ではこれまで、被害者を無視し大きな社会から借りてきた応報レンズによって悪行に対処することがあまりに多すぎた。使徒パウロの警告によれば、キリスト教徒は不適切な前提の下で行われる国家の裁判所に紛争を持ち込んではいけない。だが彼の指摘は単なる否定ではなく、教会は契約による司法を実行するために、独自の代替的機構を開発すべきであると考えたのである。教会内の害悪や紛争に対処するために用いられるレンズを再検討し、修復的な理解を組み込んだ新たな機構を創造しなければならないことは言うまでもない。こうしてこそ、教会は外部の世界にモデルを提供できる[9]。

教会の枠組みの外で運用するときも、修復レンズを取り入れ、私たちがなすことをそのレンズによって形づくり特徴づけるようにするのである。また、教会は先頭に立って古い枠組みの中に代替的機構を設立しなければならない。私たちは率先して実験や例証として役立つ用地の導入を打ち出すべきである。

事実、真のパラダイムである応報的司法の代替策を開発しようとすれば、理論を越えて新しい基本原理と新しい「物理学」へ進まなければならないだろう。つまり新しい言語だけでなく、そのパラダイムを「理解」しうる一連の運用原則や手順も必要になるということである。教会はこの過程で特別な責任を負うことになる。

ただひとつ確かなこと

応報的司法は私たちの政治制度や精神に深く根づいている。それを根本的に変えようと望んでみても、おそらく手に余るだろう。だが、現在用いているパラダイムの重要性を認識し、そしてそのパラダイムを自由に問いかけることが必要である。また、新しいレンズを用いて、私たちの決定することが実行に値するものであることを伝え、具体化していくことも可能である。さらに家庭や教会や日常生活など、ある程度コントロールできる生活の場で、この新しいレンズを用いてみることも可能である。

たとえ修復的司法がパラダイムではないとしても、ある著述家が名づけた「感光理論（Sensitizing Theory）」として役立つこともある[10]。少なくとも事前に慎重に考えたうえで、苦痛を課すことになるはずである。

第二次世界大戦以来、オランダがあれほど低い拘禁率を維持してきた理由について、研究者たちは解明しようとしてきた。最近のある研究によれば、拘禁刑に控えめなのは量刑についての特別な思想があるためではなく、刑務所について「やましさ」があるからであると結論づけている[11]。

こうした意識が世代を超えた法律家全体に及んだのは、ナチスの手による拘禁という歴史的経験や、拘禁刑を疑問視するロースクールのカリキュラムの影響だった。その結果、拘禁という形で苦痛を課すことにためらいを示すようになってきたのである。ただひとつ確かなことは、私たちのレンズについて論議することこそ、苦痛を課すことが中心ではなく最後の手段、敗北の宣言であるような司法の状況を作り出すことに貢献できるのである。

〔原註〕

（1）なお、Martin Wright, *Making Good* (London: Burnett Books, 1982), pp. 249–250を参照。

（2）Roger Matthews, ed., *Informal Justice?* (London: Sage Publications, 1988)を参照。

（3）この点に関して、私は論考を執筆したことがある（一九八八年一〇月二九日にワシントン州シアトルで開かれたthe CLE Seminar "Creative Justice Through Mediation"において発表した"Mediation and Criminal Justice: The Japanese Model—Confession, Repentance, and Absolution"を参照）が、未出版である。また、John O. Haley, "Victim-Offender Mediation: Lessons from the Japanese Experience," *Mediation Quarterly*, 12, No. 3 (special issue, spring 1995), pp. 233–248も参照。

（4）M. Kay Harris, "Alternative Visions in the Context of Contemporary Realities," in *Justice: The Restorative Vision*, Issue No. 7 of *New Perspectives on Crime and Justice: Occasional Papers* (Akron, Pennsylvania: Mennonite Central Committee, 1989), pp. 31–40を参照。

（5）"Moving into the New Millenium: Toward a Feminist Vision of Justice," in Harold Pepinksy and Richard Quinney? eds., *Criminology as Peacemaking* (Bloomington, Ind.: Indiana University Press, 1991)を参照。

（6）Matthews, *Informal Justice?*, p. 102.

（7）ヘルマン・ビアンキ（Herman Bianchi）の示唆により、われわれの議論においてこの語（ポルトガル語のpalavra＝話すことを語源とする）を用いる。最近では、メイン州の教会評議会（the Maine Council of Churches）のラス・イマリジョン（Russ Immarigeon）が指摘するように、アメリカ伝承辞典（The American Heritage Dictionary）によると、この語は「無駄話」や「魅惑したり、紛らしたりするための会話」、「特にアフリカにおける、ヨーロッパ人開拓者と地域住民の代表者との談判」という意味を持つとされている。だが、「無駄話」とまでいうのか、なぜ「特にアフリカにおいて」なのかということに彼は疑問を投げかけている。

その他、辞書には、討論やディベートと関係のある、より中立的な意味が示されているが、この言葉の持つ言外の意味については考慮に入れておく必要がある。

（8）John H. Yoder, *The Original Revolution* (Scottdale, Pennsylvania: Herald Press, 1971) を参照。

（9）教会内部における紛争解決に関する文献については、Mennonite Conciliation Service, Box M, Akron, PA 17501 に問い合わせたし。

（10）Sebastian Scheerer, "Towards Abolitionism," *Contemporary Crises: Law, Crime and Social Policy*, 10, No. 1 (1986), p. 9.

（11）Willem De Haan, "Abolitionism and the Politics of 'Bad Conscience'," *The Howard Journal of Criminal Justice*, 26, No. 1 (February 1987), pp. 15-32.

〔訳註〕

＊1　**カソリック・ワーカー**　一九三三年にニューヨーク市でドロシー・デイ（Dorothy Day）によって設立された社会運動。カソリックの友愛精神に基づき、初期には行き場のない人々に衣食住を提供する救貧運動をめざし、その運動は全米に広がった。カソリック・ワーカーの唱える土地再分配論、無政府主義は、伝統的キリスト教の世界からは拒絶されたが、非暴力・非武装・平和主義に発展して、単なる社会改良では飽き足らない若者たちを強く引きつけることとなった。

あとがき

本書で書かれたことはあまりに理想的で、非現実的に映るかもしれない。奴隷廃止がそうであったように、今日において常識だと思われることの多くが、かつてはユートピア的なものだと考えられていた。当時とは、見るレンズが変わったのである。

正直言って、修復的司法は依然として自分の人生のなかでユートピア的と感じることはある。怒りの気持ち、人を非難したがる傾向、対話をしたくない気持ち、紛争に対する嫌気などに直面して、ときには本書を書くのは恐くてできないと思ったことがある。

にもかかわらず私は理想を信じている。多くの場合、理想に達しなくとも、理想は標識、つまりそれをめざして進むもの、あるいは私たちの活動の達成度を測るものとして働く。それは方向を指し示してくれる。方向を示してくれるからこそ、私たちは道をはずれたことが分かるのである。

修復の実際体験が始まる所はトップからではなく底辺、つまり家庭やコミュニティあたりからである。神の子のコミュニティがこの方向へと導いてくれると私はなお信じている。聖書に登場する人々もそうであったように、私たちは確かにたびたび失敗する。しかし、そのたびに神は私たちを赦し、修復させてくれるのである。

修復的司法はいくぶんかは理想であると言わざるをえないが、そう述べると別のことが心配になる。読者は私の理想像を真剣に受け取らなくなりやしないかという点である。ここでコペルニクスの本の序文を思い出してみたい。それは私が彼と同じ天才だと主張するためではなく、その本から教訓を学ぶためである。

コペルニクスの本は宇宙に対する考え方を一新した。その核心は科学革命として知られるパラダイム転換であった。しかし、一世紀経ってはじめて、人々は彼を真剣に受けとめるようになったのである。

その時代の常識と逆行していたこともあって、最初、人々はコペルニクスの本を真剣に受けとめなかった。しかし、序文を読んで人々は本を軽く受けとめてしまったのではないか。序文でオレアンダーは「いいですか、読者の皆さん、なんとも興味深い本です。一読に値します。しかし、これはほんの思いつき、考え方の見本、理想像であって必ずしも現実ではないことを心にとめてください」と実際書いた。この言葉ゆえにこの革命的な本は論敵にとってとても口当たりのよいものとなったのであろう。またコペルニクスのパラダイムはほんの空想的モデルにすぎないという序文を読んで、読者は本の持つ深刻性を考えないで済ますことができたのだ。私も同じことをしているかもしれないと思う。

私の願いはこの本を理想像と受け取ってほしいことである。理想像とは、捕らえにくい蜃気楼というより、どうしても長くなり、曲がりくねってしまう道の先にあるおぼろげな目的地である。

補遺

Appendix

補遺1　修復的司法の判断基準

①被害者は正義の体験をしているか。

・被害者は関係者に真実を語る機会が十分にあるか。
・被害者は必要とされる賠償、損害回復を受けているか。
・不正義を適切に認識されているか。
・さらなる侵害から十分に保護されているか。
・結論は加害行為の重大性を適切に反映しているか。
・犯罪事実、加害者、手続に関する適切な情報を受けているか。
・手続において発言権があるか。
・司法の経験が適切に公のものになっているか。
・他人からの支援を十分に受けているか。
・家族は十分な援助や支援を受けているか。
・他の（物質面、心理面、精神面の）ニーズも十分対処されているか。

②加害者は正義の体験をしているか。
・加害者は自らの行為を理解し、責任をとるよう促されているか。
・自分の責任転嫁を他人から責められているか。
・事態の健全化が促され、その機会が与えられているか。
・手続に参加する機会が与えられているか。
・行動を改める（改悛する）ように促されているか。
・行動変化を監視し、確かめる仕組みがあるか。
・加害者自身のニーズに対処されているか。
・家族は支援や援助を受けているか。

③被害者―加害者間の関係が取り組まれているか。
・対話が（直接にあるいは治療的に）適切な場合に、その機会があるか。
・（事件やその他のことに関する）情報交換の機会があり、それが促されているか。
・責任転嫁が問われているか。

④コミュニティの関心が考慮されているか。
・手続と結果が十分に公のものとなっているか。
・コミュニティの保護が取り組まれているか。
・コミュニティに対しての何らかの損害回復あるいは〔謝罪などの〕精神的行動についての要請があるか。

・修復過程において、コミュニティの関係者が何らかの形で関与しているか。

⑤将来に向けた取り組みが行われているか。
・この事件を導いた問題性の解決に向けた対応策をたてているか。
・この事件によって引き起こされた問題性の解決に向けた対応策をたてているか。
・将来の目的に向けた取り組みが行われているか。
・結果を監視し、確認し、不都合が生じたら修正するために、対応策をたてているか。

補遺2　理想の転覆

改革の理想が実践に移されるにつれて、それは最初の目的から逸らされて（あるいは、覆されて）いく傾向にある。ときには、それが結果的に当初とはまったく反対の目的に奉仕してしまうこともある。この傾向は多くの領域に表れており、一部の人が論じるように、刑事司法の領域でとりわけ目立つ。ＶＯＲＰもまた、構想当時とはまったく異なったものになる可能性もある。実際のところ、そうした展開はかなり進行していると言う人々もいる。

ここ数年、ＶＯＲＰの仕事に携わってきて、私たちの理想を歪めようとする力を理解しようと悪戦苦闘してきた。そうした歪曲は避けられないかもしれないが、その過程にはたらく力学を理解したなら、最小限に抑えられるはずである。転換や転覆の原因として考えられるものをいくつか次に挙げてみよう。私はそれらを三つのカテゴリーにまとめてみた。

刑事司法の利害

ＶＯＲＰサークルにおいては、転換（当初の理想から逸れる）の原因は応報的目的と修復的目的をめぐる対立に関係しているとしばしば討議されている。刑事司法制度は本来応報的であり、主として刑罰を求めるからである。一方、VORPは修復に関わっていくべきだと主張する。この二つの目的は共存できるのか、あるいは、より大きな〔応報的〕システムは、私たちが二つの目的を共存させるよう圧力をかけるだろうか。そのシステムが理解する言葉、すなわち刑罰という言葉を私たちが使えば、修復的な目的が応報的な目的の陰になってしまうかもしれないだろう。もし使おうとしないならば、私たちはシステムの周辺の存在、すなわち「重要でない」事件しか扱えないようなつまらない存在にとどまることになるだろう。

刑事司法手続は、また別の方法で、転換をさせようと圧力をかけてくる。刑事司法はもともと加害者を重視する司法であり、事件、訴訟、主役はすべて加害者の観点から定められている。被害者には法律上の地位がほとんど定められていない。私たちが加害者重視の制度に加わり事件の委託を受けたなら、被害者にとって互角で本当の意味の司法を保持できるのだろうか。

刑事司法手続からの第三の圧力は、制度自体に絡む既得権益が原因である。前に述べたように、「制度」のさまざまな部門はそれぞれ自己の権益を有しており、それに合わせて新しい概念を取り込み、コントロールする方法を見つけがちである。ジェロルド・アウアーバックは『法なき司法(Justice Without Law)』の中で、アメリカ史における紛争解決過程でのこうした作用の分析を行っている。

制度化の力学

構想を現実化するには、制度化が必要である。そうした制度を作る力学自体が、構想を転換させる圧力を生み出している。

制度化するには、管理・運営を考慮することが重要となる。管理・運営のためには、簡単に集められ、表が作られ、分析される評価基準が必要である。次にその組織の存在を正当化するために、この基準が利用されることになる。たとえば、VORPについて言えば、管理・運営者は、事件の扱い件数とか「成功した」結果によって私たちの価値を評価しようという誘惑に駆られる。

和解は評価しにくいことから、私たちはより評価しやすい損害賠償に力を入れるようになる。結論の質とは関係なく、賠償額の量を主張し、事件を素早く終結させようと調停者に圧力をかけたりすることもある。調停の専門家に頼る場合もある。管理・運営上の目標や評価基準によって、理想は簡単に作り直されてしまうのだ。

このことが示すように、プログラム存続の問題が絡んでくる。たちまち直面するのは、資金調達方法やその資金源の問題である。よい仕事をするためには、資金が必要となる。プログラムも結局は資金源の意向に沿ったものになりがちである、と言われることもある。

「制度化の力学」のもうひとつの側面は、スタッフのアイデンティティや職業上の目標の展開と関連している。制度が発展するにつれ、内部での出世に目を向けるようになり、その目標を念頭に置いて、自分自身とプログラムについて判断を下すようになる。この影響は微妙とはいえ重要なことである。

誰しも支援や仲間を求めて、自分の周囲の人たちを頼りにするものである。VORP従事者は、どこで仲間を探すのだろう。私たちが根を下ろすにつれて、おそらく刑事司法サークルに仲間を探すようになる。それはそれで力となるが、制度内に機能している価値観や前提に同調すべきだという圧力も生まれる。

雇用されるスタッフや彼らの持つ価値観は、きわめて重要である。改革の頓挫についての分析で重視されるのは、次第に浸食が進行する過程である。だがこの過程は、より基本的なことで、すぐさま始まる。リーダーらが基本理念を明確に表明しても、スタッフは伝統的な刑事司法の職場から移ってきて、古い刑事司法の価値観を持っているかもしれない。また、もうひとつのパラダイム〔Restorative Justice〕でなく、伝統的な視点に左右されれ、従来通りに問題を処理しがちである。スタッフ全員がもうひとつの価値観を共有しないことには、真の違いが生まれるのは困難である。

スタッフが育つにつれ、組織はいろいろな段階を通過していく。こうした段階から、それぞれの長所や短所を持ち合わせたリーダーシップのタイプが生まれることになる。これもまた、プログラムの具体化に影響を及ぼしている。

組織化の最初の段階では起業家が必要となる。普通、リーダーシップを発揮できるのはひと握りの人間で、夢を追う理想家や危険を恐れない冒険家がその例である。創造性が高く、構想は実行に移されるよう具体化されなければならない。そうした人的・経済的資源を見つけ出し、創造的に用いていかなければならない。

こうした起業家的資質の持ち主は、自らの仕事にかなりのエネルギーや熱意や創造性を注ぎ込むものだが、往々にして彼らは管理・運営者ではない。したがってある意味でリーダーシップに重要なことは、組織とプログラムを維持するために現実とうまく対処できるよう、より管理・運営者的になることである。一方、管理・運営者は理念を忘れやすいものだ。彼らは日々の組織運営の必要に気をとられ、長期的な展望やプログラムの評価、そして理想の追求などにはあまり関心を示さず、危険も冒したがらないかもしれない。もしプログラムが将来の予想や理想の部分を盛り込まずに、「管理・運営」面ばかりに目を向けていたら、またひとつ転換の起こる要因が生まれてしまうのである。

プログラムの設計と実施

プログラムは多種多様な目標を満たそうと試みるものだが、実績を上げるには主要な目標をひとつだけにしぼるべきである。さらにいえば、目標同士が対立することがあるかもしれない。

ここエルクハートのVORPを見ても、そのことは正しいといえるし、英国の最近の研究でも同様の結果を示している。たとえば刑務所に収容させないというディヴァージョンの目標は、ときには和解の目標と対立することもある。刑務所に収容させないというディヴァージョンを主な目的として始められたプログラムは、和解および被害者への関心を重要視しなくなるおそれもあるということである。

このことが示すように、実践と哲学の両面から長期的な展望を検証せずに、プログラムを実施することは簡単ではある。未検証のまま、少しずつでも具体的に歩み出してしまえば、目標から遠ざかり、知らず知らず道に迷ってしまうはめになる。

補遺3　グループ学習のためのヒント

以下に述べる学習用の質問と活動のための計画は、グループ学習に本書を利用しようとする人々にヒントを与えることを目的としている。第1章は、次の章における討議の土台となる事例紹介にすぎないので、学習のための質問はない。

学習グループのリーダーは、それぞれの学習状況に応じて質問と活動計画を選択してほしい。各章の質問と活動計画は、一、二時間あまりは検討の価値があろうが、あくまでも本書によるグループ学習を容易にする提言にすぎない。それぞれ、他の質問や活動計画を自由に考案してほしい。

グループ各位には、犯罪者の扱い方についての創造的な提案や、地域レベルの活動に関する実践的な計画の開発を大いにお勧めする。本書に関するご提言やご意見があれば、以下の宛先にお知らせ願いたい。

Howard Zehr
Office on Crime and Justice
Mennonite Central Committee U.S.
21 S. 12th Street

第2章　被害者

〔質問〕

（1）帰宅してみると、誰かが侵入し家が荒らされ破損していたとしたらどうだろうか。先祖伝来の家宝などの貴重な財産が盗まれており、斧を使って入ってきたのは明らかだ。あなたは、どのような感じがするだろうか。どのような影響を受けるだろうか。どのような疑問を抱くだろうか。何を必要とするだろうか。

（2）犯罪被害者を個人的に知っているか。あなた自身は被害者になったことがあるか。どう対応をしたか。どのように感じたか。

（3）第1章の事例の場合、被害者の立場から見て、何がなされるべきであったと思うか。

（4）犯罪被害の経験と他の被害（たとえば病気、自然災害）経験とは、どのような類似点があるか。どこが違うのか（特に「なぜそれほどトラウマになるのか」の節に注意）。

（5）本来、怒りは癒しの一部であり、その表明は勧められなければならないという意見に賛成するか。傷つき、憤慨している人にはどう対処するか。

（6）シャーロット・ヒューリンガーは、救助者を四つの類型に分けている（原註2を参照）。それぞれの長所と短所は何か。あなたはどの類型に入るか。「前向きな救助者」になるためには、何をすればいいか。

（7）応報は人間本来の要求だという人もいる。彼らは、応報が政府によって実行されなければ、個人が引き受けることになるとする。応報は学習されたものだという人もいる。応報は回復や赦しのような別の手続の方がよりよく満たされるニーズをも取り込んでいるとする意見もある。あなたはどう思うか。

（8） どのようなやり方で被害者を非難する傾向にあるだろうか。また、なぜそうするのか。

（9） 癒しのための六つの問題点を討論すること（「なぜそれほどトラウマになるのか」を参照）。それぞれの質問に答えを出すためにどのくらい時間がかかるだろうか。誰がそれを行えるだろうか。それを手伝うことができるのは誰なのか、また手伝うべきなのは誰なのか。

（10） 司法手続において被害者は、どのような権利と役割を持つべきか。こうした関与が、被害者、加害者、制度そのものにとって、どういった利益、不利益、あるいは危険をもたらすのか。

（11） 配偶者への虐待や近親姦についてはどうか。たとえば、侵入盗や暴行といった犯罪との類似点、相違点は何であるか。

〔活動〕

（1） 黒板やフリップに、次のような一連の被害者関連の言葉を書く。

・被害者
・侵入盗
・裁判所
・司　法
・検察官
・復　讐

・回　復

リストに目を通し、それぞれの言葉から思いつく連想や概念をどのようなものであれ挙げてもらう。それらを書き留め、リストが出来上がったら、互いの関係を分析する。

（2）特定の事件の詳細を述べ、ロールプレイを実演する。被害者、友人またはサービス提供者（たとえば警察官）、そして観察者という三人一組のグループに分ける。被害者役の人にまず自分の役割を演じてもらい、友人やサービス提供者がそれに応えるという格好である。

（3）被害者あるいは被害者の支援者を招き、被害経験を話してもらう（代わりに、公的機関がリストアップした情報源から利用できる視聴覚資料をどれか見せてもよい）。

（4）実際の事件の基本的な概略をつかむ（もし地域から情報が得られなければ、文献目録に載せてあるニーダーバックの『見えない傷』〔Neiderbach, "Invisible Wounds"〕から何か事件を取り上げてもよい）。被害者の基本的なニーズとは何なのか討論する。誰が何を提供できるか、また提供すべきか。個人として何ができるのか。教会は何ができるのか。「システム」やコミュニティならどうか。

（5）「システム」から人を招いて、法手続における被害者の役割を話してもらう。被害者の援助者（被害者支援プログラム、レイプ救援センターなど）、あるいはできれば、弁護士、検察官、裁判官などが好ましい。被害者の権利とは何か。被害者は通常どのような役割を果たし、どのように扱われるか。また、実際の犯罪被害者を招き、これに参加してもらってもよい。

第3章　加害者

〔質問〕

（1）冒頭の事件で、あなたは加害者に対する結果をどう思うか。ほかの提案をもうひとつ考えるよう求められたら、どのように提案するか。

（2）自尊心や人としての力の概念および罪を犯すこととの関係について、筆者はどう示唆しているか。あなたはそれに同意するか（第4章も参照）。

（3）今の社会で一般に用いられている刑務所に収容しない多様な判決には、どのようなものがあるか（たとえば社会奉仕命令、保護観察処分、治療処分、中間施設（halfway houses）送致、賠償命令）。それぞれの長所、短所は何か。何を達成しようとしているか。それぞれは、どの程度の処罰的要素をもたせようとしているのか。

（4）現行法制度での刑務所の適切な目的と位置づけとは、もしあるとすれば、どのようなものなのか。

（5）「責任（accountability）」という用語に、筆者はどういう意味を込めているか。あなたがもっている考えとそれはどのように一致させられるか。責任は司法の中心的目標となるべきか、そうだとしたら、いかにして獲得されるべきなのか。

（6）加害者を何らかの侵害を受けた人として見ることは有益か。家庭での虐待や、教育や雇用の機会が限られたことに、加害者の行動はどの程度まで起因するのか。このことで、加害者の応答責任（responsibility）にどう影響を及ぼすべきなのか。また、社会的責任にはどのような影響を及ぼすか。

〔活動〕

（１）第２章の提案と同じく、黒板に一連の言葉を並べる。全員に、そこから思いつく限りの連想を書き出してもらう。概念が出尽くしたら、答えを分析する。

提案された言葉

・加害者
・犯罪者
・刑務所
・裁判官
・刑　罰
・復　讐
・裁判所

（２）判決前調査報告をする裁判官や保護観察官を招き、量刑についての勧告や決定がいかになされるかを話してもらう。

（３）加害者に関わっているセラピストを招き、ありがちな「責任転嫁」や「弁解戦術」など、悪行の正当化やつじつま合わせに使われる決まり文句や合理化について討議する。

（４）巻末「追加情報源」に載せてあるプログラムから視聴覚教材を入手し、それを見て討議する。

第4章　被害者と加害者に共通のテーマ

〔質問〕

（1）懺悔と赦しは、あなたにとってどのような意味なのか。

（2）赦しは法制度と両立するか。それは、犯罪に関するふさわしい関心事といえるのか。そうであれば、どう促せばよいのか。また、どのような危険が考えられるか。

（3）「赦しは贈り物である。だから重荷になってはいけない」という筆者の言葉は、どういう意味なのか。あなたの理解する赦しと一致するか。

（4）サヴァイヴァー（生還者）となる過程で、懺悔と赦しの果たす役割は何であるか。赦しなしに、回復は起こりうるか。また、どのように起こるのか。

（5）筆者はある前提条件が赦しを促進すると述べている。それは何か。あなたはそれに賛成するか。これは聖書の教えなのか。

（6）被害者と加害者による「哀悼の儀式（rituals of lament）」、「回復の儀式（rituals of reordering）」（たとえば、赦しと和解の儀式）を、教会はどう利用するかについて討議する。

（7）罪責と刑罰の関係はどのようなものか。刑罰は罪責を贖うのか（論理的に、感情的に、聖書的に）。また、贖うべきか。他に代わるべきものはないか。

（8）刑罰が「公正」であるための条件は何か。

（9）刑罰が「有効」であるための条件は何か。「有効」であるとは、どういう意味なのか。

（10）悪行は根本的に利己愛よりも自己嫌悪にしばしば起因していると、筆者は述べている。これは本当だろうか。そうだとすれば、癒しや社会復帰への取り組みに、どう影響を与えるのか。
（11）犯罪を「神秘化しない（demystify）」ように、個人として、社会として、教会として何ができるか。

〔活動〕
（1）地方紙の犯罪報道のニュース欄を調査する。犯罪、被害者、加害者、当局、そして司法手続について、固定観念や誤解のほか恐怖感をも助長する犯罪報道の仕方を書き出し、討議する。
（2）犯罪報道の記者を招き、ニュースの入手法や報道方法を語ってもらう。
（3）外部からグループや個人（被害者や加害者）を招き、どのように赦しを理解し経験したか、あるいは経験できなかったかを話しあう。

第5章　応報的司法

〔質問〕
（1）この章で明らかにされた六つの前提を列挙し、評価しなさい。これらは実際、前提と言えるだろうか。他の前提はあるか。それらは「適切な」ものか。
（2）罪について、あなたはどう理解するか。聖書ではどう解釈しているか。社会のさまざまな領域（たとえば社会科学、医療、法）では、他にどのような理解がされているのか。さまざまな理解の視点について、その長所および短所は何か。

（3）法過程は、加害者側にどこまで責任の理解と受け入れを促すか、あるいは妨げるか。

（4）罪と責任の理解は、筆者の言うように個別具体的なことか。これには問題があるか。これに代わるものは何なのか。

（5）個人の責任および行動の社会的、経済的、政治的背景の双方を考慮に入れる責任の考え方はあるか。これを現行の法制度に組み込むことは可能か。

（6）現行の法制度は、「相手〔敵〕」と「自分〔味方〕」という見方をどのように強化するのか（「相手」と「自分」とは誰を指すのか）。その結果はどうなるか。

（7）刑罰を定義してみなさい。刑罰に込められる定義は「苦痛のための苦痛」で十分なのか。

（8）悪行は刑罰とつり合いがとれているべきだと一般に考えられているが、本当に正しいのか。そうだとすれば、これは社会で学習された等式か、それとも人間の本性に根ざしたものか。聖書の教えなのか。その他に何かあるのか。

（9）刑罰は被害者を満足させるものなのか。加害者はどうか。あなた自身は刑罰を受けた経験はあるか。あれば、どうであったか。

（10）刑罰の実態を隠蔽しようとする方法（用語を含めて）には、どのようなものがあるか。

（11）刑罰（punishment）、応報（ritribution）、敵討ち（vengeance）、復讐（revenge）といった用語は互いにどのような関連があるか。

（12）友人、配偶者、子どもとの付き合いの傾向や関わり方を検証してみる。自分が害されたと感じたときの基本的な考え方は「しっぺ返し」であるか、「問題解決」であるか、あるいは何か他の方法をとるのか。

（13）現行のシステムが「当事者対抗的」であるとは、どのような意味なのか。また、何の含みがあるか。

（14）悪行に関する前提について検討しなさい。あなたは、悪行を、規則違反の点から定義するのか、あるいは結果や害の点から定義するのか。この二つの観点からどのようなものがもたらされるか。

（15）個人でなく国家が犯罪の法的被害者であると以前から認識していたか。自分がもし被害者であった（である）なら、どのような意味合いがあるのか。

〔活動〕

（1）事例を作りなさい。多方面の刑事司法関係者（裁判官、保護観察官、弁護士、検察官）のもとを訪ねて、妥当と思う量刑や結論を示してもらう。それを持ち帰り、結果を比較検討しなさい。

（2）グループの人たちに、次のようないくつかの意見について態度を決めさせる。反対の人たちと賛成の人たちを部屋の両側に分け、決められない人は中央に立たせる。それぞれが意見を述べたあと、改めて配置換えを求める。意見を述べている最中でも、中座して論拠を述べあってもよい。

意見のサンプル（自分で作ってみる）

・死刑は殺人犯全員に行われるべきである。
・死刑は凶悪殺人犯だけに行われるべきである。
・配偶者への虐待を犯罪として宣言し扱うべきである。
・罪を犯した人は、刑務所へ行くことで償わなければならない。

第6章　パラダイムとしての司法

〔質問〕

（1）筆者はパ、ラ、ダ、イ、ム、をどのような意味で用いているか。

（2）物理学や心理学などの領域のほか、日々の生活（たとえば家族関係、職場など）の中で、その世界を理解するために用いられるパラダイムには、どのようなものがあるか。

（3）そうしたパラダイムは、問題とその解決方法の重要性をいかにして私たちに認識させることになるのか。

（4）犯罪は悪事や害に対するのとは違った見方や扱い方をされるというが、それはどうしてか。犯罪に対しては違った見方や扱い方をするべきだろうか。そうだとすれば、どこに線引きをすればいいのか。

（5）民事法と刑事法にはどのような相違点があるか。民事で扱われるのか刑事で扱われるのかを決定する基準は何か。

（6）日常生活や社会全般で害や紛争を解決するのに、法律以外のどのような手段を用いているか。自分の経験から例を挙げなさい。

（7）私たちが司法パラダイムの転換に直面しているとすれば、どのような兆候があるか（たとえば、機能障害や危機の兆しとはどのようなことか）。

（8）現在の刑事司法改革（たとえば、被害者支援、集中的保護観察、民営刑務所、電子監視、コミュニティ奉仕活動）を評価しなさい。それは、どの程度新しい方向づけを示すものか。それらは単なるパラダイムの手直しにすぎないのか。

〔活動〕

学校で二人の子どもがけんかをし、一方の子どもが相手方の顔面を殴ったとしたらどうだろうか。これは罰を要する問題、解決を要する争い、あるいは回復を必要とする損害として扱われることができるだろう。学校内で解決されてもいいし、また刑事事件、あるいは民事の賠償事件になることも考えられる。この状況では、こうしたあらゆる対応がとられる可能性があり、実際にそういうことが起こる。

この場合の対応の決め手となることについて討議しなさい。各対応の結果はどういうことになりそうか。どの対応が一番満足できそうか。その理由は何か。そのような対応を選んだことが、もともとのけんかの理解の仕方にどう影響を与えるのか。

第7章　コミュニティ司法――歴史に見る代替手段

〔質問〕

（1）古い時代の犯罪の扱い方について、どのようなことを聞き、どのようなことを教えられたか。筆者の記述と比較してみて、どう思うだろうか。

（2）「私的司法」と「公的司法」、および「国家司法」と「コミュニティ司法」の相違点は何だろうか（それは、筆者の唱える国家司法とコミュニティ司法の連続体という考え方を引き出す助けになろう）。この両極の司法は、どのように違うのか。

（3）近代と前近代、どちらの司法制度の下で生活したいと思うか。それはなぜか。自分の選んだ制度で変わってほしい点は何か。
（4）筆者によれば、前近代における司法の三つの選択肢とは何か。そして、その中から自分が選んだ司法制度で変わってほしい点は何か。それはなぜか。
（5）悪事が行われた場合、「精神的な正しさの確証（moral vindication）」の重要性を筆者は指摘する。これはどのような意味をもつのか、また、重要なことなのか。過去にはどのように行われてきたか。今日ではどうなっているか。進化した制度では、どうなるだろうか。
（6）キリスト教神学は、犯罪についての「応報的な」理解の出現にどのように貢献したか。
（7）ミシェル・フーコーの言うように、肉体だけでなく精神にまでも浸透するために近代刑罰はどのように試みられたか。
（8）法革命の肯定的な面、否定的な面とは何か。
（9）今日、刑罰はどのように象徴的な役割を果たしているか。

第8章　契約のジャスティス――聖書による代替手段

〔質問〕
（1）旧約聖書における法は今日の法とは異なる意味と機能があった。違いとはどのようなことか。どのような意味が込められているか。
（2）あなたの信仰の基本的教義をシャロームの概念と対比して評価しなさい。シャロームの理念にあなたの思考の基礎を置いてみたなら、何か変わるところがあるか。

（3）「目には目を」のもつ役割と意味について、かねてからどのような考え方をしていたか。理解が変わってきただろうか。そうであれば、どう変わったのか。

（4）罪について旧約聖書はどのように想定するか。今日、私たちはその想定をどの程度共有しているか。

（5）聖書ジャスティスに関する理解は、結局は私たちの神のイメージにかかっている。愛深き親というイメージが顕著である人もいれば、何よりも厳格な審判者であると考えている人もいるだろう。他にどのような神のイメージが考えられるか。あなた自身はどのようなイメージが強いか。

（6）旧約聖書におけるシャロームの司法と「しっぺ返し」的司法の関係はどのようなものか。それがシャロームに由来するとすれば、今の「しっぺ返し」と相互性の概念はどのように変わるだろうか。

（7）シャロームと契約という一対の概念は、聖書の法をその周りの社会の法とどう区別させたか。つまり、それらの概念は法とその適用の形をどのように「変容」させるのか。

（8）「聖書による判断基準」は、あなた自身の理解とどう一致するか。近代の司法と比較することがそもそも妥当なのか。

（9）司法を「成果」によって（すなわち、手続より結論によって）評価すれば、どうなるだろう。どのような利点や危険が予想されるか。

（10）モーセの十戒や山上の垂訓について、禁止や掟ではなく、誘いや約束として扱ったなら、私たちの理解はどうなるか。また、このような理解の仕方は適切と思えるか。

（11）もしシャロームを目標や理念として重視するならば、他の司法手続上の課題に取り組まずに、刑事司法を論じ続けることができるだろうか。そうでないとしたら、何が問題なのか。

（12）現代の司法は、目隠しをされ天秤を手にする女神のイメージだといわれる。このイメージが意味するものは何か。このイメージは、どういう点で健全なのか。危険なイメージが潜んでいるとすると、どのあたりか。修復的司法にとって適切なイメージとは、どういうものか。

〔活動〕

（1）聖書から敵討ちについての例をいくつか書き留めなさい。今度は、赦しと和解についての例を探す。旧約聖書では、どちらのテーマがより重要だと思えるか。新約聖書ではどうだろう。この二つのテーマの関係をどのように理解するか。

（2）詩編一〇三章を読んで討論しなさい。ここにはどのようなジャスティスの理念が現れているか。それは、旧約聖書にみられる他のもっと応報的なテーマとどう関連しているか（また、レビ記二六章、申命記四章を検討してもよい）。

（3）ホセア書を読んでみなさい。神の不満の表し方を書き留め、討論しなさい。

（4）新聞に報道された特定の事件の概略を示し、その扱いが「聖書による判断基準」にどのように反しているかを検討しなさい。次に、聖書のこの基準や他の基準を用いたなら、扱い方がどのようになるかを話しあいなさい。

（5）聖書の法について、さまざまな例を検討しなさい。特に「それゆえ」のパターンに注目しなさい。聖書の法の趣旨に対し、このパターンはどのような影響力があるか。

第9章　被害者—加害者和解プログラム（VORP）——実験的構想

〔質問〕

（1）VORPアプローチはどのような利点が考えられるか。また、問題点はどのようなことか。

（2）自分がVORPへの参加を考えている被害者（あるいは加害者）だとしたら、自分にとって何が利点であると思うだろうか。心配は何か。参加するかどうかを決める要因は何だろうか。

（3）VORPに参加している被害者（あるいは加害者）だとしたら、対面・対話でどのようなことが一番起きてほしいと思うか。対面・対話の結論として、最も望んでいることは何だろうか。

（4）VORPの主要な目標となるべきものは何か。他にはどのような目標が適切なのか。不適切なのはどれか。

（5）和解がVORPの目標であるべきだとすれば、それはどういう意味だろうか。それはどのように評価されるのか。

（6）VORPの基本的アプローチは、「難しい事件」（たとえばレイプ、殺人、家庭内暴力）の場合、どのように修正され用いられるのか。また、そういう事件で用いるべきなのか。利点と危険性にはどのようなことが考えられるか。

（7）現在の社会で、VORPアプローチの他の利用法は考えられるか（たとえば刑事司法で用いる以外に）。

（8）教会はVORPにどう関わることができるか、また関わるべきであるか。この場合、教会の関与可能性と責任は何なのか。この関わりは、どのような形を取るべきなのか。ハンドブック『VORPの組織化——教会における設立（VORP Organization: A Foundation in the Church）』をご希望の方は、メノナイト中央委員会より入手されたい（宛先は、巻末「追加情報源」に記載）。

〔活動〕

（1）被害者―加害者和解の対面・対話のロールプレイを実施しなさい。三、四人ずつのグループに分け、被害者、加害者、調停者、そして可能なら傍聴者の役を演じてみよう（ロールプレイの提案については、調停のトレーニング用に考案された『ロールプレイの本（The Role Play Book）』を参照のこと。メノナイト和解斡旋サービスより入手できる。宛先は、巻末「追加情報源」に記載）。

（2）VORPについての視聴覚資料を見て、討議しなさい。『犯罪――コミュニティの破壊（Crime: The Broken Community）』、『犯罪――紛争の調停（Crime: Mediating the Conflict）』のスライドや『まっとうに生きる（Going Straight）』のビデオなどを見てみよう（「追加情報源」記載のメノナイト中央委員会とPACT司法研究所による資料を参照）。

（3）VORP（被害者―加害者和解プログラム）がある地域に住んでいる場合は、そこのスタッフ、ボランティアの調停者、被害者、加害者を招いて、自分たちのグループの人たちと話しあいなさい。

第10章　修復レンズ

〔質問〕

（1）応報と修復、それぞれの「レンズ」の主な違いは何か。違いを列挙し、評価する。

（2）満足のいく「司法経験」とは、被害者にとってどのようなものか。加害者にとってはどうであろうか。

（3）「修復的司法」は、新しいレンズを本当に提供できるか、あるいは主に現行制度の改良として役立つものであるのか。

（4）社会正義が達成されていない社会制度で、修復的アプローチが実行されれば、どうなるだろうか。

（5）「修復レンズ」が完全なパラダイムになるのには、どれくらいかかるか。

（6）無害化、抑止、社会復帰といった刑事司法の伝統的目標と、修復的モデルが適合する点はどこか。ぴたりと一致するだろうか。

（7）いわゆる被害者なき犯罪についてはどうか。そのような犯罪は存在するか。それはどう扱われるべきなのか。

（8）法人による加害行為は、個人による加害行為とは違うのか。それはどのように扱われるべきか。

（9）ヘルマン・ビアンキは、被害者、加害者個人を地域社会から分離して実施するＶＯＲＰモデルを批判する。修復的手続では、被害者、加害者それぞれの家族や友人の役割はどうあるべきなのか。

（10）コミュニティの役割は、どうあるべきだろう。この役割は、どう具体化できるのか。コミュニティとは誰を指すのか。

（11）私たちはそもそも犯罪という用語を用いてもいいのだろうか。「犯罪」および他の害や紛争の類いとの区別をなくしたら、どういうことになるか。その利点と不都合な点は何なのか。

（12）犯罪に関する人間関係的側面は、どれほど重要なのだろうか。筆者は、被害者と加害者がお互いに対して持つ態度や感情に重きを置きすぎているだろうか。こうしたことに取り組む努力は、司法の中心的な目標にすべきであるか、あるいは二次的問題であるのか。

(13)　被害者のニーズこそ出発点とすべきだが、加害者のニーズにも同様に関心を向けるべきだという筆者の主張を、あなたはどう理解するか。これは適切であるか。実行は可能か。

(14)　応報的司法はまず罪責と権利から始まるが、修復モデルはニーズと義務から始まると、筆者は訴える。この二つの出発点にはどういった意味が込められているか。

(15)　修復モデルでは、「適正手続（due process）」の役割はどのように変わるのか。どのような権利侵害の危険性があるだろうか。どのような保護が必要となるか。

(16)　被害者と加害者のニーズを重視し、彼らをもっと参加させる司法モデルであったなら、非常に多種多様な結論にいきつくだろう。従来までの結論の統一性についての予測が裏切られることもあるかもしれない。これはどういう意味なのか。あなたはどう考えるだろう。

(17)　精神的な正しさの確証（vindication）という用語を討論してみよう。聖書ではどのような意味なのか（たとえば詩編一〇三章六節を参照）。自分にとってはどういうことか。被害者にとってはどのような意味だろうか。

(18)　もしニーズが何であるかが分かっていたならば、被害者と加害者の癒しのために、教会はどのような後押しができるか。

(19)　修復モデルでは、「危険な少数者」についてはどうだろうか。どのように対処すべきか。その対処法はどのように決定すべきか。

(20)　量刑手続に被害者を参加させることにより、被害者の関与を高めている州もある。これが、現行の当事者対抗的な応報的制度の中で行われれば、どのようなことになるか。

(21)　筆者の主張では、現行制度は犯罪の公的側面を誇張し、私的側面を軽視している。犯罪の公的側面とは何であり、またそれは修復的枠組みではどのように扱われるべきか。

（22）修復モデルにおける強制の役割とはどうあるべきなのか。被害者は参加を強制されるべきであるか。加害者はどうか。それはどのような意味合いなのか。

（23）現行制度は、権力濫用の機会を多く作り出すが、修復モデルでもそうした機会がないとはいえないだろう。あるとすれば、どのようなところだろうか。最小限にとどめるには、どうすべきだろうか。

（24）さまざまなメッセージを送るよう設計されたコミュニケーション・システムとして、司法を考えてみなさい。現行制度はどのようなメッセージを、誰に対して送ろうとしているのか。実際には、どのようなメッセージを送っているか。修復的システムでは、どのようなメッセージを、どのように送る必要があるか。

（25）修復的アプローチにおいては、社会的責任はどのようなものであり、誰に対するものなのか。

（26）応報的アプローチと修復的アプローチにおいて、責任（accountability）の意味とはどのようなものか。その責任はどれほど重要であるべきなのか。どのように履行されうるのか。

（27）癒しと司法プロセスに必要な儀式には、どのようなものがあるか。いつ、どこで行われるべきか。このことに、教会はどのように支援できるのか。

（28）刑罰には正統な役割があるか。あるとしたら、どのような状況で、何のためにあるのか。刑罰の濫用は、いかにして最小限に抑えられるか。

〔活動〕

（1）実行方法の問題はさておいて、「犯罪」に対する完全に修復的なアプローチを構想してみなさい。それはどのようなものだろうか。

（2）ひとつの事案を例にとり、修復的手続と結論を考えてみなさい。修復モデルの中心的要素はもちろん、

「害の四つの側面」も念頭に置きなさい。それが済んだら、「補遺1　修復的司法の判断基準」と、自分の結論とを比べ検討しなさい。あるいは自分自身の判断基準をもっと発展させなさい。

どこから始めるかを慎重に考えなさい。満たされなければならない主要なニーズとは何なのか。そのニーズが何であるか、それはどのように満たされるべきなのかを、最もよく決定できるのは誰か。あなたの答えでは、取り組むべき必要のある第一の目標と関心は何か。

では、こうした事案で普通どのようなことが起こるか、考察しなさい（あるいは、実際に起こった事件をもとにした場合は、実際にどのような結論が出されたのかを検討してみなさい）。

第11章　私たちが進むべき道

〔質問〕

（1）司法手続における国家の適切な役割とは何か。修復モデルでは、それがどのように変わるだろうか。

（2）それらのモデルは、固有の文化的、民族的、あるいは性的偏見を含んでいるのか。含まれているとした場合、こうした偏見は概念にもともと含まれるものなのか、あるいは白人、中流階級、男性に偏った視点が反映されないよう修正できるものなのか。

（3）応報モデルと修復モデルは、フェミニストの視点からはどのように見えるか。その視点から見た長所と短所は何か。権力、手続、目標についてフェミニストの問題意識を重大なものとして受けとめるには、修復モデルのどのような点を変えなければいけないのか。

（4）現在の司法パラダイムの転換可能性に影響を与えるかもしれない政治的、制度的力学にはどのようなものがあるだろうか。実際のパラダイム転換の可能性はあるのだろうか。
（5）教会内部でどのように修復的司法を実践していけるのか（たとえば、後掲「追加情報源」のメノナイト中央委員会資料を参照）。
（6）法を「民事化」し、「犯罪」行為を他の害や紛争と同列に扱うと、どういうことになるだろう。あるとすれば、どのような特別な手続や保護手段が必要になるだろうか。
（7）本書を読んだことで、犯罪および他の害や紛争に対して、あなたの対応はどう変わるだろうか。

〔活動〕

（1）近代初期と日本の制度に関する筆者の議論を踏まえて、今日のアメリカ社会における「二路線」システムとはどのような姿であるかを思い浮かべ、討論しなさい。この二つの制度はどのようなもので、路線の使い分け（どちらの路線を、どのような場合に）は、いかにして決められるか。
（2）「当面の戦略」をいくつか挙げ、検討しなさい。理想的とはいえない状況下にもかかわらず、どのような目標とプログラムを今、実行することができ、私たちを修復的司法の方向へと導いてくれるだろうか。

補遺4　量刑サークルと家族集団カンファレンスからの教訓

VORPの初期の頃、オランダ法のヘルマン・ビアンキ教授は、このアプローチは個人を地域社会から分離して扱うものであり、私的すぎるとして非難した。さらに、さまざまな文化を見渡してみると、より大きな家族やコミュニティを背景として紛争や問題の処理にあたる方が一般的であると述べた。被害者と加害者がただ一対一で向きあう対話は、孤立しすぎてしまうと考えているのである。

これは賢明な意見ではあるが、私たちのモデルにはあてはまらないように思えると私は判断した。被害者―加害者の和解および修復的司法の理論は、コミュニティの役割をきちんと認めており、実際、紛争をコミュニティに返す方法であると、多くの人は考えている。コミュニティは多くの問題の受け皿となるボランティアの調停者やコミュニティ組織を通して問題に取り組んでいると信じて、私たちはよしとした。

少年たちの場合でいえば、何がしかの問題を抱えた家族であっても、常に考慮すべき要素として家族が位置づけられていた。なかには、加害者の家族を厄介な存在とみなすプログラムもある。家族は情報を提供されなければならないのだが、加害者少年の責任を引き受けてしまわないように、実際には対面させないようにしている。他のプログラムでは家族の出席を勧めはするが、肝心の対話は加害少年と被害者の間のものにとどめておこうとする。こういう場合での両親の役割は、あるといっても中心的ではなく、あくまで支援という形なのである。

言い換えれば、家族とコミュニティの役割は認知されてはいても、実際には曖昧なものであり、必要不可欠なものというよりも二次的なものなのだ。

ところで、二つの修復的アプローチは、こうした前提の再考を私たちに強く促している。それらが提示するのは、修復的司法の概念で認められているコミュニティの役割を、いかに実現すべきかということである。興味深いのは、二つとも西洋式の法的枠組みの中にある土着の文化から発した原理原則を実行するやり方なのである。

家族集団カンファレンスは、一面では、ニュージーランド先住民族であるマオリ人の関心と伝統への対応という形で一九八〇年代後半に出現し、まもなくオーストラリアの地でうまく取り入れられた。西洋式の少年司法制度は、周知の通り機能不全に陥っているが、マオリ人の多くは、自分たちの伝統とは正反対の制度であると主張したのである。つまり、西洋式の少年司法制度は、解決よりも刑罰に重点が向けられ、協議によってできたものというよりは強制されたものであり、家族とコミュニティを手続の外に置き去りにしていたのだ、と。

一九八九年に採用された新しい少年司法制度では、少数の凶悪暴力犯罪を除いた少年事件はすべて、警察や法廷から家族集団カンファレンス（ＦＧＣ）へと移された。その結果、取扱件数は実質的に八〇パーセントのレベルに減少したと、判事たちは報告している。ニュージーランドのフレッド・マクエルリー（Fred McElrea）判事は、これこそ西洋式の法的枠組み内で制度化された真の修復的アプローチ第一号であると称した(1)。

法廷での審問に代わって、（司法制度ではなく社会サービス制度に雇われた）少年司法コーディネーターが、ミーティングを調整・進行する。このミーティングがＶＯＲＰと似ている点は、感情を表明し、事実を探求し、そして解決策を協議するための場を提供することにある。加害者は責任を自覚し、被害者はニーズを満たしてもらう機会を与えられる。しかし、ミーティングの構成や討議の範囲は、ＶＯＲＰとはかなりの違いがみられる。これにＶＯＲＰに比べると、ミーティングは非常に大規模で、加害者の家族は欠かせない要素となっている。これには、直近の家族のほか拡大家族の人たちも含めてもよい。崩壊したり機能不全に陥った家族については、遠い親類や重要な関係者などが参加できる。家族の面倒を見ている人を招いてもよく、また少年付添人（特別弁護人）も加害者の法的問題の世話をするために参加する。被害者も同様に家族や支援者を同伴できる。さらに警察（この法制度では訴追者）もミーティングに加わる。したがって、ミーティングは規模が大きいだけでなく、異なる利害関係や視点を持つ当事者が一堂に会することになる。

そのこと自体、革新的なようにみえるが、まだそれだけではない。このグループに期待されるのは、単に被害の回復だけでなく、事案の全体の結果に対する解決試案を提案することである。しかも、グループの合意によってこれを実行しなければならないのだ。さらに驚くのは、ほとんどの事件で、ともかくそれを成し遂げている点である。

家族集団カンファレンスは、一部の判事や他の弁護士たちがニュージーランドの成人向け制度にも適用を求めるほどうまく機能している。たしかにこのアプローチは、微調整を必要とする。たとえば弁償支払の追跡調査が不十分な場合があり、また最初の立法においては被害者の中心的役割の認識が不十分であった。だがこうした小さなつまずきにもかかわらず、五、六年間の施行経験から浮かび上がってきた証拠は印象深いものがある。同様に、ワガワガ（Wagga Wagga）にある警察ベースのアプローチをはじめ、オーストラリアでの取り組みもうまく機能しているようであるし、アメリカでの試みも少しずつ始まっている。

オーストラリアの犯罪学者ジョン・ブレイスウェイト（John Braithwaite）のいう「再統合・迎え入れのための恥（reintegrative shame）」は、ＦＧＣ〔家族集団カンファレンス〕に家族らが関わることによって最大限可能性を発揮することになる。彼の先駆的な著書の中で、最も強力な社会的コントロールの要素のひとつは恥であり、（烙印付け・排除の（stigmatizing）恥と再統合・迎え入れのための恥の）二種類の恥があると説いている。[2]

応報的司法のアプローチでは、烙印付けの恥を与える。この種の恥をかかせることは、あなたの行為は当然悪いが、あなた自身も悪いというメッセージを送る。実際にあなたができる償いなど、何ひとつないというのだ。したがって、社会に再統合されることはとても無理な話である。そのため、罪を犯した者たちは、永久に犯罪者のレッテルを貼られたと感じ、逸脱者の仲間を探そうとする。非行副次文化、分化的接触理論、ラベリング理論などの多くの犯罪学的視点は、烙印付けの恥の概念によってまとめられてくる。

一方、再統合・迎え入れのための恥は、加害行為自体は非難するが加害者を非難することはなく、さらに復帰の道をも与える。悪行の自認、事態の健全化のための行動といった段階を踏んで、自尊やコミュニティへの受け入れが可能になる。この種の恥は、人格やコミュニティを築く機会として、悪行を活用する。

FGCは、恥のこのような積極的な活用の場を提供する。悪行を非難する影響力は、家族のサークルの中では絶大なものである。被害者の面前で恥をかかせることはむろん屈辱的だが、仮に祖父母のいるところで被害者と対面して恥をかくとしたら、非常に屈辱的であろう。それでも加害者は家族の一員なのだから、FGCは加害者の人格的価値を肯定しようと励ましも与える。報告によれば、家族の者たちは、加害行動に対して失望や憤慨を表すけれども、罪を犯した若者の本来の価値や才能までは否定しないものだという。家族として力を合わせ、討論を重ねるうちに共同戦術が生まれてきて、その討論の過程で、加害者に事態健全化のための責任を自覚させ、支援されているという実感を得させるようになっていくのである。

さらに、事案の結果の確定に家族が関与することで、それがうまくいった場合には、家族自身も、他人事ではなく自らのこととして問題を感じ取るようになる。これによって、合意が実行されるときには、家族は励ましや支援をいっそうするようになるだろう。

FGCはむろん万能薬とはいかないが、これまでの積み重ねをみれば望みを持てるものと思われる。ニュージーランドを訪れると、容易に考えを変えたとは思えない判事や警察官や弁護士を含む参加者たちから劇的に成功した話をよく耳にする。

一部の先住カナダ人コミュニティで用いられているサークルによる量刑からは、別の教訓が生まれてきている。FGCのように、量刑サークルでは、西洋式の法制度全体を背景として伝統的な問題解決アプローチを具体化する方法を提供する。ここでも（法廷で得られた量刑の原案を含む）事件の結論は、討議と合意によって作られる。だがFGCに比べると、コミュニティの参加がより強調されている。ミーティングや「サークル」には、多数のコミュニティの人々が出席するため、相当大がかりなものとなる。

こうしたサークルが活躍するユーコン（Yukon）管轄区に所属するバリー・ステュアート（Barry Stuart）判事は、コミュニティの構築とコミュニティ内の問題解決という側面が、サークル量刑の最も重要な成果のひとつだろうと、強調する。[3] コミュニティを無視すれば、従来の刑事司法手続と同様、コミュニティの構築や発展のための重要な機会を逸してしまう。しかし、紛争が適切に処理されたなら、人々とコミュニティの関係を築きあげる手段になりうる。これを切り捨てたりすれば、それこそコミュニティと犯罪予防のための根本的な構築基盤を失うことになるのだ。ステュアート判事は、このことに関して次のように語っている。

コミュニティの量刑サークルの主な価値は、加害者に起こった状況ではなく、コミュニティに起こった状況によって見極められる。コミュニティ意識を強化し築きあげながら、サークル量刑はコミュニティ能力を向上させ、その結果、個人や家族を癒し、そして最終的には犯罪を予防することができるのである。量刑サークルは、他者が癒される手助けとなる有効な方法に参加することで、人々の自己イメージを高める重要な機会を与えているのだ。

彼によれば、これは急進的な考え方ではなく、「プロの『治療者』や『紛争解決人』に頼るようになる以前」の西洋社会と同様、先住民族文化の伝統に由来するという。

彼の住むユーコン地区では数種のサークルが利用されている。癒しのサークルは、被害者と加害者の関係を含め個人やコミュニティのニーズに取り組むために利用される。量刑サークルのいくつかの方式は、量刑原案を作ると同時に、コミュニティ規模の原因や問題に取り組むための場を提供する。量刑サークルでは、加害者、被害者（あるいはその代理人）、支援グループ、コミュニティの利害関係者らを一堂に集め、どのような事件が、なぜ起きたか、どう処理すべきかについて討論させる。報告によれば、特定の量刑原案だけでなく、原因やコミュニティの責任、さらに癒しのためのニーズなども含み、討議の幅はきわめて広い。ステュアート判事が掲げる目的は、①症状ではなく、原因と取り組む、②当事者は人間として加わり、心情を打ち明けたり解決に向けて取り組んだりする機会を与える、③専門家への依存を減らす、④コミュニティ意識を構築する、などである。このアプローチは地方の先住民族のコミュニティと同じく都市の内部でも実行できる、と彼は主張する。

FGCと同様に、量刑サークルは問題解決の視野を広げ、再統合・迎え入れのための恥を引き出す場となるのである。ステュアート判事はこう報告している。

コミュニティは、加害者に対し「しばしば」このように言う。「君は『悪い』ことをしたが、『悪い』人間ではなく、すばらしい素質だってたくさんあるし、それを伸ばせるのだ……」。愛、関心、支援、自発的な赦しなどを量刑手続に注ぎ込みさえすれば、たいていの加害者の態度や行動に深く影響を及ぼすはずである。ある加害者はこう述べている。「自分は今までそのような言葉を一度も聞いたことがなかったし、人が自分の世話を焼いてくれたこともなかった。何も分かっていなかった。悪者が悪事をはたらくのは自分にとってはいつものことだったから、悪いことをして得意がっていたんだ。どうしていけないのか、そうだろう。彼らのやり方には腹も立ったけれど、今では、彼らがいかによく面倒をみてくれて、助けたいと思ってくれているのかが分かる。気持ちの変化もあり、自分自身変わりたいと思うようになったわけです」。

家族集団カンファレンスや量刑サークルから浮き彫りになる物語は、ある意味で、被害者—加害者間の和解に携わる私たちにとっては親近感がある。しかし家族とコミュニティを組み込むことは重要な方向を指し示すものであり、修復する司法（a justice that restores）の理論と実践をいっそう発展させるよう私たちが前進するにあたって、その方向性を真剣に受けとめなければならない。

（一九九五年八月　ハワード・ゼア）

〔原註〕

（1）たとえば、McElreaのエッセイを参照（Jonathan Burnside and Nicola Baker, eds., *Relational Justice: Repairing the Breach* (Winchester, UK: Waterside Press, 1994), pp. 104-113 および B.J. Brown and F.W.M. McElrea, eds., *The Youth Court in New Zealand: A New Model of Justice* (Legal Reserch Foundation, Publication No. 34, 1993) に収録）。ニュージーランドおよびオーストラリアにおける家族集団カンファレンスの説明と評価については、Christine Alder and Joy Wundersitz, eds., *Family Group Conferencing and Juvenile Justice: The Way Forward or Misplaced Optimism?* (Canberra, Australia: Institute of Criminology, 1994) を参照。

（2）*Crime, Shame, and Reintegration* (Cambridge, UK: Cambridge University Press, 1989).

（3）“Alternative Dispute Resolutions in Action in Canada: Community Justice Circles”（未発表論文、Yukon Territorial Court, Whitehouse, Yukon）.（FGCとともに）量刑サークルの簡単な説明については、*Restorative Justice: Four Community Models*（MCC Canada Victim Offender Ministries, PO Box 2038, Clearbrook, BC V2T 3T8から入手可能である）で再現されているカンファレンス手続を参照。

訳者あとがき

修復的司法（以下、ＲＪと呼ぶ）はこれまで、日本の読者にはあまり馴染みのなかった言葉であり、概念であったが、過去一〇年で徐々に広がり、現在、被害者を含む一般社会、学界、刑事司法実務の世界において話題になっている。わが国ではまだ実践例が少なく、議論が交わされている段階である。現在、ＲＪの周りには期待とチャレンジ、疑心と冷笑が混ざり合っているが、そのうちに本体が何処へ行ってしまうのか、翻訳者一同は憂慮している。それゆえ、ＲＪを理解する上で欠かせない、古典というべき本書を訳出した次第である。

筆者は四年前、ＲＪの調査でオーストラリアに行った際、シドニーで一枚の銅版画の展示を見た。それは二五〇年前の作品で、犯罪者が町中の監獄の二階でまさに絞首刑になっており、集まった民衆が酒に酔って乱痴気騒ぎをしている光景を描いている。当時、処刑は公開であり、これ以外に民衆に犯罪の抑止を訴える手段はなかったとされる。一方、当の民衆にとって、処刑の日は家族総出で出かける楽しいピクニックの日であり、この犯罪者の過去と現在の物語を辻音楽師の弾き語りで聞き、それが娯楽、気晴らしとなるのであった。

本書の終章で著者は、法と正義の分野における改革の歴史を顧みるとき、ＲＪが希望に満ちたものであるとは直ちに結論しない。もし希望があるとするならば、それは関係修復の議論・実践がある種の状況を作り出すことを期待するからなのである。その状況とは「刑罰の苦痛を科すことで司法は実は成功してこなかった」という敗北宣言を司法自らが発する状況に他ならない。日本の司法もまた、自ら敗北宣言を出す状況を日本のＲＪが作り出せるかどうか、長い時間がかかるのだろうか。長くとも、作り出すことを強く期待したい。

1　原　著

本書は、Howard Zehr, *Changing Lenses: A New Focus for Crime and Justice*, Herald Press の一九九五年版を全訳したものである。また、われわれの求めに応じて原著者が快く執筆した日本語版への序文と、原著にはなかった索引を加えた。題名を直訳すれば、「レンズを交換して――犯罪と司法に対する新焦点」というような意味である。この主題は、後述するように、著者が写真家でもあることから来ているし、また、副題にもあるように犯罪と司法の新しい見方ができるようにレンズを交換することを提案しているからである。新しい見方のレンズとはＲＪのことである。訳書では原著者の執筆意図を汲んで『修復的司法とは何か――応報から関係修復へ』とした。

2　著者紹介

著者はシカゴ大学で修士を、ラトガーズ大学で博士を取得した。一九七八年から一九九七年までアラバマ州のタラデガ大学で人文学と歴史学を教えた。現在、東部メノナイト大学（ヴァージニア州、ハリソンバーグ）の社会学、ＲＪの教授であり、かつ大学院の紛争変換プログラムの共同主宰者である。それより前、一九年間メノナイト中央委員会の全米刑事司法部会の会長であった。なお、メノー派（一七七頁参照）は二〇〇一年九月一一日の同時多発テロの三日後にブッシュ大統領に書簡を出し、「目には目を」式の報復はさらなる暴力を生むと訴えたと、朝日新聞は報じている。

ＲＪの学者、理論家にも出身背景はいろいろある。彼はもともと、聖書の原理に基づく個人レベルの和解から出発したが、今は地域を包み込む会話協議タイプのＲＪに関心を広げている。オーストラリアのブレイスウェイト教授が家族集団会話協議（ＦＧＣ）に精通しているのに対し、彼は被害者―加害者メディエーションに通じている。彼はＲＪが広まるにつれ、その基本的理念が失われることに危惧の念を持っているようにみえる。

著者は二つの顔を持つ。ひとつはＲＪの学者、推進家であり、もうひとつはプロ級の写真家、フォトジャーナリストである。

前者としては一九七八年、合衆国で初めての被害者―加害者和解プログラム（ＶＯＲＰ）を開始したし、ＲＪの今や古典といわれる本書を一九九〇年に初めて出版した。彼と仲間たちは共同して、いくつかの国内外の爆破事件の裁判において被害者や遺族の視点を検事や弁護士に注入することに努めた。また刑務所を訪問して受刑者と小グループを作り、「自己の犯罪と向きあう集中セミナー」を運営している。国際的にも知られ、ＲＪに関する講演、実践上の相談、実務研修などの諸活動を世界各国で行っている。これらにより、ヴァンネスとストロング（Daniel W. Van Ness and Karen Heetderks Strong）からはＲＪの祖父とみなされている。

後者としては時間を見いだして各地の刑務所を訪問し、受刑者相手に趣味の写真教室を開いている。また、ペンシルベニア州の終身刑受刑者をインタビューして『終身刑を生きる（Doing Life）』というフォトエッセイ集を一九九六年に、犯罪被害者をインタビューして『体験の限界を超えて（Transcending）』というフォトエッセイ集を二〇〇一年に出版している。通常、その道の学者、実践家といえども終身刑の受刑者や犯罪の被害者にインタビューすることは簡単にはできないが、彼らがそれに応じ、またポートレートの撮影も許すというのは彼の学問的業績が高く評価され、また精神的軌跡が厚く尊敬されている証拠であろう。

3　翻訳の動機

原著は、近代化と文明の発展に伴う刑事司法の危機に著者が鋭く反応した成果である。その目的が応報であれ、改善教育、社会復帰であれ、また無害化であれ、およそ刑罰を用いる司法を対極に据え、それとの対決を意識しながら関係修復のための司法を明快に描写したものである。原著の初版は一九九〇年に出版されているが、一九七七年に書かれたクリスティの論文“Conflict as Property”（財産としての紛争）と並んでＲＪの思想を説く古典であると評価されている。

ＲＪは、被害者と加害者が直接会話協議（カンファレンシングと呼ぶ）して、争いの解決の合意に至る非―懲罰的方式であると普通には理解されており、もっと端的にいえば、謝罪と許しの交換と思われている。それも一部あるかもしれないが、では果たしてその心は何であろうか。ＲＪは、ありえない修復を押しつけるのだろうか。否、人々の怒りや、よく生きたいという切実な声を聞くことから始める。近年、わが国で人々の注目が対面対話という技法に行くあまり、心（理念）を知らず、心を忘れて論議されているのは将来的に危ない現象であると筆者は感じている。

4　本書の内容

本書で述べられていることのなかで気のついた章節をピックアップして筆者の読みを交えて少し紹介する。

〔日本語版への序文〕

われわれの歴史のなかで今までにＲＪを含め三つの形の司法が登場したが、他の二つは復讐司法であり、応報司法である。本文中ではＲＪを理解するために「応報的」司法と対照して相違を明確に説明したが、ＲＪと「応報的」司法は一般に考えるほど断絶した概念ではなく、応報から関係修復へと段階的に変化する連続体であるというのが著者の最近の考え方である。共通点は関与する人々の相互作用を通して方法、主張、権利などの正当性を確証することであり、相違点はバランスを回復する方法である。そこにＲＪの特徴が浮き出てくる。

著者は本書でのオリジナルな議論は今でもまったく問題はないと述べているが、今仮に新たに本書を執筆するならばとして、四つのテーマを展開させている。

〔第1章　ある事件〕

本書は原理原則と理念に関する本であると宣言したあと、ある犯罪事件の裁判を記述する。この事件を加害者と被害者との間で起こった「犯罪」とするのではなく、人々に関わる現実的、人間的な悲劇ととらえることを提唱する。刑法の保護法益という考え方では「殺人」が問題であって、悲劇かどうかは二次的問題である。そこをまず問題としようというのが著者の姿勢であり、それがRJである。

〔第4章　被害者と加害者に共通のテーマ〕

被害者も加害者も癒されねばならない（筆者註、これは被害者にとって受け入れがたいRJの主張のひとつであることに十分留意したいと思う）。癒しを得るためには懺悔と赦しという二つの前提条件が満たされる必要がある。しかし、赦す気持ちが実際問題として起こるのだろうか。赦しとは帳消しにすることではなく、加害行為や加害者にこれ以上自分を支配させないことを意味する。各人は自分の人生や運命を自らコントロールしているという感覚を生み出すことが必要である。自らコントロールするとは、まさにバランスを回復することなのである。

〔第5章　応報的司法〕

犯罪と正義に対する応報的司法については、リベラル派でも保守派でも同じように考える。すなわち、犯罪に対する正義とは「罪が確定されること、犯罪者は公正な応報を受けるべきこと、公正な応報のために苦痛を課さなくてはならないこと、手続の遵守が正義にかなうこと、加害は法にどれだけ違反したかによって定義される」である。このような司法では刑事手続のあらゆる面で被害者と加害者双方の傷はなおざりにされる。理性的思考を基礎にして作った近代司法は機能的だが、人間味を欠いた正義に終わるゆえに、この正義におけるプラスの遺産の要素を継承しつつ、RJはそれを「暖かみのある（passionate）」正義に変革しようという新たな主張に発展する。

〔第7章　コミュニティ司法――歴史に見る代替手段〕

刑事司法の歴史をみる場合、①私的あるいはコミュニティ司法を犠牲にして近代国家の公的司法が増大し、生活世界の害悪や紛争を「犯罪」と呼んで国家が司法の独占権を握るに至ったこと、②公正な刑罰を科すためとして国の刑務所への依存が高まったことの二つの「合理的」発展に目が行きがちである。だが、公的司法に比べて私的司法は必ずしも復讐的、懲罰的、野蛮的であったとはいえない点が見過ごされている。

〔第8章　契約のジャスティス――聖書による代替手段〕

聖書ジャスティスでは「目には目を」または同害報復の原則は、世上言われているような報復あるいは復讐のための原則ではなく、また、それは聖書ジャスティスの最優先のテーマではない。旧約聖書と新訳聖書に共通して最重要なテーマは、シャロームである。新約聖書はシャロームと契約の考え方を旧約から継承、更新し、法におけるジャスティスを応報的というより関係修復的へと変換したのである。

〔第9章　被害者―加害者和解プログラム（VORP）――実験的構想〕

一九七四年、カナダ、オンタリオ州キッチナーにおいて当時としては変わった裁判が行われた。二人の加害少年が被害弁償を実行するために保護観察官、ボランティアの調整役とともに被害者宅を一軒、一軒訪ねて回り、自分たちのお金での弁償を協議し、約束した。主たる目標は、被害者と加害者との隣人的な関係に目を向け、通常の解決方式では満たされることのない双方の重要なニーズを多少とも満たすことにあった。

筆者の手元にある、著者の別の未公刊記事によると、訪問したとき、ある被害者は怒りをぶちまけ激しく鞭で打ったし、別の被害者は部屋に招き入れてお茶を振る舞い、「深夜、石が窓ガラスを割って飛んで来たことは、本当に恐ろしかった」と語った。この対面対話の結果、実際、夏休みにアルバイトをして弁償のお金を自ら支払うことになった。

少年のうちの一人は、これを機に一挙に立ち直ったわけではなく、薬物や酒の問題の完全克服にはさらに何年かを要した。約三〇年後、四六歳になった彼はキッチナー裁判所における被害者―加害者プログラムの代表者として働くかたわら、社会人入学で地元カレッジの法律と安全コースに学んでいる。当時を回想して「最悪のことをやってきたのに救われたのは、われわれ二人が屑ではなく、人間として扱われたからだ」と述べている。

〔第10章　修復レンズ〕

応報レンズを用いて犯罪を見る場合と修復レンズを通して見る場合とを詳細に比較対照する。ただ、現実の刑事司法のなかで修復的方式を試みるときには理想型から後退せざるをえないから、極端な比較対照は図式的、類型的に過ぎるという批判がある。しかし、この比較対照によってわれわれはＲＪの何であるかについて初めて明確なイメージを持つことができたと筆者は考える。

正義について聖書の考え方をよく読むと正義は変革である。状況や人々を原状に戻すだけではなく、それを超える（transcend）状態にすることが必要である。たとえば妻の虐待ケースでは損傷を直すだけでは十分でない。人々や人間関係を、再び傷が発生しないような健全なものに変革する（transform）のが正義である。筆者にはここに著者流の変革的正義の考え方が出ていると思う。この考え方は純粋な応報的司法にはないものである。

10章での比較対照は詳細であるので、何がＲＪの核心か読者は迷うかもしれない。著者が別の著作で司法がＲＪであるための重要な原理原則を述べているので、それを以下に紹介しておく。

ＲＪの根本原理とは、①犯罪は本質的にハーム（害悪的影響）である（法益の侵害ではない）。②全関係当事者が犯罪に対する対応に関与するべきである（関与とは必ずしも直接の対面対話に限らないということ）。

主要原則とは、①害悪を被った人々（被害者と遺族）が司法の中心に置かれなければならない。司法は被害者が自ら決めたニーズからスタートする。②加害者の責任とは、加害者が害悪的影響を感得し、それに対し何らかの責務を果たすということから生まれた自覚的応答責任である（法益――刑法に規定されている保護されるべき利益――の侵害の軽重や非難の程度から課される刑事責任、その責任の量に応じて刑罰が科されるという背景の中で議論される責任ではないということ）。

〔第11章　私たちが進むべき道〕

筆者の読むところ、11章に至ってそれまでの応報司法に対する対決姿勢は軟化し、自己反省的論議に移っている。公式、非公式の二路線方式の推奨、これに関連して日本の二路線平行方式が肯定的に紹介される。第一の路線は、罪責と刑罰に焦点を置く従来型の公式な手続であり、第二の路線は、自白（罪を認めること）、改悛、猶予に重点を置くところの、公式路線からはずれる第二の路線である。第二の路線こそ改悛や赦しを公的に制度化しているところの、まさに日本的なものであり、修復的といえるのだと著者はジョン・ヘイリー（John O. Haley）の分析を踏襲して高く評価する。

次に反省的記述ではコミュニティ概念はしばしば濫用されていないか、加害者に対する私たち市民の責任はどうか、修復的な正義の概念を社会的、経済的、政治的な正義とどう調和させるか、聖書の正義は今日の現実に照らしてどのような意味をもつかなどの問いが提起される。世界に普遍的な唯一のRJ方式というものはなく、RJプログラムはその国、その地域の文化、伝統、経験の視点から評価されてよいのだと主張される。他方、司法改革の努力はしばしば悪用され、本来の理想からはずれたり、道を誤り、有害になることさえあると警告される。

RJのひとつの見本として日本の二路線方式が推奨されるのはヘイリーの一九八九年の論文を初出とし、ゼア、ブレイスウェイト、デイヴィット・ジョンソン（Devid T. Johnson）が続いている。だが、果たしてその通りなのだろうか。日本の刑事司法システムの底流をよく見れば、ここの部分の著者の論述は十分ではないと筆者には思われる（ブレイスウェイトは最近、若干論調を変えているようにみえる）。被疑者の捜査段階における、被告人の公判段階における、受刑者の施設処遇段階における権力濫用の受難、人権思想に反するような取り扱い、適正手続の空文化、近時の裁判における厳罰化への転換などを垣間見れば、筆者には、自白、改悛、猶予という日本的美点をRJ精神の発露として、そのままには受け取れないのであるが、これ以上の議論はこの要約の範囲外になるであろうから控えることにしたい。

5　訳語、用語と表記の仕方

レストラティブ・ジャスティスのレストラティブはrestoreの形容詞である。レストーアは返す、戻す、回復する、復活させる、修復するを意味する動詞である。ジャスティスは正義、司法、公正などの語が通常あてられている。司法の語をあてる場合と正義（または公正）の語をあてる場合とで、日本語では意味が違ってくる。RJの定訳はないが、従来、回復的司法、修復的司法、関係修復正義、修復正義、法的平和の恢復などと訳されてきた。問題がないわけではないが、本書では修復的司法とした。

刑事司法は刑罰を基本的制裁とする、警察捜査から裁判、犯罪者の処遇までを含む国家の公的な犯罪解決方式である。それに対し、RJは非国家、非公的なレベルでの非刑罰の方式、つまり補償、賠償、謝罪、償いなどを基本的、義務的拘束（サンクション）とする、地域コミュニティレベルにおける諸々の関係当事者の相互作用に基づく解決方式（インフォーマル・ジャスティス）と理解される。日本語で司法というと普通、人々は国家の権力的作用をイメージし、RJのインフォーマルな性格をぼかすことになるから、本来適切な訳とはいえない。英語のジャスティスでは国家レベルと非公的レベルの、双方のジャスティスを指すことが可能なのである。

　では正義を使うとどうだろうか。正義は社会的な出来事が社会理念に合致しているかどうかを表す評価概念である。ただ、人間がその出来事を起こすのであるから人間の社会行動の評価基準にもなりうる。正義は善でもあるのだが、善としての正義は〝個人・対・個人〟の文脈で使われるのに対し（たとえば善意に解する、悪意にとるなどのように）、正義は〝人・対・制度〟の文脈で用いられ、人が社会的ルールや法律に違反したとき、その違反に対する形式的な制裁としての刑罰を伴う制度的規範を意味する。近代では社会の成員間の平等または公平が正義の観念の中心であるとされ、正義を直ちに善悪の倫理と結びつけない。応報的正義とは応報が法違反への国家的制裁として正義（または公正）の実現であるという主張である。修復的正義という場合の正義はやや異なっており、〝人・対・人〟の文脈で使われるから、むしろ善意、悪意のように正義は具体性を帯び、人や人間関係への侵害に対して具体的な義務的拘束としての償い行動が完成すれば正義は実現されたと考える。片や応報正義、片や修復正義という場合、正義の意味内容は同じではない。それゆえ、応報的正義に対し「修復的善意」と呼ぶ方が急所をとらえているかもしれないと筆者は考える。

　通常、刑事司法が動員される日常の対象は、犯罪であるが、地域の修復司法プログラムが実際行っている対象は、刑法上の犯罪のみならず、その周辺にある善悪的なトラブルや対立葛藤、たとえば地域、学校や学級の問題行動、家族や職場内のトラブルを含めている。周辺領域は付録ではなく、確固とした活動領域とするべきものであり、現に変革的正義を推進する人は周辺領域へのＲＪの拡大を強く期待している。ゼアも最終章でこの考え方を支持している。そのような活動を司法と呼ぶのは、司法概念を拡張するなら兎も角、むしろ正義あるいは善意の語がふさわしいという見解にも一理があるが、正義、善意を用いても必ずしもぴったりしない。

訳出にあたり原文の記号の用法は次のようにした。
一、〝 〟は、「 」カギ括弧。
二、— —は、( ) 括弧。
三、イタリックは傍点付き文字とした。
四、原文で感嘆符と疑問符の箇所は、句点にした。

註の取り扱いは次の通りとした。
一、原文では脚註であったものは邦訳では後註にした。
二、文献名は、原則として、原註のままの表記にした。
三、邦訳がある場合には、〔 〕内に紹介した。

その他、同じ語でも文脈によって邦訳を変えたところがある。すなわち、restitution, compensation, redress, restore, making right, making amend などの語句を補償、弁償、賠償、償いなどの日本語と一対一に対応させることは困難である。また、mediation, arbitration, reconciliation に対し、調停、仲裁、和解の語を適宜与えているが、日本語の方は法的に厳密に定義されて使われている。日本語と英語を対応させるのは無理がある。

6 謝辞

この翻訳は二〇〇〇年に監訳者三人が大学院生、研究生、若い講師、若い実務家を組織してＲＪ研究会という勉強会をしている中から生まれた。まずは原著各章の分担を決め第一次の翻訳をお願いした。これを浅川エリ子氏に回して訳文全体を細部にわたって補正してもらい、直しを終えた訳文をさらに黒澤睦、小林宏樹、南部さおり、緑川徹、宮崎英生、矢野恵美の諸君と監訳者三人から成るワーキンググループで頻繁に集まって主として法学的観点から再検討を行った。その間二年あまりを経過した。辛くもあったが、新たな発見をしつつ検討が進むのは楽しいことでもあった。

その間、二〇〇一年九月一一日に同時多発テロという不幸な事件があったが、ゼア教授に日本語版への序文を頼み、原著出版以後の問題意識を明らかにする原稿が届いたのはそれ以前であったから、序文はこの事件には触れていない。なお、それですんなり印刷に回ったわけではなかった。再び浅川エリ子氏が出来上がりの全文を念入りに通読して黒澤睦君に送り、そこで彼が細部の詰めを精力的に行った。黒澤君には索引を作る作業も受けてもらった。これらすべては容易なことではなく、ともにした監訳者の気持ちと感謝を表したい。

八章は聖書学的記述が多くわれわれの手には負えないので、国際基督教大学で聖書学の教授をしている筆者の大学時代の同級生、並木浩一氏に校閲の労をとっていただいた。これも有り難いことであった。

訳業は難航した部分もあり、誤訳、不適訳の類も必ずあると覚悟している。読者諸賢のご叱正を賜り改善していければ幸いである。

終わりに、本書の出版をご快諾いただいた新泉社の石垣雅設社長と竹内将彦氏、また訳語、訳文、形式の細部について重要、かつ貴重なご指摘と助言をいただいた編集担当の安喜健人氏に心より感謝申し上げる。

二〇〇三年五月二五日

訳者を代表して　西村春夫

第三刷へのあとがき

本書原著の初版は一九九〇年、続いて一九九五年と二〇〇五年に第二、第三版が刊行された。第二版を土台とする本訳書は二〇〇三年に出版したが、その後、二〇〇五年に第二刷、今回二〇一三年に第三刷と版を重ねている。ゼア教授は一九八〇年代に本書の執筆を始めたとき、物笑いの種になりはしないかと恐れたと言う。当時、修復的司法（ＲＪ）の考え方は新しく、しかし、馬鹿げていて実行不可能と思われたと述懐している。

訳本の初刷から第三刷までちょうど一〇年を経た。そもそも日本に近代・修復的司法の考え方が入ったのは、一九六三年の西田進、戸村政博による H. Schrey et al.（1955）の翻訳『聖書における法と正義』（日本基督教団出版局）、飛んで一九八一年の「ジュリスト」一四九号に宮野彬がアメリカの近隣司法センターにおける住民メディエーション（刑事和解）を紹介したことによる。ただし、この二つの出版は時期尚早で、後者では修復的司法の概念は明示されておらず、日本の刑事司法分野、とくにＲＪの誕生に大きな衝撃を与えなかった。

それ以降、ＲＪの紹介・研究論文の出版、弁護士の修復的取り組み、ＲＪの現地取材フィルムの放映、刑事司法関係者のＲＪ的取り組み、ミネソタ大のアンブライト教授の来日、千葉の被害者加害者対話の会の設立などの高揚期を経たところで本訳書の初刷が世に出たことになる。

では、この一〇年のＲＪの動きは如何なものであったか。ＲＪ国際研究所のワクテル氏およびマコールド氏の来日、国連アジア極東犯罪防止研修所におけるＲＪの研修、ゼア教授の来日、ＲＪに関する初めての経験科学的研究（日豪の一般の人を対象にした調査研究）、政府の青少年育成大綱での修復的司法活動の検討開始、英国テムズバレー警察方式に倣った、警察における修復的カンファレンス（少年対話会という名のＲＪ）の制度化（二〇〇七年一一月二一日警察庁少年課長通達）である。日本の刑事司法諸機関の中で曲がりなりにも唯一警察がＲＪを導入したのは画期的であった。が、有力な全国的被害者団体が公然と反対し、現行少年法下では実施を伸ばすのは無理な事情もあって、最新の情報では消え入るに等しい情勢である。思うに戦後日本の被害者支援運動はアメリカの全米被害者組織（ＮＯＶＡ）をモデルに発展したが、その代表のM.A. Youngが一九九五年に「修復的コミュニティ正義」という行動計画書を公刊していたのに残念ながら日本では取り上げられなかった。

二〇〇六年、ゼア教授が東京聖書学院、東京ミッション研究所の招請によって来日したことは特筆に値する。この来日では、彼は牧師を対象にする連続講座、日本弁護士連合会での集会、街の教会や大学での講演などの日程を精力的にこなしたのは印象的であった。ただ、わが国各界のＲＪの受け皿が弱いため、また官民の厳罰主義傾向の圧力もあってゼア教授の蒔いた種は大きく育っていない。

ゼア教授はこれまでのＲＪの諸著作、大学の講義、各地各国への講演旅行などで多くを学んだと言う。当初、ＲＪは軽微な犯罪で行われたが、今では重大な暴力犯罪や死刑相当犯罪でも行われるようになった。また、このアプローチは刑事司法を超えて学校、職場、社会的紛争の事後処理の問題にまで拡大した。世界各地ではその土地なりのＲＪがあるが、真のＲＪへの険しい道に迷わないためには、後述するＲＪの定義、概念が道標となるだろう。

そこで、原著第三版へのあとがきで、もし今日あらためて新版を書くとするなら（われわれが翻訳した第二版と第三版とは本文はまったく同じである）取り組むべきテーマとして、以下六つのアイテムに分けて説明している。筆者の見解も交えて以下進める。

（1）利害関係者が提起する諸問題：誰が利害関係者か、被害者、加害者、家族、地域社会、行政などの利害と役割について見解が分かれていて、十分な議論が必要である。行政の最低限の役割は、RJ手続を支え、関係者の人権を保護し、全面的なRJが施行できないときの支援の提供である。地域社会とは司法・職場・教育・社会福祉関係者、友人知人、ローカルメディアなどで構成され、それぞれが共通の、あるいは固有の意味と役割を持つ。年を経るにつれ地域社会は絶対必要になりつつある。いずれにしろコミュニティは、①多かれ少なかれ被害者であり、②責務を持ち、③重要な社会資源を代表するゆえに大きな関わりを持つのである。

原著を執筆し始めた頃に比べ、今や被害者や加害者について多くのことを学んだとゼア教授は言う。ゼア教授は、被害者と加害者ともに①生活上の恥と心的外傷の機能・役割について、②新しい人生談（new life narratives）の創造――再物語化の人生航路（"re-storying" lives）――が過去を超克することに演じる重要性について関心を持ってきている。彼らの新しい語りを修復的正義の参加者は傾聴する義務がある。

（2）　歴史と起源：ここでは原著者は自己批判を行う。①先住民族のRJについて的確に認識していなかったこと、②彼らの広大な領地を開拓という名のもとに奪い植民地化し、白人が彼らの伝統的文化様式を抑圧したことの反省である。ただ、今のわれわれのRJは彼らの伝統的RJ方式の単純な再生ではなく、近代の人権感覚と人権の現実に結びついた「新作」であると言う。

（3）　RJの定義、概念：RJとは、①被害者は当然、地域社会や加害者も含めて害悪と結果としてのニーズに注目する（法律規則が破られたことを焦点にしない）、②加害者のみならず地域社会、大社会も害悪を招いたゆえの責務に取り組む、③関係者なら誰でも修復手続に受け入れて対等に扱い、皆で協働する、④その事態に利害関心を持つすべての人々、影響を受けたすべての人々を関与させる、⑤悪事を健全化すること（put right the wrong）を目標とする。ここでの悪事の健全化とは、①被害者の害悪とニーズに取り組むばかりでなく、②加害者の全生活史の中での犯罪原因にも取り組むことである。

"re"で始まる語（たとえば、restitution, reparation, restoring）は問題性を孕む。ＲＪは元の状態に戻すことを意図していないが、世間ではそうと誤解されている。必要なことは、利害関係者たちが新たな現実を見出すことである。そのような意味で transformative justice（変革的正義）の理念がＲＪの一部になっていると理解するべきであろう。さらにもしＲＪが、法律システムの中で個人の回復・立ち直りだけを扱い、加害行為や被害化の社会構造的要因に取り組まないなら、ＲＪは犯罪を永続させることになるだろう。正義に対する変革的アプローチは社会的、経済的、政治的システムに内在する害悪や責務に取り組むべきである。自戒の弁として、修復的実践や著者（ゼア教授）の著作活動においてこの側面が見失われる恐れが常にある。

（４）一つの実践上の課題：合衆国の刑事司法での新しい実践は、ＤＢＶＯ（Defense Based Victim Outreach）の創設である。ＤＢＶＯは、死刑事案において被害者遺族のニーズを充足させ、法律手続から来るトラウマを低減するべく被害者遺族と被告人弁護士の間を取り持つようにワークする。被害者介添え専門家（victim outreach specialist, ＶＯＳ）と称するワーカーは被害者のニーズと加害者の責務への注目という修復的正義の原則に則って被害者を法律的、精神的、福祉的に支援する。

（５）日々の生き方：ＲＪは刑事司法の道標であるばかりでなく、その基本原理は大部分のわれわれが日々の暮らしを生きるための道標となる。ＲＪは生来的に建設的な、首尾一貫した価値システム（後述）を提供する。ＲＪは幸福の理想像、いかに和合して暮らすかの理念を提案するが、正義に対する懲罰的アプローチではもたらされない類である。ＲＪは人との関係性（live together）の重要さをわれわれに思い起こさせる。それは人々に対する自分の行動の影響、自分の行為が引き起こした結果としての責務を自覚するようわれわれに呼びかける。人それぞれにふさわしい尊厳性を強調する。多分、ＲＪは人の生き方を真に示す。問われているのは、善行には報賞が、悪事には罰という苦痛が値するという規範が意識に深く埋め込まれているわれわれの脳裏から自身が如何にして脱出するかだと筆者は考える。

(6) 価値観:RJの底流をなす価値について論議が不十分であることの批判を受けゼア教授は、respect, humility, wonder or aweという三つの価値の枠組みを提議する。①敬意は、他者との関係においては人格性の相互尊重(慣用句では罪を憎んで人を憎まず)、自己に対する関係においては自尊心の形を取る。いずれにせよ敬意の問題は、被害者が現行応報的司法や不完全修復的司法を体験するとき発症するトラウマや必要な回復に重要な役割を演じ、加害者が同じく現行応報的司法や不完全修復的司法を体験するとき、その非人間性から救い出し再犯の悪循環を止めるのに重要なものとなる。②謙虚あるいは中庸の問題は、知ることの限界を深く認識することを意味する。RJの核心的原理といえども状況依存的に限定的に形成されるから「謙虚」は過度の一般化を警戒する。ある土地は固有の文化、人種性、歴史を持つからそこで育ったRJを一般化して簡単に他郷に適用できない。RJを擁護する者は誹謗中傷者の声をよく聴き、現実と理想を比較判断し、支持と批判の両方の気持ちを持つなどの義務を負うべきことを「謙虚」は求める。③畏敬あるいは驚嘆の問題。前項の謙虚は知ることの限界を教え、限界を知れば知るほど人を懐疑主義へと導くかもしれない。懐疑から脱するのは世界に対して驚きを持つことだとある教授は述べたという。善いRJ実践に欠かせないのは、ゼア教授に言わしめれば、未知に耐え、思いがけないことを楽しみ、一見矛盾と共存する能力を持つことである。さらに続けて、敬意と謙虚さ、驚きの態度を持って旅立つなら、RJの旅は、子どもや孫たちを住まわせたいと願う世界へとわれわれを導くことが確実にできるのである。

二〇一三年五月

西村春夫

【原著者紹介】

ハワード・ゼアは，刑事司法問題の教師，著述家，コンサルタントとして多面的に活動している。合衆国バージニア州にある東部メノナイト大学において社会学および修復的正義の教授であり，同大学大学院にある紛争変換プログラムの共同代表でもある。1970年代，合衆国初の「被害者加害者和解プログラム（VORP）」の創設に尽力し，各地から相談を受けて同様のプログラムを多くのコミュニティに設けることを支援した。この和解という言葉は，被害者（とくに日本の）に対して拒否反応を起こさせるかもしれないが，彼の当初の理念は，それまで司法手続が顧みなかった被害者を司法の中で手厚く念頭に置くことであった（第9章参照）。現在は和解プログラムよりも家族集団カンファレンスや裁定サークルに一層の親近感を示しているようである。

1996年の “Doing Life” は『終身刑を生きる――自己との対話』，2001年の “Transcending” は『犯罪被害の体験をこえて――生きる意味の再発見』の書名で，いずれも2006年に現代人文社から邦訳出版されている。また，2002年の “The Little Book of Restorative Justice” は『責任と癒し』の書名で2008年に築地書館から邦訳出版されている。

彼は Ruby Friezen Zehr と結婚しバージニア州に住み，シャローム・メノナイト教会のメンバーである。その他については訳者あとがきの著者紹介の箇所で詳しく記載したので参照してほしい。

【訳者紹介（担当順）】

・浅川エリ子（あさかわ・えりこ）翻訳家　翻訳全体の補正
○宮崎英生（みやざき・ひでお）拓殖大学講師　日本語版への序文，第10章（高橋と共訳）
◎西村春夫（にしむら・はるお）犯罪学者　はじめに，あとがき
・染田惠（そめだ・けい）駿河台大学法学部教授　第1章
○矢野恵美（やの・えみ）琉球大学法科大学院教授　第2章
・小長井賀與（こながい・かよ）信州大学経法学部特任教授　第3章
・長谷川裕寿（はせがわ・ひろかず）駿河台大学法学部教授　第4章
・岸本基予子（きしもと・きよこ）有限会社リュウメイ取締役，翻訳者　第5章，第7章の補正
○緑川徹（みどりかわ・とおる）犯罪学者　第6章
○南部さおり（なんぶ・さおり）日本体育大学大学院体育科学研究科教授　第7章，補遺4
・調子康弘（ちょうし・やすひろ）名古屋保護観察所長　第8章（黒澤と共訳）
○黒澤睦（くろさわ・むつみ）明治大学法学部専任教授　第8章（調子と共訳）
・平山真理（ひらやま・まり）白鷗大学法学部教授　第9章
◎高橋則夫（たかはし・のりお）早稲田大学名誉教授　第10章（宮崎と共訳）
・有賀祥一（ありが・よういち）慶應義塾大学大学院修士課程修了　第11章
◎細井洋子（ほそい・ようこ）東洋大学名誉教授　補遺1～3（鴨志田と共訳）
・鴨志田康弘（かもしだ・やすひろ）フリー研究者　補遺1～3（細井と共訳）
○小林宏樹（こばやし・ひろき）オムロン株式会社法務部

〔◎＝監訳者，○＝ワーキング・グループ〕

索　引

ア行

カ行

サ行

ハ行

ハ行

マ行

ヤ行

ラ行

ワ行

主要文献目録

Abel, Richard L.

1982 *The Politics of Informal Justice*. Vol. 1: *The American Experience*. New York, N.Y.: Academic Press.

1982 *The Politcs of Informal Justice*. Vol. 2: *Comparative Studies*. New York, N.Y.: Academic Press.

Adler, Christine; Wundersitz, Joy, eds.

1994 *Family Group Conferencing and Juvenile Justice: The Way Forward or Misplaced Opportunism?* Canberra, Australia: Australian Institute of Criminology. (Criminal Justice Press, PO Box 249, Monsey, NY 10952, 800 914-3379 から入手可能である。)

Auerbach, Jerold S.

1983 *Justice Without Law?* New York, N.Y.: Oxford University Press.

Bazemore, Gordon; Umbreit, Mark

1995 "Rethinking the Sanctioning Functions in Juvenile Court: Retributive or Restorative Responses to Youth Crime." *Crime & Delinquency*, 41 (3): 296-316.

Berman, Harold J.

1975 "The Religious Foundations of Western Law." *Catholic University of America Law Review*, 24 (3): 490-508.

1983 *Law and Revolution: The Formation of the Western Legal Tradition*. Cambridge, Mass.: Harvard University Press.

Bianchi, Herman

1984 "A Biblical Vision of Justice." New Perspectives on Crime and Justice, no. 2. Akron, Pa.: Mennonite Central Committee.

1994 *Justice as Sanctuary: Toward a New System of Crime Control*. Bloomington, Ind.: Indiana University Press.

Bianchi, Herman; van Swaaningen, Rene, eds.

1986 *Abolitionism: Towards a Non-Repressive Approach to Crime*. Amsterdam, The Netherlands: Free University Press.

Black, Donald

1984 *Toward a General Theory of Social Control*. Vol. 1: *Fundamentals*. New York, N.Y.: Academic Press.

1984 *Toward a General Theory of Social Control*. Vol. 2: *Selected Problems*. New York, N.Y.: Academic Press.

1989 *Sociological Justice*. New York, N.Y.: Oxford University Press.

1993 *The Social Structure of Right and Wrong*. San Diego, Calif.: Academic Press, Inc.

Blad, John R.; van Mastrigt, Hans; Uildrikts, Niels A., eds.

1987 *The Criminal Justice System as a Social Problem: An Abolitionist Perspective*. Rotterdam, The Netherlands: Erasmus University.

1987 *Social Problems and Criminal Justice*. Rotterdam, The Netherlandes: Erasmus University.

Boecker, Hans Jochen

1980 *Law and the Administration of Justice in the Old Testament*. Minneapolis, Minn.: Augsburg Publishing House.

Boers, Arthur Paul

1992 *Justice That Heals: A Biblical Vision for Victims and Offenders*. Newton, Kan.: Faith & Life Press.

Braithwaite, John

1989 *Crime, Shame and Reintegration*. New York, N.Y.: Cambridge University Press.

Braithwaite, John; Pettit Philip

1990 *Not Just Deserts: A Republican Theory of Criminal Justice*. New York, N. Y.: Oxford University Press.

Brown, B. J.; McElrea, F.W.M.

1993 *The Youth Court in the New Zealand: A New Model of Justice*. Auckland, New Zealand: Legal Reserch Foundation.

Burnside, Jonathan; Baker, Nicola, eds.

1994 *Relational Justice: Repairing the Breach*. Winchester, U.K.: Waterside Press.

Christie, Nils

1997 "Conflicts as Property." *British Journal of Criminology*. 17 (1): 1-15.

1981 *Limits to Pain*. New York, N.Y.: Columbia University Press.

1984 "Crime, Pain and Death." New Perspectives on Crime and Justice, no. 1. Akron, Pa.: Mennonite Central Committee.

1993 *Crime Control as Industry: Towards Gulags Western Style?* New York, N. Y.: Routledge.

Coates, Robert B.; Gehm, John

1985 *Victim Meets Offender: An Evaluation of Victim-Offender Reconciliation Programs*. Valparaiso, Ind.: PACT Institute of Justice.

Cohen, Stanley

1985 *Visions of Social Control*. New York, N.Y.: Basil Blackwell.

Cohen, Stanley, ed.
1986 "Special Issue on Abolitionism." *Contemporary Crises: Law, Crime and Social Policy*, 10 (1): 3-106.

Cohen, Stanley; Scull, Andrew, eds.
1983 *Social Control and the State*. New York, N.Y.: St. Martin's Press.

Colson, Charles; Van Ness, Daniel
1989 *Convicted: New Hope for Ending America's Crime Crisis*. Westchester, Ill.: Crossway Books.

Consedine, Jim
1995 *Restorative Justice: Healing the Effects of Crime*. Lyttleton, New Zealand: Plowshares Publications. (PP, PO Box 173, Lyttleton, New Zealand から入手可能である。)

Coser, Lewis
1956 *The Functions of Social Conflict*. New York, N.Y.: The Free Press.
1967 *Continuities in the Study of Social Conflict*. New York, N.Y.: The Free Press.

Cragg, Wesley
1992 *The Practice of Punishment: Towards a Theory of Restorative Justice*. New York, N.Y.: Routledge.

Crawford, Thomas; Strong, Karen; Sargent, Kimon H.; Souryal, Clair; Van Ness, Daniel W., eds.
1989 *Restorative Justice: Principles*. Washington, D.C.: Justice Fellowship.

Crawford, Thomas; Strong, Karen; Sargent, Kimon H.; Van Ness, Daniel W., eds.
1989 *Restorative Justice: Practice*. Washington, D.C.: Justice Fellowship.

Davis, Gwynn
1992 *Making Amends: Mediation and Reparation in Criminal Justice*. New York, N.Y.: Routledge.

de Haan, Willem
1990 *The Politics of Redress: Crime, Punishment and Penal Abolition*. London, U.K.: Unwin Hyman.

Dennison, Kathleen
1991 "Restorative Justice in Ourselves." New Perspectives on Crime and Justice, no. 11. Akron, Pa.: MCC U.S. Office on Crime and Justice.

Duff, R.A.
1986 *Trials and Punishments*. New York, N.Y.: Cambridge University Press.

Epp, Edgar
1982 *Law Breaking & Peace Making*. St. Joseph, N.B.; Canadian Quaker Pamphlet.

Harding, Christopher; Ireland, Richard W.
1989 *Punishment: Rhetoric, Rule and Practice*. New York, N.Y.: Routledge.

Galaway, Burt
1988 "Restitution as Innovation or Unfulfilled Promise?" *Federal Probation*, 52 (3): 3–14.

Galaway, Burt; Hudson, Joe, eds.
1990 *Criminal Justice, Restitution, and Reconciliation*. Monsey, N.Y.: Criminal Justice Press.

Galaway, Burt; Hudson, Joe; Morris, Allison; Maxwell, Gabrielle, eds.
1995 *Family Group Conference: Perspectives on Policy and Practice*. Monsey, N. Y.: Criminal Justice Press.

Garland, David
1985 *Punishment & Welfare: A History of Penal Strategies*. Brookfield, Vt.: Gower Publishing Co.
1990 *Punishment and Modern Society*. Chicago, Ill.: The University of Chicago Press.
1991 "Sociological Perspectives on Punishment." In: Michael Tonry, ed., *Crime and Justice: A Review of Reserch*, vol. 14. Chicago, Ill.: The University of Chicago Press, pp. 115–165.

Garland, David; Young, Peter, eds.
1983 *The Power to Punish: Contemporary Penality and Social Analysis*. Atlantic Highlands, N.J.: Humanities Press.

Gatrell, V.A.C.; Lenman, B.; Parker, G., eds.
1980 *Crime and the Law: A Social History of Crime in Western Europe Since 1500*. London, U.K.: Europa Publications.

Gaylin, Willard; Glasser, Ira; Marcus, Steven; Rothman, David J., eds.
1981 *Doing Good: The Limits of Benevolence*. New York, N.Y.: Pantheon Books.

Griffith, Lee
1993 *The Fall of the Prison: Biblical Perspectives on Prison Abolition*. Grand Rapids, Mich.: William B. Eerdmans Publishing Campany.

Griffiths, John
1970 "Ideology in Criminal Procedure or a Third 'Model' of the Criminal Process." *The Yale Law Journal*, 79 (3): 359–415.

Harris, M. Kay
1986 *The Goals of Community Sanctions*. Washington, D.C.: National Institute of Corrections.
1987 "Stategies, Values, and the Emerging Generation of Alternatives to

Incarceration." *New York University Review of Law and Social Change.* 12 (1): 141-170.

Hudson, Joe; Galaway, Burt, eds.

1996 *The Practice of Restorative Justice.* Monsey, N.Y.: Criminal Justice Press.

Ignatieff, Michael

1982 "State, Civil Society, and Total Institutions: A Critique of Recent Social Histories of Punishment." In: Michael Tonry and Norval Morris, eds. *Crime and Justice: An Annual Review of Research,* vol. 3. Chicago, Ill.: The University of Chicago Press, pp. 153-192.

1984 *The Needs of Strangers: An Essay on Privacy, Solidarity, and the Politics of Being Human.* New York, N.Y.: Viking.

Immarigeon, Russ

1994 *Reconciliation Between Victims and Imprisoned Offenders: Program Models and Issues.* Akron, Pa.: Mennonite Central Committee U.S.

Jaegger, Marietta

1983 *The Lost Child.* Grand Rapids, Mich.: Zondervan Publishing Co.

Kearns, Patrick

1982 *Punishment vs. Reconciliation: Retributive Justice and Social Justice in the Light of Social Ethics.* Kingston, Ont.: Queens's Theological College.

Kennedy, Leslie W.

1990 *On the Borders of Crime: Conflict Management and Criminology.* White Plains, N.Y.: Logman.

Knopp, Fay Honey, ed.

1976 *Instead of Prisons: A Handbook for Abolitionists.* Syracuse, N.Y.: Safer Society Press.

Kuperstock, Kit

1985 *Worried About Crime? Constructive Approaches to Violence.* Scottdale, Pa.: Herald Press.

Lampen, John

1987 *Mending Hurts.* London, U.K.: Quaker Home Service.

Lasocik, Zbigniew; Platek, Monika; Rzeplinska, Irena.

n.d. *Abolitionism in History: On Another Way of Thinking.* Warsaw, Poland: Institute of Social Prevention and Reconcialization.

Lewin, Kurt

1948 *Resolving Social Conflicts: Selected Papers on Group Dynamics.* New York, N.Y.: Harper & Row Publishers.

Lord, Janice Harris

1988 *No Time for Goodbyes: Coping with Sorrow, Anger and Injustice After a*

Tragic Death. Ventura, Calif.: Pathfinder Publishing.

MacCallum-Paterson, Morton

1988 *Toward a Justice That Heals*. Toronto, Ont.: The United Church Publishing House.

Mackay, Robert E.

1988 *Reparation in Criminal Justice*. Edinburgh, Scotland: Scottish Association for the Care and Resettlement of Offenders.

Mackey, Virginia

1981 *Punishment in the Scriptures and Traditional Judaism, Christianity and Islam*. Claremont, Calif.: National Religious Leaders Consultation on Criminal Justice.

1992 *Restorative Justice: Toward Non-Violence/A Discussion Paper on Crime and Justice*. Louisville, Ky.: Presbyterian Criminal Justice Program.

MacLean, Brian D.; Pepinsky, Harold E., eds.

1993 *We Who Would Take No Prisoners: Selections from the Fifth International Conference on Penal Abolition*. Vancouver, B.C.: Collective Press.

Magee, Doug

1983 *What Murder Leaves Behind: The Victim's Family*. New York, N.Y.: Dodd, Mead and Company.

Marshall, Tony F.

1985 *Alternatives to Criminal Courts: The Potential for Non-Judicial Dispute Settlement*. Brookfield, Vt.: Gower Publishing Co.

Marshall, Tony; Merry, Susan

1990 *Crime and Accountability: Victim-Offender Mediation in Practice*. London, U.K.: HMSO.

Mathews, Roger, ed.

1988 *Informal Justice?* London, U.K.: Sage Publications.

Maxwell, Gabrielle M.; Morris, Allison

1993 *Family, Victims and Culture: Youth Justice in New Zealand*. Wellington, New Zealand: Social Policy Agency and Institute of Criminology, Victoria University of Wellington.

McHugh, Gerald Austin

1978 *Christian Faith and Criminal Justice: Toward a Christian Response to Crime and Punishment*. New York, N.Y.: Paulist Press.

MCC U.S. Office of Criminal Justice

1990 *VORP Volunteer Handbook*. Akron, Pa.: MCC U.S. Office of Criminal Justice.

1993 *Final Report: The Victim-Offender Reconciliation Program. The State*

Correctional Institution at Graterford, Pa., May-December 1992. Akron, Pa.: MCC U.S. Office of Criminal Justice.
Merry, Sally Engle; Milner, Neal, eds.
1993 *The Possibility of Popular Justice: A Case Study of Community Mediation in the United States*. Ann Arbor, Mich.: The University of Michigan Press.
Messmer, Heinz; Otto, Hans-Uwe, eds.
1992 *Restorative Justice on Trial: Pitfalls and Potentials of Victim-Offender Mediation: International Research Perspectives*. Dordrecht, The Netherlands: Kluwer Academic Publishers Group.
Mika, Harry, ed.
1995 "Special Issue: Victim-Offender Mediation: International Perspectives on Research, Theory and Practice." *Mediation Quarterly*, 12 (3): 199-297.
Moule, C.F.D.
1990 "Punishment and Retribution: An Attempt to Delimit. Their Scope in New Testament Thought." New Perspectives on Crime and Justice, no. 10. Akron, Pa.: MCC Canada Victim-Offender Ministries Program and the MCC U.S. Office of Criminal Justice.
Murphy, Jeffrie G.; Hampton, Jean
1968 *Forgiveness and Mercy*. New York, N.Y.: Cambridge Unicersity Press.
Neiderbach, Shelly
1986 *Invisible Wounds: Crime Victims Speak*. New York, N.Y.: Haworth Press.
Nergard, Trude Brita
1993 "Solving Conflicts Outside the Court System: Experiences with the Conflict Resolution Boards in Norway." *British Journal of Criminology*, 33 (1): 81-94.
Neufeld, Tom Yoder
1992 *Guilt and Humaneness: The Significance of Guilt for the Humanization of the Judicial-Correctional System*. Kingston, Ont.: Queen's Theological College.
Northey, Wayne
1989 *Biblical/Theological Works Contributing to Restorative Justice: A Bibliographic Essay*. Elkhart, Ind.: MCC U.S. Office of Criminal Justice.
1992 "Justice Is Peacemaking: A Biblical Theology of Peacemaking in Response to Criminal Conflict." New Perspectives on Crime and Justice, no. 12. Akron, Pa.: MCC U.S. Office of Criminal Justice.
1994 "Restorative Justice: Rebirth of an Ancient Practice." New Perspectives on Crime and Justice, no. 14. Akron, Pa.: MCC U.S. Office of Criminal

Justice.

Patrick, Dale

1985 *Old Testament Law*. Atlanta, Ga.: John Knox Press.

Pendleton, John

1987 "More Justice, Less Law." New Perspective on Crime and Justice, no. 6. Akron, Pa.: MCC Office of Criminal Justice.

Pepinsky, Harold E.

1976 *Crime and Conflict: A Study of Law and Society*. New York, N.Y.: Academic Press.

1991 *The Geometry of Violence and Democracy*. Bloomington, Ind.: Indiana University Press.

Pepinsky, Harold E.; Quinney, Richard

1991 *Criminology as Peacemaking*. Bloomington, Ind.: Indiana University Press.

Quinney, Richard

1980 *Providence: The Reconstruction of Social and Moral Order*. New York, N.Y.: Longman.

Quinney, Richard; Wildeman, John

1991 *The Problem of Crime: A Peace and Social Justice Perspective*. Mountain View, Calif.: Mayfield Publishing Company.

Redekop, Vern, ed.

1993 "Scapegoats, the Bible, and Criminal Justice: Interacting with Rene Girard." New Perspectives on Crime and Justice, no. 13. Akron, Pa.: MCC Office of Crime and Justice.

Saskatoon Community Mediation Services and the Mennonite Central Committee Ministry

1995 *Restorative Justice: Four Community Models*. Saskatoon, Sask. and Clear-brook, B.C.: Saskatoon Community Mediation Services and MCC Canada Victim-Offender Ministries.

Simmel, Georg

1995 *Conflict & The Web of Group-Affliations*. New York, N.Y.: The Fress Press.

Smedes, Lewis B.

1984 *Forgive and Forget: Healing the Hurts We Don't Deserve*. New York, N. Y.: Pocket Books.

Sullivan, Dennis

1980 *The Mask of Love: Corrections in America. Toward a Mutual Aid Alternative*. Port Washington, N.Y.: Kennikat Press.

Swartley, Willard M., ed.

1982 *The Bible and Law*. Occasional Papers, no. 3. Elkhart, Ind.: Institute of Mennonite Studies.

Swift, Joy

1994 *A Cry for Justice: A Mother's Journey to Confront the Killer of Her Children*. Boca Raton, Fla.: COOL HAND Communications, Inc.

Tavuchis, Nicholas

1991 *Mea Culpa: A Sociology of Apology and Reconciliation*. Stanford, Calif.: Stanford University Press.

Tifft, Larry; Sulivan, Dennis

1980 *The Struggle to Be Human: Crime, Criminology & Anarchism*. Orkney, U.K.: Cienfuegos Press.

Umbreit, Mark

1985 *Crime and Reconciliation: Creative Options for Victims and Offenders*. Nashville, Tenn.: Abingdon Press.

1986 *Victim Offender Mediation with Violent Offenses*. Valparaiso, Ind.: PACT Institute of Justice.

1986 *Victim-Offender Mediation in Urban/Multi-Cultural Settings*. Valparaiso, Ind.: PACT Institute of Justice.

1994 *Victim Meets Offender: The Impact of Restorative Justice and Mediation*. Monsey, N.Y.: Criminal Justice Press.

Van Ness, Daniel

1986 *Crime and its Victims*. Downers Grove, Ill.: InterVarsity Press.

Van Ness, Daniel; Carlson, David R.; Crawford, Thomas; Strong, Karen, eds.

1989 *Restorative Justice: Theory*. Washington, D.C.: Justice Fellowship.

Van Ness, Daniel; Zehr, Howard; Harris, M. Kay, eds.

1989 "Justice: The Restorative Vision." New Perspectives on Crime and Justice, no. 7. Akron, Pa.: MCC Office of Crime and Justice.

Walker, Nigel

1980 *Punishment, Danger & Stigma: The Morality of Criminal Justice*. Oxford, U.K.: Basil Blackwell.

1991 *Why Punish?* New York, N.Y.: Oxford University Press.

Warner, Sue

1992 *Making Amends: Justice for Victims and Offenders. (An Evaluation of the SACRO Reparation and Mediation Project)*. Brookfield, Vt.: Avebury.

Wood, Chris

1991 *The End of Punishment: Christian Perspectives on the Crisis in Criminal Justice*. Edinburgh, Scotland: Saint Andrew Press.

Wright, Martin

1982 *Making Good: Prisons, Punishment and Beyond*. London, U.K.: Burnett Books, Ltd.

1988 "From Retribution to Restoration: A New Model for Criminal Justice." *New Life: The Prison Service Chaplaincy Review*. Vol. 5: 42-49.

1991 *Justice for Victims and Offenders*. Philadelphia, Pa.: Open University Press.

Wright, Martin; Galaway, Burt, eds.

1989 *Mediation and Criminal Justice: Victims, Offenders, and Community*. London, U.K.: Sage Publications.

Yoder, Perry B.

1987 *Shalom: The Bible's Word for Salvation, Justice and Peace*. Newton, Kan.: Faith & Life Press.

Young, Marlene A.

1995 *Restorative Community Justice: A Call to Action*. Washington, D.C.: National Organization for Victim Assistance.

Zehr, Howard

1985 "Retributive Justice, Restorative Justice." New Perspectives in Crime and Justice, no. 4. Akron, Pa.: MCC Office of Crime and Justice.

1990 *Mediating the Victim-Offender Conflict*. Akron, Pa.: Mennonite Central Office.

追加情報源

Office on Crime and Justice
Mennonite Central Committee U.S.
21 S. 12th St.
Akron, PA 17501-0500
USA
Voice: 717 859-3889
Fax: 717 859-3875
AV Library: 717 859-1151 ext. 283
VORP，修復的司法，およびその他の問題に関する支援提供。
視聴覚カタログを含めたリストが入手可能である。

Victim Offender Ministries Program
Box 2038
31872 S. Fraser Way
Clearbrook, BC V2T 3T8
Canada
Voice: 604 850-6639
Fax: 604 850-8734
VORP，修復的司法，およびその他の問題に関する支援提供。
リストとニュースレターが入手可能である。

Restrative Justice Ministries
Fresno Pracific College
1717 S. Chestnut Ave.
Fresno, CA 93702
USA
Voice: 800 909-VORP
Fax: 209 252-4800
VORP および修復的司法，特に教会が中心となったプログラムについての支援提供とトレーニング。

Presbyterian Criminal Justice Program
100 Witherspoon St.
Lousiville, KY 40202

USA
Voice: 502 569-5810
Fax: 502 569-8116
刑事司法に関する問題についての支援提供。

Justice Fellowship
PO Box 16069
Washington, DC 20041-6069
USA
Voice: 703 904-7312
Fax: 703 478-9679
修復的司法に重点を置いたプログラム事業および立法事業。
ニュースレターが入手可能である。

Victim Offender Mediation Association
777 South Main St., Suite 200
Orange, CA 92668
Voice: 714 836-8100
Fax: 714 836-8585
支援提供，ニュースレター，年一回の総会，およびトレーニング。

Mediation UK（元 FIRM）
82a Gloucester Rd.
Bishopston, Bristol B57 8BN
United Kingdom
Voice: 0272 241234
Fax: 0272 441387
支援提供およびニュースレター。

Mennonite Conciliation Service
Mennonite Central Committee U.S.
Box 500
Akron, PA 17501-0500
USA
Voice: 717 859-3889
Fax: 717 859-3875

Center for Restorative Justice and Mediation

School of Social Work
University of Minnesota
386 McNeal Hall
1985 Buford Ave.
St. Paul, MN 55108-6144
Voice: 612 624-4923
Fax: 612 625-5767
リサーチおよび調停トレーニング。

修復的司法とは何か——応報から関係修復へ

2003年6月30日　第1刷発行©
2024年4月30日　第4刷発行

著　者＝ハワード・ゼア
監訳者＝西村春夫，細井洋子，高橋則夫
発行所＝株式会社 新 泉 社
〒113-0034　東京都文京区湯島1－2－5　聖堂前ビル
TEL 03(5296)9620　FAX 03(5296)9621

印刷・製本　太平印刷社
ISBN978-4-7877-0307-1　C1032　Printed in Japan